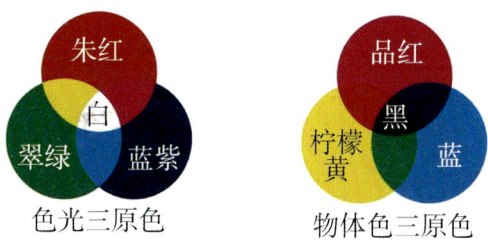

色光三原色　　物体色三原色

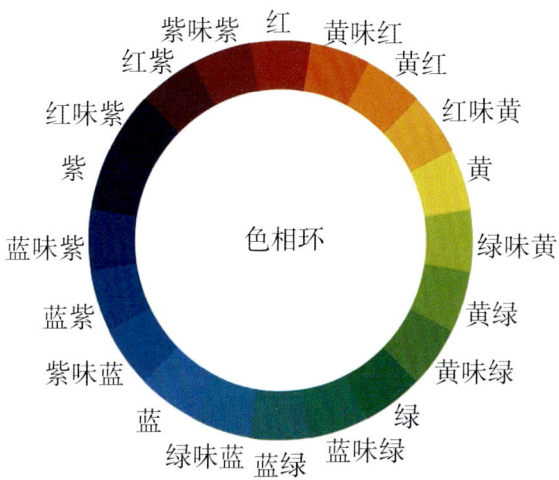

图 6-7　色调

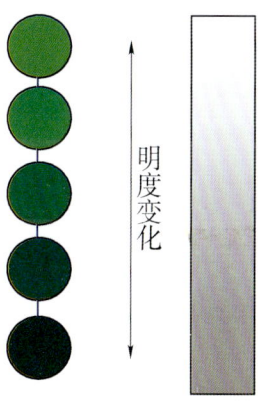

明度变化

图 6-8　明度

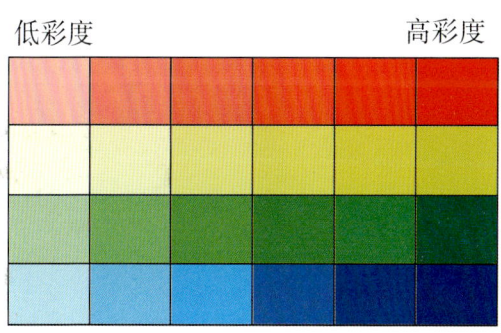

低彩度　　　　　　　　　高彩度

图 6-9　彩度

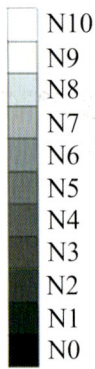

a) 蒙塞尔明度轴 　　　　b) 蒙塞尔色相轴

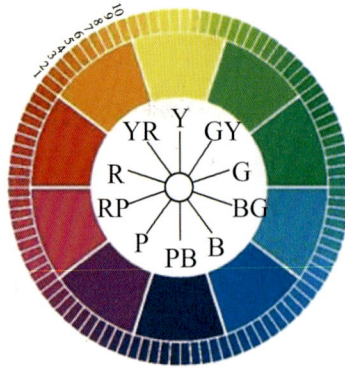

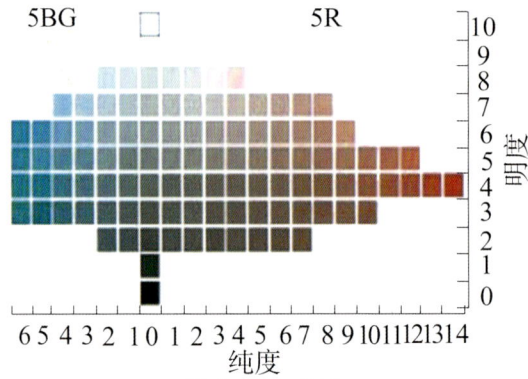

c) 蒙塞尔纯度轴

图 6-11　蒙塞尔颜色系统

图 6-13　色板

"十四五"职业教育国家规划教材

QICHE TUZHUANG GONGYI

汽车涂装工艺

（第3版）

易建红　向忠国　主　编

易昌盛　黄慧荣　李和平　副主编

人民交通出版社

北京

内 容 提 要

本书是"十四五"职业教育国家规划教材,内容分基础篇、综合篇两篇,主要包括表面的清洁与除油、表面前处理、底漆的涂装、原子灰的刮涂及打磨、中涂底漆的涂装、面漆的调色、面漆的涂装、面漆的修整、保险杠的维修涂装、车门的维修涂装十项学习任务。

本书可作为职业院校汽车类专业的教学用书,也可作为汽车维修相关岗位的培训及学习用书。

图书在版编目(CIP)数据

汽车涂装工艺/易建红,向忠国主编. —3 版. —
北京:人民交通出版社股份有限公司,2024.4 (2025.7重印)
ISBN 978-7-114-19487-0

Ⅰ.①汽… Ⅱ.①易… ②向… Ⅲ.①汽车—涂漆—
高等职业教育—教材 Ⅳ.①U472.44

中国国家版本馆 CIP 数据核字(2024)第 073407 号

书 名:	汽车涂装工艺(第3版)
著 作 者:	易建红 向忠国
责任编辑:	李佳蔚
责任校对:	赵媛媛 魏佳宁
责任印制:	张 凯
出版发行:	人民交通出版社
地 址:	(100011)北京市朝阳区安定门外外馆斜街 3 号
网 址:	http://www.ccpcl.com.cn
销售电话:	(010) 85285911
总 经 销:	人民交通出版社发行部
经 销:	各地新华书店
印 刷:	北京市密东印刷有限公司
开 本:	787×1092 1/16
印 张:	17.25
插 页:	1
字 数:	300 千
版 次:	2012 年 7 月 第 1 版 2019 年 11 月 第 2 版 2024 年 4 月 第 3 版
印 次:	2025 年 7 月 第 3 版 第 2 次印刷 总第 9 次印刷
书 号:	ISBN 978-7-114-19487-0
定 价:	58.00 元

(有印刷、装订质量问题的图书,由本社负责调换)

Preface 第3版前言

　　本书自 2012 年首次出版以来,多次重印,被全国多所职业院校选为教学用书,收到广大师生好评。本书第 2 版于 2019 年 11 月出版,被评为"十四五"职业教育国家规划教材。

　　为了体现现代职业教育新理念,贴近汽车美容与装潢专业、汽车车身修复专业实际教学目标,促进"教、学、做"更好地结合,突出对学生技能的培养,使之成为技能型人才。根据教育部相关要求,对本书第 2 版进行修订。

　　根据汽车涂装领域最新"岗课赛证"综合育人机制要求,结合读者反馈意见,在本书第 2 版的基础上,《汽车涂装工艺(第 3 版)》作了以下更新:

　　(1)保留原学习任务一表面的清洁与除油至学习任务八面漆的修整内容,将原学习任务九塑料件的涂装至学习任务十二全车涂装内容删除,根据典型岗位工作任务和技能大赛项目,新编形成学习任务九保险杠的维修涂装、学习任务十车门的维修涂装两个综合维修学习任务,构建了从基础学习到综合运用两阶段学习模式于一体。

　　(2)将每个学习任务的学习目标细化为知识目标、技能目标和素养目标,并在每个学习任务最后环节增加了思政模块,通过显隐结合的课程思政设计,体现了知识传授、能力培养与价值塑造三维目标于一体。

　　(3)将每个学习任务的原第三部分"知识与能力拓展"模块改为"学习记录与评价",将原第四部分"评价与反馈"模块改为"技能考核标准",融合了教材、学材与工作页三种形态特色于一体。

　　(4)将最新的安全环保政策要求、全系水性化涂料产品、新能源汽车车身材料、高效免磨工艺及技能考核评价标准等融入教材,实现了新技术、新工艺、新规范与新标准四新内容于一体。

（5）按照"十四五"职业教育国家规划教材评审专家反馈意见，更新了一批高质量的图片及视频资源，并同时完善了教材配套的在线开放精品课程（《汽车涂装基础》课程网址：https://xueyinonline.com/detail/236827435），形成了线上、线下教学资源于一体。

本书由武汉市交通学校易建红、向忠国担任主编，由武汉市交通学校易昌盛、武汉城市职业学院黄慧荣、武汉市交通学校李和平担任副主编，参加编写的还有武汉软件工程职业学院丁新桥。在本书成稿过程中得到了庞贝捷漆油贸易（上海）有限公司培训及售后总监张小鹏先生的鼎力支持和帮助，在此表示感谢！

限于编者水平，书中难免有疏漏和错误之处，恳请广大读者提出宝贵建议，以便进一步修改和完善。

编　者
2024 年 1 月

Contents **目录**

第一篇

基础篇

　　汽车涂装可分为汽车制造涂装和汽车维修涂装，从这两种涂装形式所对应的行业和岗位要求来看，从事汽车涂装的施工人员既要具备良好的专业技术能力，能安全、环保、节约、规范、高质量地完成汽车涂装工作外，还要具有良好的职业素养，包括能践行社会主义核心价值观，具有服务人民、艰苦奋斗、精益求精、勇于创新的劳动精神和工匠精神等。本书通过任务驱动的形式，在编排汽车涂装技术相关基础理论知识和基本操作技能内容的同时，融入相关职业素养要求，践行德技并修职教理念，培养德智体美劳全面发展的社会主义建设者。

　　在基础篇中，我们根据作业内容和作业顺序的不同，将汽车涂装工艺分为表面的清洁与除油、表面前处理、底漆的涂装、原子灰的刮涂及打磨、中涂底漆的涂装、面漆的调色、面漆的涂装、面漆的修整八个学习任务来组织学习。

学习任务一
表面的清洁与除油

学习目标

1. 知识目标

(1) 了解汽车涂装的主要作用；

(2) 了解汽车涂装的主要特点；

(3) 了解和掌握汽车涂装中的危害及预防处理方法。

2. 技能目标

(1) 能正确使用和维护清洁除油的相关工具和设备；

(2) 能正确选择和使用清洁除油的相关材料；

(3) 能正确选择和穿戴个人劳保用品；

(4) 能规范进行汽车表面清洁与除油。

3. 素养目标

(1) 通过环保政策等文件的学习,强化爱国守法意识、安全环保意识；

(2) 通过涂装危害及预防知识学习,根植安全生产意识、卫生健康意识；

(3) 通过清洁与除油规范流程学习,渗透规范操作意识、质量第一意识；

(4) 通过思政小故事,了解职业前景和发展路径,坚定职业信心,树立爱岗敬业意识。

建议完成本学习任务的时间为 **10** 课时。

学习任务描述

一扇车门中间位置由于碰撞出现了变形,经钣金校正后,虽然基本上恢复了表面形状,但是油漆涂层已出现了严重的损伤,板件表面也有轻微的凹凸不平。

现在需要你对车门进行修理,让车门上的油漆涂层恢复到完好的状态。

在进行维修之前,通过检查,发现车门上积有大量的灰尘、油脂、车蜡等污染物,所以需要你先对车门进行正确的清洁处理,再进行后续的维修工作。表面清洁与除油前的效果如图 1-1 所示,表面清洁与除油后的效果如图 1-2 所示。

图 1-1　表面清洁与除油前的效果　　　图 1-2　表面清洁与除油后的效果

（一）资料收集

引导问题 1　什么是涂装? 汽车涂装的作用是什么?

1 涂装的概念

涂装是指将涂料涂覆于经过处理的物体表面上,再经过干燥成膜的工艺过程,汽车涂装如图 1-3 所示。

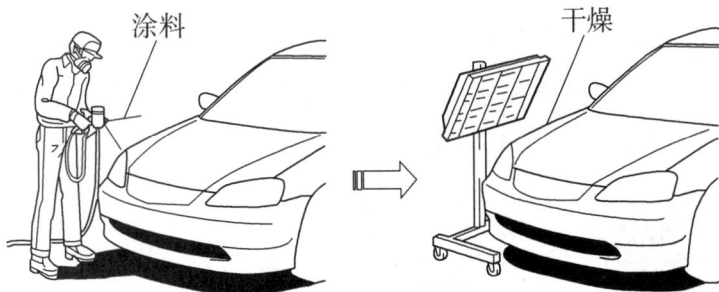

图 1-3　汽车涂装

已经固化了的涂料膜称为涂膜,由两层或两层以上的涂膜组成的复合层称为涂层。汽车表面涂装就是典型的多涂层涂装。

2 涂装的作用

汽车经过涂装后，可以起到以下作用。

1 保护作用

汽车用途非常广泛，活动范围宽广，使用环境复杂，经常会受到雨水、微生物、紫外线和其他酸碱气体、液体等的侵蚀，有时还会出现碰撞、剐蹭而造成损伤，如果在它的表面涂上涂料，就能保护汽车免受直接侵害，延长其使用寿命，涂装的保护作用如图1-4所示。

2 装饰作用

现代汽车不但是实用的交通运输工具，而且更是一种工业美术品。具有艺术性。绚丽的色彩与优美的线形融为一体，构成了汽车的艺术造型，协调的色彩烘托了汽车的外观，使汽车更具有美感，从而提升了车辆的使用及商业价值，涂装的装饰作用如图1-5所示。

图1-4　涂装的保护作用　　　　图1-5　涂装的装饰作用

3 特殊作用

有些涂装可以通过涂料的颜色或涂料的某些性能来起到特殊的作用，如可以通过不同颜色起到标识作用(图1-6)；通过不同的颜色和图案配合以便区别不同用途的汽车(图1-7)；应用涂料的特殊性能，使汽车具有特殊功用来完成特种作业或适应特定的使用条件(图1-8)等。

图1-6　消防车　　　　图1-7　救护车　　　　图1-8　化学物品储运车

引导问题2 汽车涂装有什么特点？汽车维修涂装又有什么特点？

1 汽车涂装的特点

汽车涂装与其他类型的涂装(如家具涂装、船舶涂装、建筑涂装等)有相同的地方，同时根据汽车运行和使用的特点、要求，其涂装又有自己的特点。

❶ 汽车涂装属于高级保护性涂装

由于汽车使用环境复杂，因而要求汽车涂层能够耐沥青、油污、酸碱、鸟粪等物质的侵蚀作用，以及要求汽车涂层能适应寒冷地区、工业地区、沙漠戈壁、湿热带和沿海等各种环境条件。所以汽车涂装对保护作用要求很高。

❷ 汽车涂装又属于中、高级装饰性涂装

汽车的车身，尤其是轿车的车身必须进行精心的涂装设计，在具有良好的涂装设备条件和环境下，才能使涂层具有优良的装饰性。汽车的装饰性除车型设计外，主要靠涂装。因此，汽车涂层的装饰性直接影响汽车的商品价格。

❸ 汽车涂装是最典型的工业涂装

汽车工业是资金密集、技术密集、人才密集、综合性强、经济效益高的产业，汽车生产一般都是流水线作业，汽车涂装生产线如图1-9所示。汽车制造涂装的质量要求极高，是工艺最现代化的工业涂装的典型代表之一。很多涂装新工艺、新技术都是由汽车工业带头开发的，很多涂料新品种的探索及开发是由汽车工业促进的。

❹ 汽车涂装一般为多涂层涂装

汽车车身涂层如果是单涂层，漆面会显得不够饱满、色彩干涩，从而降低其装饰性。此外，单涂层厚度较薄，抗冲击能力差，保护性能也差。所以，汽车涂层多由多涂层组成，汽车涂层如图1-10所示，如轿车车身的涂层一般是由底涂层、中间涂层和面涂层组成。

图1-9 汽车涂装生产线

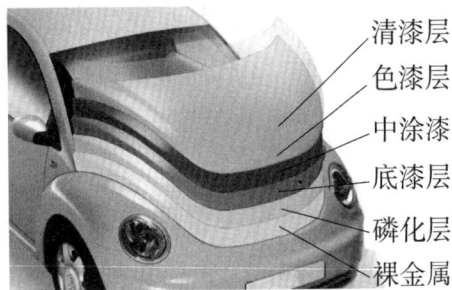

清漆层
色漆层
中涂漆
底漆层
磷化层
裸金属

图1-10 汽车涂层

2 汽车维修涂装的特点

汽车维修涂装相对于汽车制造涂装，又具有以下特点。

❶ 汽车维修涂装属于恢复性涂装

汽车维修涂装的目的是对出现损坏的汽车涂层进行合理的施工，恢复涂层的保护和装饰作用，使新涂层与原厂涂层达到一致。

❷ 汽车维修涂装比较复杂

在实际工作中，每次维修车辆的类型、颜色、损坏部位及损坏程度等都不同，汽车维修涂装必须要针对具体的车辆进行施工，这给计划安排和组织生产带来了一定的困难。

❸ 汽车维修涂装质量要求高

在进行汽车维修涂装时，由于技术人员水平、施工条件、材料品质等因素的影响，维修涂层是很难达到与原车涂层完全一致的，但是客户的要求很高，我们要尽量地做到无痕迹维修。所以，从事汽车维修涂装的个人和企业，必须不断提高维修质量、精心施工、严格管理，最大限度地满足客户的要求。

❹ 汽车维修涂装以手工操作为主

因为汽车维修涂装的复杂性，所以只能采用适应性强的手工操作方法进行施工。现在，为了改善手工操作的作业环境，减轻劳动强度，提高涂层质量，维修涂装行业多采用了环保涂料、机械打磨、专业喷涂室、电脑配色等技术。

引导问题3　汽车涂装作业中的危害有哪些？如何进行预防处理？

汽车涂装作业中的主要危害及预防处理方法如下。

1 对环境的危害及预防处理方法

汽车在涂装作业过程中，会形成"三废"（即废水、废气和废渣）。

废水主要是在涂装表面处理（如磷化处理）、水打磨和水清洁时产生的；废气主要指喷涂过程中形成的漆雾、有机溶剂形成的挥发性气体、打磨过程中形成的粉尘等；废渣主要是来自涂装过程中产生的漆雾颗粒，打磨的粉尘颗粒，使用过的废纸、废布或废涂料等。

"三废"里面含有大量的酸碱物质、重金属物质、有机化学物质等，如果不经处理，直接排放或丢弃，会严重地污染我们的生存环境，影响人体健康。

现在各国都制定了严格的环保法律法规，我国对于汽车维修涂装作业中"三废"的处理也有相应的规定。

❶ 废水的处理

对于废水,应该按照《中华人民共和国水污染防治法》《汽车维修业水污染物排放标准》(GB 26877—2011)等相关文件要求,对废水经适当处理并达到排放标准后再排放,汽车维修企业水污染排放浓度限值见表1-1。汽车维修企业可通过使用干磨技术、节水洗车技术等,尽量减少废水的产生,对于已经产生的废水须处理,废水处理方法如图1-11所示。

汽车维修企业水污染物排放浓度限值 表 1-1

序号	污染物项目	直接排放限值 (mg/L,pH 值除外)	间接排放限值 (mg/L,pH 值除外)	污染物排放 监控位置
1	pH	6 ~ 9	6 ~ 9	企业废水 总排放口
2	悬浮物(SS)	20	100	
3	化学需氧量(COD)	60	300	
4	五日生化需氧量(BOD_5)	20	150	
5	石油类	3	10	
6	阴离子表面活性剂(LAS)	3	10	
7	氨氮	10	25	
8	总氮	20	30	
9	总磷	0.5	3	

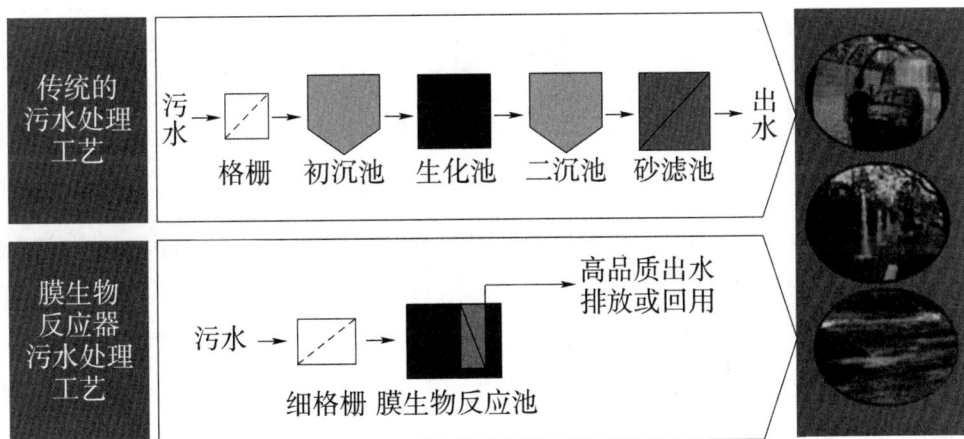

图 1-11　废水处理方法

❷ 废气的处理

对于废气,应该按照《中华人民共和国大气污染防治法》《挥发性有机物无组织排放控制标准》(GB 37822—2019)、《汽车维修行业有效实施 VOCs 治理的指导意见实施细则》及各地方的标准等相关文件要求,经适当处理达标后再排放。北京市出台的《汽车维修业大气污染物排放标准》(DB 11/1228—2015)对所辖汽车维修厂喷烤漆房废气排放浓度的限值要求见表1-2。汽车维修企业可以采用环保的涂料产品、环保的喷涂设备等,尽量减少废气的产生和排放。对于旧喷漆房可以通过在排气端加装环保柜(含活性炭和光氧催化装置的设备)来进行废气处理,喷漆废气处理装置示意图如图1-12 所示。同时,也可以将燃油烘烤系统改成红外线烤灯烘烤来减少废气的产生。

喷烤漆房排气筒大气污染物排放浓度限值   表 1-2

污染物项目	Ⅰ时段（mg/m³）	Ⅱ时段（mg/m³）
苯	1	0.5
苯系物	20	10
非甲烷总烃	30	20

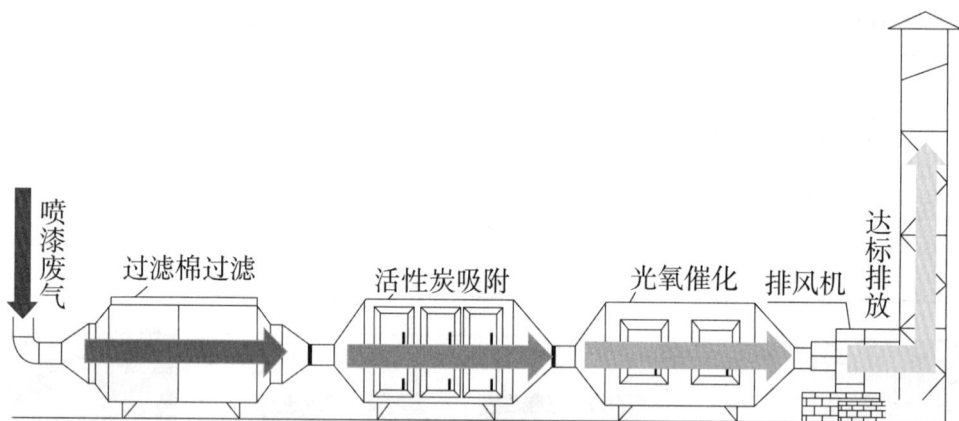

图 1-12　喷漆废气处理装置示意图

❸ 废渣的处理

对于废渣的处理,应该按照《中华人民共和国固体废物污染环境防治法》《国家危险废物名录》及地方的要求[如《上海市环境保护局关于开展汽修行业危险废物收集管理试点的通知》(沪环保防〔2017〕276 号)]等相关文件严格执行。汽车维修企业首先应尽量减少废弃物的产生,能循环使用的尽量循环使用,不能循环使用的,分类后按照要求集中统一放置好,最后由具有危险物处理资质的单位进行定期回收处理。如液态废油漆和废溶剂可先集中回收在能密封的旧金属桶内,再定期交由具备相应危险废物经营许可证的单位进行处置,绝不允许将废弃涂料直接倒入生活垃圾堆里面或下水道中。

② 对人体的危害及预防保护方法

涂装作业中对人体有危害的物质主要分三类:挥发性有机气体、粉尘颗粒、异氰酸酯。

挥发性有机气体主要指有机溶剂挥发形成的气体;粉尘颗粒主要指打磨时的粉尘或喷涂时形成的漆雾(里面含有大量重金属);异氰酸酯是某些聚氨酯涂料所用固化剂中的一种物质,它们对人体的危害如图 1-13 所示。

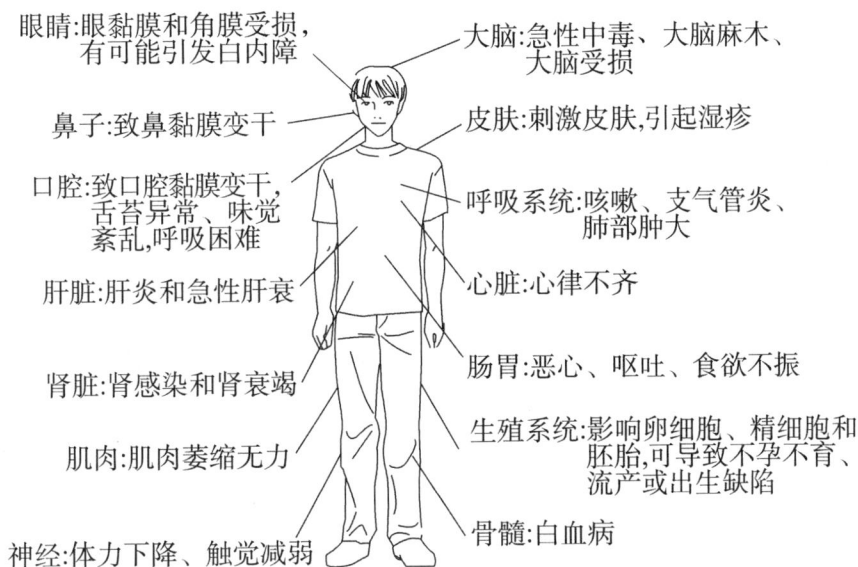

眼睛:眼黏膜和角膜受损,有可能引发白内障

鼻子:致鼻黏膜变干

口腔:致口腔黏膜变干,舌苔异常、味觉紊乱,呼吸困难

肝脏:肝炎和急性肝衰

肾脏:肾感染和肾衰竭

肌肉:肌肉萎缩无力

神经:体力下降、触觉减弱

大脑:急性中毒、大脑麻木、大脑受损

皮肤:刺激皮肤,引起湿疹

呼吸系统:咳嗽、支气管炎、肺部肿大

心脏:心律不齐

肠胃:恶心、呕吐、食欲不振

生殖系统:影响卵细胞、精细胞和胚胎,可导致不孕不育、流产或出生缺陷

骨髓:白血病

图 1-13 涂装作业对人体各部位的危害

涂装作业中如果长期不注意防护,很容易导致身体不适,严重的还会危及生命。但是如果施工人员能正确规范地进行防护,以上危害是可以避免的。

汽车维修涂装作业中常用的劳动保护用品见表 1-3。

汽车涂装作业中的劳动保护用品 表 1-3

劳动保护用品种类		作用及用途
工作服	棉质工作服	保护操作人员免受粉尘、漆雾的侵害,防止擦伤、磨伤等。在除喷漆之外的一般工作时选用
	防静电喷漆服	专业喷漆服,可以有效减少漆雾对人体的侵害,避免吸附灰尘,避免因为静电导致的安全问题,专门用于喷涂作业时使用

续上表

劳动保护用品种类		作用及用途
护目镜		保护眼睛,防止打磨时产生的粉尘或喷漆时的漆雾及溶剂对眼睛的伤害。在整个施工过程中都要求佩戴
安全鞋		在鞋尖上有一块金属板,鞋后跟很厚,在工作过程中可以有效保护双脚。在整个施工过程中都要求穿戴。 对于经常出入溶剂挥发气体含量较高的场所,还应该选择具有防静电功能的安全鞋
呼吸保护器	防尘面罩	是一种罩在鼻子和嘴上的纸质或纤维质地的过滤器,能够阻挡通过空气传播的微粒,避免有害的粉尘粒子进入施工人员的鼻腔、咽喉和肺。汽车涂装工作中应选用能过滤 $0.3\mu m$ 粒径,隔阻率达到 95% 的专业防尘口罩。 在打磨、清洁以及会产生微粒和粉尘的工作时选用
	防毒面罩 过滤式面罩	能够过滤掉防尘面罩所不能阻挡的细微粒子、烟雾以及有机溶剂挥发气体,可以隔绝单组分油漆以及其他非异氰酸酯类材料的蒸气和喷雾。 在除油、洗枪、涂料调色、刮灰和喷涂不含异氰酸酯类涂料时可以选用。对于施工环境中氧气含量低于 19.5% 时绝对不可使用
	防毒面罩 供气式面罩	供气式面罩首先能有效地隔绝周围受过污染的空气,再通过有效过滤压缩空气,给施工人员提供清洁、新鲜的空气,达到保护操作人员的目的,是目前最为安全的保护方式。建议在喷涂所有类型的底漆、密封材料和涂料时都采用这种面罩。特别是喷涂含有异氰酸酯类材料的涂料时必须佩戴供气式面罩
手套	线手套	能够保护施工人员的手部,防止划伤、磨损及污染。在打磨、清洁、移动工件或使用工具时选用
	橡胶手套	能够防止有机溶剂通过皮肤吸入人体内,在与溶剂、涂料接触时,需要佩戴。一般有薄型和厚型两种,与溶剂或涂料直接接触时应选用厚型的耐溶剂橡胶手套,如除油、洗枪等作业;如果是在操作中可能会间接接触到溶剂或涂料时,可以选用薄型的乳胶橡胶手套,如调漆、喷漆作业等

劳动保护用品种类	作用及用途
耳塞	保护听力。在打磨或喷涂等噪声较大的操作中佩戴

注:具体说明及要求见《个体防护装备配备规范》(GB 39800.1—2020)。

在涂装作业中劳动保护用品的选择见表1-4。

汽车涂装作业中劳动保护用品的选择　　　　　　表1-4

工序	可能存在的危险	棉质工作服	防静电喷漆服	安全鞋	护目镜	供气式面罩	过滤式面罩	防尘面罩	线手套	耐溶剂橡胶手套	乳胶橡胶手套	耳塞	工作帽
清洗	打湿身体	☺		☺	☺						☺		☺
除油	吸入有机气体,眼睛、皮肤接触化学品	☺	☺	☺	☺		☺			☺			☺
化学方法除漆、除锈	吸入有机气体,眼睛、皮肤接触化学品	☺		☺	☺		☺			☺			☺
物理方法除漆、除锈	可能吸入打磨粉尘	☺		☺	☺			☺	☺			☺	☺
原子灰混合及刮涂	吸入有机气体,眼睛、皮肤接触化学品	☺		☺	☺						☺		☺
干打磨	吸入化合物及粉尘	☺						☺				☺	☺
调色	吸入有机气体,眼睛、皮肤接触化学品	☺	☺	☺	☺		☺				☺		☺

续上表

工序	可能存在的危险	棉质工作服	防静电喷漆服	安全鞋	护目镜	供气式面罩	过滤式面罩	防尘面罩	线手套	耐溶剂橡胶手套	乳胶橡胶手套	耳塞	工作帽
混合或搅拌油漆	吸入有机气体，眼睛、皮肤接触化学品	☺	☺	☺	☺	☺	☺				☺		☺
工件准备	磨损、划伤皮肤	☺		☺						☺			☺
喷涂油漆	吸入有机气体，眼睛、皮肤接触化学品		☺	☺	☺	☺	☺				☺		☺
贴护	一般防护	☺		☺									☺
清洗喷枪	吸入有机气体，眼睛、皮肤接触化学品		☺	☺	☺	☺	☺			☺			☺
强制干燥	烫伤	☺		☺						☺			☺
抛光打蜡	吸入有机气体，眼睛、皮肤接触化学品	☺		☺	☺				☺		☺		☺
清洁	吸入有机气体，眼睛、皮肤接触化学品	☺		☺	☺			☺	☺	☺	☺	☺	☺

注：表中"☺"标志为选择项。

汽车涂装人员除掌握劳动保护用品的正确选择和使用外，在作业时还应注意以下几点。

（1）施工场地应该有良好的通风或排风设备，使空气流通，加速有毒、有害物质的散发。

（2）施工时如果感到头痛、眩晕、心悸、恶心等身体不适时，应该立即停止工作，到室外空气新鲜的地方休息，严重时应该及时治疗。

（3）长期接触飞漆和有机溶剂气体的人，如果不注意防护或防护不当，有可能发生慢性中毒，所以涂装施工人员要定期检查身体，发现有中毒迹象的应及时治疗，严重者应该调离原工作岗位。

（4）有机溶剂蒸气可以通过皮肤渗入人体，因此在喷涂完毕后，要用肥皂洗脸和洗手，条件允许时，喷涂完毕后应该淋浴。为了保护皮肤，施工前暴露在外的皮肤要涂抹防护油膏，施工后洗干净，再涂抹润肤霜以保护皮肤。

在施工场地，必须安装紧急喷淋装置，当溶剂或化学药品溅在眼睛或人体上时，应立即冲洗，情况严重的应及时送往医院治疗。

紧急喷淋装置的使用方法

（5）国家标准《车辆涂料中有害物质限量》（GB 24409—2020）对于汽车涂料中重金属含量、限用溶剂含量、VOC 含量都做了明确规定。但即使对于符合规定的涂料，还是含有少量危害身体健康的化学物质，所以在打磨时要注意防尘，在喷涂时要注意防止漆雾和挥发性有机化合物的吸入。

（6）喷涂完毕后要多喝开水，以湿润气管，增强排毒能力。平时多喝牛奶，多吃水果，也有利于排毒。

3 防火防爆措施

由于涂料绝大多数是易挥发、易燃烧的材料，涂料本身遇火会发生火灾。而施工时挥发的溶剂蒸气与空气混合达到一定浓度时，一旦遇到明火即会发生爆炸，造成重大损失。为了消除隐患，安全生产，施工时应该做好以下安全防火防爆工作。

（1）所有相关工作人员上岗之前都要进行必要的防火安全知识培训，确保一旦遇到事故能正确地作出反应。

（2）施工场地要配备足够的消防灭火器材（如灭火器、黄沙、消防栓等）。对消防器材要严格按照规定进行定期检查及处理，防止在使用时失灵或失效。

（3）对施工中所用涂料应及时整理，禁止敞口、随意存放。对用过的浸有涂料、溶剂的棉纱和碎布及遮蔽纸等易燃物，应该集中存放在金属桶内，并用清水浸没，防止材料因堆放过热而自燃。

（4）涂装车间严禁一切明火或会产生火花的作业，如吸烟、焊接、金属打磨、金属切割等。禁止携带火种进入涂装区和涂料库房，消除发生火灾的隐患。

（5）施工现场的电气设备必须有防爆装置，接地装置，避免产生电气火花而引发危险。

（6）涂装车间必须做到整齐有序，通风良好，减少空气中有机溶剂气体的含量。

具体规定及要求可参考《涂料与辅助材料使用安全通则》（AQ 5216—2013）。涂装作业中的安全文明生产和个人保护是防止发生火灾、伤亡事故、职业病，保护操作人员身体健康的一个重要措施，作为一个涂装工作人员一定要严格遵守。

引导问题4 表面的清洁与除油的工艺流程是怎样的？

准备涂装的车门如果不清洁干净可能影响后续涂层的附着力及外观，所以在涂装作业之前必须按照表面的清洁与除油的工艺流程先对汽车车门进行适当处理，表面的清洁与除油工艺流程见图1-14所示。

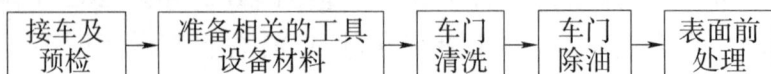

接车及预检 → 准备相关的工具设备材料 → 车门清洗 → 车门除油 → 表面前处理

图1-14　表面的清洁与除油工艺流程

二　任务实施

引导问题5 作业前的准备工作有哪些？

1 工具、设备的准备

① 喷壶

喷壶用来喷涂清洁剂、除油剂等，可以提高工作效率，使施工更加方便，如图1-15所示。喷涂溶剂的喷壶应该选用耐溶剂型喷壶，如果使用普通喷壶，会出现溶剂泡涨之后喷头堵塞，影响使用。

② 风枪

风枪是利用压缩空气来吹干净工件上的水及浮尘的工具如图1-16所示。通过风枪上的扳机可以控制出风量。

③ 汽车清洗机

汽车清洗机有很多种，在选用时可以根据规模和业务量的大小来决定。洗车量较小时，可以选择移动式清洗机，如图1-17所示；如果是专业的洗车美容店，可以选择固定式清洗机，如图1-18所示。

图 1-15　喷壶　　　　图 1-16　风枪

图 1-17　移动式清洗机　　图 1-18　固定式清洗机

❹ 泡沫清洗机

泡沫清洗机的主要作用是利用压缩空气在设备内部产生一定压力,通过设备配置系统,将设备内调配好的清洗液以泡沫状喷射到需要清洗的汽车或工件上,以达到减少操作人员劳动量,提高工作效率的目的,如图 1-19 所示。

❺ 吸尘器

吸尘器的作用是将汽车或工件内的灰尘、脏物及碎屑清除干净,如图 1-20 所示。

图 1-19　泡沫清洗机　　　图 1-20　吸尘器

2 主要材料的准备

1 清洗剂

汽车清洗时应该使用专用的汽车清洗剂,这有助于保护车漆,提高工作效率,同时也能达到节能环保的目的。

由于汽车污垢的多样性,目前市场上的汽车清洗剂的品种也非常繁多。为了能有针对性地清除污垢,使用时应根据其特性及功能等因素合理选择,常见汽车清洗剂的种类见表1-5。

常见汽车清洗剂的种类 表1-5

类别	特点及适用范围
水性清洗剂	主要清除水性污垢,具有较强的浸润和溶解能力,不含有碱性物质,对汽车漆面的光泽有较好的保护作用
有机清洗剂	主要用于去除车身表面的油脂和沥青等不溶于水的污垢。使用时应避免有机清洗剂与塑料、橡胶等制品接触,以防腐蚀。使用中应避免接触明火,并注意通风
油脂清洗剂	又称去油剂,具有极强的去油功能,主要用于清洗发动机、制动系统、轮毂等油污较重的部位
溶解清洗剂	是一种溶解功能很强的清洗剂,能清除车身上的焦油、沥青、鸟粪、树胶等水不溶性污垢
多功能清洗剂	具有多种功能的清洗剂,如二合一清洗剂,既有清洗功能,又有上蜡功效

想一想

由于本次施工的车门上既有灰尘、油污,又有残蜡,所以应选用_____类型的清洁剂。

2 除油剂

除油剂主要是涂装工作前,用来清除待涂装工件表面的油脂、蜡脂及硅酮等污染物的。除油剂种类很多,一般根据其用途可以分为通用型除油剂和塑料件专用除油剂。

通用型除油剂在一般底材上都可适用,根据施工时环境温度的变化,可以选择快干型或慢干型产品。

塑料件专用除油剂属于弱溶剂型清洁剂,能有效清除塑料表面的脱模剂。有的产品还含有防静电功能,主要用于塑料工件表面。

❸ 毛巾

毛巾是在清洗和清洁工作中必不可少的物品,根据擦拭部位的不同及作业的先后顺序,应该准备大小规格不等的多条毛巾。

现在市场上有一种麂皮或仿鹿皮毛巾,具有柔软、耐磨、防静电、不掉纤维、能迅速吸干水分等特点,应用较为普遍,如图 1-21 所示。

❹ 擦拭布

汽车涂装工作中使用的擦拭布(又称无纺布)具有卓越的吸水、吸油能力,擦拭后不留纤维,不掉色,手感极佳等特点。在清洁、除油、抛光、打蜡工作中使用较多,如图 1-22 所示。

❺ 海绵

海绵具有柔软、弹性好、吸水性强和较好的藏土能力等特点,所以在清洁工件或洗车工作中使用较多,如图 1-23 所示。

图1-21 麂皮毛巾	图 1-22 擦拭布	图 1-23 海绵

❸ 劳动保护措施

在本次作业中需要用到劳动保护用品。请根据前面学习的劳动保护用品知识,完成表 1-6 的内容,在相关的操作中需要用到的劳动保护用品在栏里打"√"。

清洁与除油作业中的劳动保护用品   表 1-6

工序	推荐的涂装工劳动保护用品							
清洁								
除油								

怎样对全车表面进行清洗？

全车表面清洗的一般方法如下。

（1）将汽车移入清洗工位，并关好车门车窗。

（2）穿戴好合适的劳动保护用品。

（3）用高压水枪冲去汽车表面的浮尘及污物，冲洗如图1-24所示。冲洗时按从上至下、从前往后的斜下方喷水进行冲洗，这样可以最有效地将汽车上的泥沙及灰尘冲洗干净。对于泥沙及灰尘较多的位置可以多冲洗几遍，避免在擦洗时泥沙划伤漆面。

（4）将调配好的清洁剂均匀地喷洒在汽车表面，喷清洁液如图1-25所示，然后用海绵进行全车擦洗，如图1-26所示。擦洗时要注意每个部位都要擦洗到，对于不易擦拭掉的附着物，不可用力猛擦，以免损坏漆面，可选用专用的清洁剂或清洁产品先充分溶胀后再来处理。

图1-24　冲洗　　　　　　　　图1-25　喷清洁液

（5）擦洗完毕，利用高压水枪再将全车冲洗一遍，如图1-27所示。冲洗时注意将车身上刚才擦洗下来的污物及清洁剂泡沫冲洗干净。

图1-26　擦洗　　　　　　　　图1-27　冲洗

（6）先用干净的大毛巾快速擦去车身表面的水珠，然后用小毛巾或麂皮毛巾将车身表面的水渍擦拭干净,如图 1-28 所示。

(7)用风枪将车身缝隙部位的水吹出,如图 1-29 所示,并同时用毛巾或麂皮毛巾擦干。

图 1-28　擦干　　　　　　　　　　图 1-29　吹干

(8)清洁完毕,环车检查质量,确保全车清洗干净。

引导问题 7　怎样对车门表面进行除油?

在工件清洗时,工件表面上的一些顽固的油脂、润滑油、污垢、石蜡、硅酮抛光剂以及手印等是很难彻底清除干净的,如果不及时去除,可能会影响后续涂膜的附着力以及涂膜表面的质量等。所以一般在进行清洗之后,还需要对要修补的部位进行除油工作。

除油剂的使用操作手法有以下两种。

板件表面除油

1 擦拭法

(1)穿戴好合适的劳动保护用品。

(2)涂抹除油剂。准备两块干净的擦拭布,用其中一块蘸上除油剂,如图 1-30 所示,并把除油剂擦拭到工件表面,如图 1-31 所示。擦拭时可以按照横行重叠的顺序依次进行擦拭,注意中间不能有漏擦。为了避免除油剂挥发过快,一次最好只擦一个来回。如果面积过大或施工温度较高,可以选用慢干型除油剂。

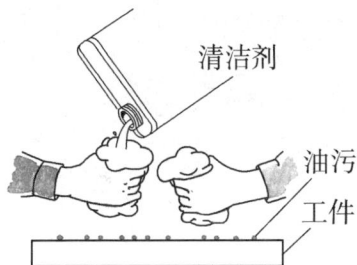 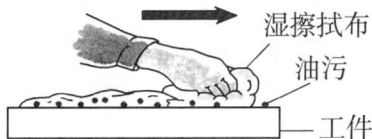

图 1-30　蘸除油剂　　　　　　　　图 1-31　湿擦工件

（3）擦干净除油剂。用另外一块干的干净擦拭布将之前涂抹的除油剂擦拭干净，如图1-32所示。在此步操作时，注意一定要趁除油剂没有干燥之前把它擦干净，否则等除油剂干燥之后，刚刚浸润的油脂、车蜡等又会牢固地附着在工件表面，再用干布去擦拭达不到清除的效果。

（4）重复步骤（2）~（3）的动作，直至清除干净整个工件表面，如图1-33所示。在擦拭的过程中应该经常更换干净的擦拭布，防止重复污染。禁止触摸已经除油的表面。

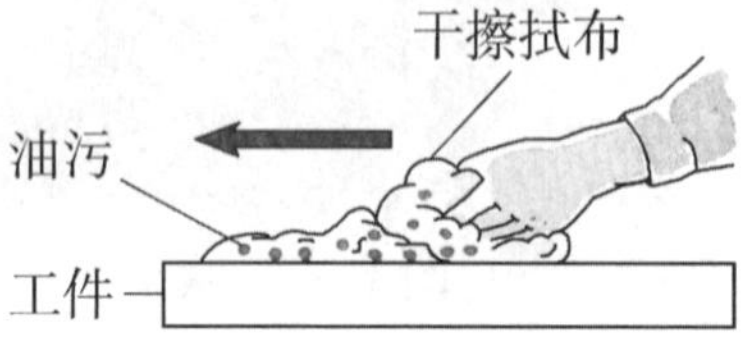

图1-32　干擦工件 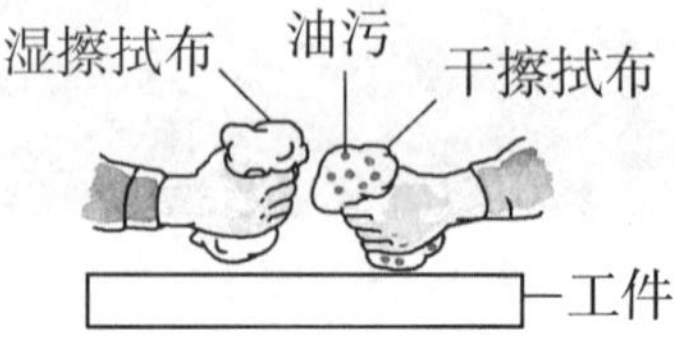　　　　　图1-33　边湿擦边干擦

2 喷擦结合法

（1）穿戴好合适的劳动保护用品。

（2）将除油剂装入耐溶剂喷壶内。

（3）反复按压喷壶操纵手柄，直到感觉有足够的反弹力。

（4）手持喷壶，对准需除油工件表面，保持20cm左右的距离，按压喷液开关，将除油剂均匀地喷涂到工件表面，如图1-34所示。如果需要除油的工件面积较小，建议一次喷涂完整个表面；如果工件除油面积较大，建议分块进行喷涂，原则是要保证在下一步擦拭之前除油剂不能干燥。

（5）用干净的擦拭布，将喷涂的除油剂按顺序擦拭干净，如图1-35所示。擦拭时也应该经常更换干净的擦拭布，防止重复污染。

图1-34　喷涂除油剂 　　　　　图1-35　擦干净除油剂

三 学习记录与评价

1 理论知识记录

(1)汽车涂装的主要作用有_____。

(2)汽车涂装相对于其他类型的涂装的特点有(　　)。

  A.高级保护性涂装　　　　B.中级保护性涂装　　　　C.高级装饰性涂装

  D.中级保护性涂装　　　　E.单涂层涂装　　　　　　　F.多涂层涂装

(3)在汽车涂装作业中,对人体有害的物质主要有_____、_____、

_____三类;对自然环境有害的物质主要有_____、_____、

_____三类。

(4)涂料着火时可以直接使用水进行灭火。　　　　　　　　　　　(　　)

(5)汽车表面清洁、除油的质量检验标准是:_____

_____。

2 实操数据记录

(1)请检查本单位涂料间、调漆间、打磨间、喷涂间等区域,结合车间安全、环保等措施相关要求,完成表1-7中的相关内容。

车间安全、环保及7S管理检查整改记录表　　　　　　表1-7

检查项目	检查区域			
	涂料间	调漆间	打磨间	喷涂间
安全设施				
环保设施				
7S管理				
序号	需要整改的地方		建议整改的方法	
1				
2				
3				

(2)请根据表面的清洁与除油实训操作情况,填写表1-8中的内容。

表面清洁与除油实训记录表 表 1-8

主要施工工序	记录项	
表面清洁	汽车品牌：	车辆型号：
表面除油	损伤部位：	需除油部位：
	选用的除油剂品牌及型号：	

3 评价

（1）自我评价。请根据自己对本节专业知识和技能掌握情况，完成表 1-9 中的相关内容。

自我评价表 表 1-9

评价内容	完全掌握	部分掌握
理论知识		
表面清洁		
表面除油		

（2）小组评价。请组长根据组员实际表现，完成表 1-10 中的相关内容。

小组评价表 表 1-10

序号	评价项目	评价情况（优秀/合格/不合格）	备注（不合格原因）
1	着装符合要求		
2	能合理规范的使用仪器和设备		
3	能按照安全和规范的流程操作		
4	遵守学习、实训场地的规章制度		
5	能保持学习、实训场地整洁		
6	团结协作情况		

参与评价的同学签名：_____ 日期：_____

（3）教师评价与建议（针对学生学习记录完成情况、实训情况、学习态度等进行评价）。

_____

_____

教师签名：_____ 日期：_____

（四）技能考核标准

本考核项目需独立完成,主要检验学员对汽车表面清洁、表面除油技能的掌握情况,表面的清洁与除油操作考核评价表见表1-11。

表面的清洁与除油操作考核评价表 表1-11

序号	任务	配分	评分标准	得分
1	表面的清洁	60分	未穿戴劳保用品禁止操作,穿戴不正确扣2分/次	
			洗车工具选择不当或操作不当扣5分/次	
			冲洗顺序不合理扣5分/次,擦洗不均匀扣1～10分(根据程度)	
			脏污、水渍未擦干净或未吹干扣5分/处	
2	表面的除油	30分	未穿戴劳保用品禁止操作,穿戴不正确扣2分/次	
			除油剂选择不正确扣10分	
			涂抹除油剂过湿或过薄扣10分,涂抹不均匀扣1～10分(根据程度)	
			擦净除油剂方法不正确不规范扣1～10分(根据程度)	
3	7S现场管理	10分	未及时整理设备、工具及材料扣2分/次	
			未正确处理废弃物扣2分/次	
			未及时清洁整理场地扣2分/次	
	总分	100分	合计	
			考评员签字:	

思政小故事

汽车涂装技师的职业前景与发展路径

据公安部最新发布的统计数据显示,截至2023年底,全国汽车保有量达3.36亿辆,自2014年以来已连续10年新注册登记量超过2000万辆。庞大的汽车保有量及增长量需要大量的汽车服务技术人员,而汽车涂装更由于其特殊性成为汽车服务业中缺口最大的工种。学习汽车涂装技术,将来可以从事汽车制造厂、维修厂的涂装工作外，还可以从事油漆店的调色工作、涂料公司的涂装培训工作、涂装工具设备企业的技术服务工作等，甚至还能从事与此相关的其他工作，如飞机涂装、彩绘喷涂、漆面美容等。

想一想

　　本文所讲的汽车涂装的特殊性指的是什么？这些特殊因素是可以预防和避免的吗？你对学习汽车涂装技术或将来从事涂装工作是否具有足够的信心？爱岗敬业精神对于我们今后的学习和工作有什么意义？

学习任务二

表面前处理

学习目标

1. 知识目标

（1）了解汽车表面前处理的含义和必要性；

（2）了解和掌握汽车车身常用材料的特点及前处理方法；

（3）熟悉汽车车身涂层的分类及主要作用。

2. 技能目标

（1）能正确使用和维护前处理相关的工具和设备；

（2）能正确选择和使用前处理相关的材料；

（3）能正确选择和穿戴个人劳保用品；

（4）能规范进行汽车表面前处理。

3. 素养目标

（1）通过前处理新材料的学习，根植创新意识，弘扬勇于创新的劳模精神；

（2）通过前处理规范流程的学习，强化质量意识，弘扬一丝不苟的工匠精神；

（3）通过思政小故事，树立"安全第一、预防为主"的安全生产观。

建议完成本学习任务的时间为 **10** 课时。

学习任务描述

经过清洁与除油处理的车门，表面非常干净，我们可以清楚地看到钣金校正和涂层损伤的区域，如图 2-1 圆圈内所示。现在请你先对车门损伤部位进行检查，确定损伤程度，然后根据工艺流程进行规范的表面前处理，表面前处理后的效果如图 2-2 所示。

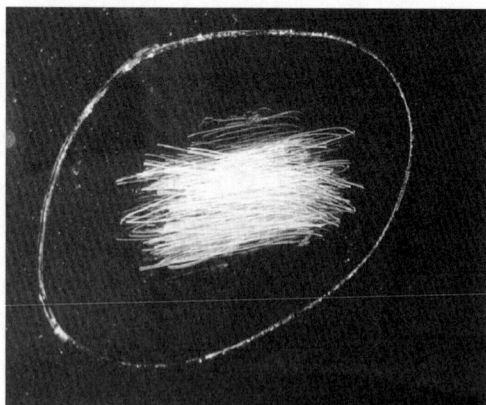

图 2-1　表面前处理前的效果

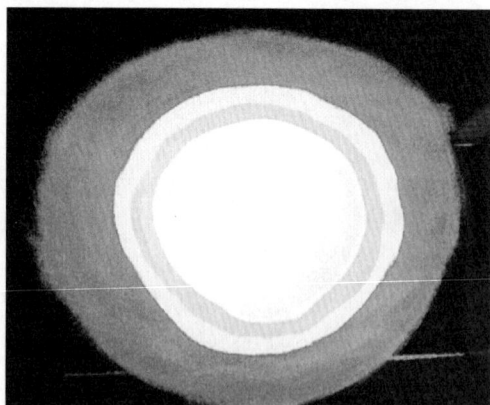

图 2-2　表面前处理后的效果

（一）　资 料 收 集

引导问题 1　什么是表面前处理？涂装前为什么要进行表面前处理？

表面前处理指的是在进行涂装前（包括原子灰的涂装）对底材表面的相关处理工作。一般包括清洁、除油、除锈、除旧漆、粗化、打磨羽状边等工序。

表面前处理是涂装工艺的重要一步，表面前处理质量的好坏将直接影响整个涂层质量的好坏。

汽车在使用的过程当中，其涂层表面会出现不同程度的老化、损伤或因为碰撞出现的损坏，涂层失去了部分或全部的保护和装饰作用，如果不及时彻底地进行处理，不仅会加速涂层的老化，严重的还会影响车辆的使用寿命和使用安全。所以在进行新涂层涂装前，需要对旧涂层及表面作相应的处理，使工件表面达到无油、无锈、无旧漆、无其他污物，并具有一定的粗糙度，使后续的涂层涂料能牢固地附着在其表面上，达到提高后续涂层的抗腐蚀能力，防止出现各种涂膜缺陷的目的。

引导问题 2　汽车车身常用材料的特点及表面前处理方法有哪些？

目前，汽车车身所用材料大致可分为金属材料、非金属材料、复合材料三大类。随着汽车轻量化发展的需要，特别是在新能源汽车车身上，低密度高强度的轻金属材料、非金属材料、复合材料越来越多地被使用,形成混合材料车身。由于不同底材的特性不同,要充分发挥涂料的保护作用,就必须了解其特点及相应的表面前处理方法。

1 金属材料

金属材料在汽车车身及覆盖件中应用广泛,主要涉及钢板、铝及铝合金等。

钢板是汽车车身的主要材料之一,具有良好的强度、塑性和抗冲击性能。常用的钢板有低碳钢板、高强度钢板、不锈钢板等。低碳钢板具有良好的塑性和焊接性能,广泛应用于车身的主体部分;高强度钢板具有更高的强度和抗冲击性能,用于制造车身的结构件和加强件;不锈钢板具有优异的耐腐蚀性能和美观的外观,常用于制造车身的外观覆盖件。在涂装前,需要对钢板进行预处理,如除油、除锈、磷化、粗化等,以提高涂层的附着力和耐腐蚀性。

铝及铝合金具有轻质、高强度、耐腐蚀性好等特点,广泛应用于汽车车身的制造。铝及铝合金可以通过铸造、挤压、轧制等工艺加工成各种形状和规格的部件。在涂装前,需要对铝及铝合金进行表面处理,如氧化处理、阳极氧化等,以提高涂层的附着力和耐久性。

2 非金属材料

非金属材料在汽车车身及覆盖件中也有广泛应用,主要包括塑料、橡胶等。

塑料具有轻质、成本低、可塑性好等特点,能够制造出各种形状和结构的部件。塑料涂装前表面处理方法主要包括清洁、粗化、润湿等,以提高涂层的附着力和耐久性。

橡胶具有优良的弹性和耐腐蚀性,具有一定的耐候性和耐热性。但表面不易附着涂料,涂装前可以先使用清洁剂清除表面油污和杂质,然后进行活化处理以提高表面的润湿性和附着力。

3 复合材料

复合材料是由两种或两种以上材料组成的新材料,在汽车车身及覆盖件中常用的复合材料包括玻璃纤维增强材料、碳纤维增强材料等。

玻璃纤维增强材料由玻璃纤维和有机高分子材料复合而成,优点是绝缘性好、耐热性强、抗腐蚀性好、机械强度高;缺点是性脆,耐磨性较差。在涂装前,需要进行表面清洁、粗化、偶联剂处理等步骤,以提高涂层的附着力。

碳纤维增强材料由碳纤维和树脂基体复合而成,具有高强度、高刚性、低密度、耐高温、耐腐蚀等特点,能够大幅度减轻车身重量。与传统的金属材料相比,其抗冲击性能和耐疲劳性能优良。在涂装前,需要进行表面活化处理,使碳纤维表面形成活性基团,以提高与涂料的结合力。

引导问题3 汽车涂层一般有几层? 各涂层的作用是什么?

汽车油漆涂层层数因车辆要求的不同而异,作为保护性和装饰性要求最高的轿车涂层一般有以下几种形式的涂层结构。

1 原厂涂层

汽车原厂涂层一般包括底漆层、中涂层和面漆层三层结构,如图2-3所示。

2 维修涂层

汽车维修涂层若采用标准的工艺,其涂层结构如图2-4所示。如果采用简化的工艺,其涂层结构如图2-5所示。

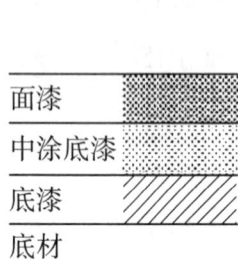

图 2-3 原厂汽车涂层　　图 2-4 标准汽车维修涂层　　图 2-5 简化汽车维修涂层

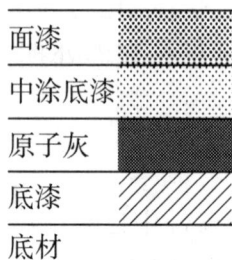

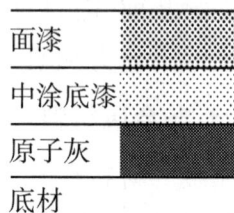

汽车涂层的类型及主要作用见表2-1。

汽车涂层的类型及主要作用　　　　　　　表 2-1

涂层类型		主要作用
底漆层		保护底材,防止锈蚀,提高附着力
中涂层	原子灰层	填补凹陷,恢复或塑造表面形状
	中涂底漆层	填补细小缺陷,封闭底层,提高丰满度
面漆层		提供颜色、亮度、力学性能、保护性能

引导问题4 表面前处理的工艺流程是怎样的?

表面前处理的工艺流程如图2-6所示。

```
┌──────────┐                    ┌──────────┐
│ 清洁与除油 │───────────────────→│   除锈   │
└──────────┘                    └──────────┘
      │                               │
      ↓                               ↓
┌──────────┐                    ┌──────────┐
│ 鉴别旧涂层 │                    │ 打磨羽状边 │
│ 和底材的种类│                    └──────────┘
└──────────┘                          │
      │                               │
      ↓                               │
┌──────────┐                          │
│ 评估损坏程度│──────────────┐         │
└──────────┘              │         │
  无缺陷                    │         ↓
      │                    │   ┌──────────┐
      │   有缺陷            │   │   粗化   │
      │    │               │   └──────────┘
      │    ↓               │         │
      │ ┌──────────┐       │         ↓
      └→│  除旧漆   │       │   ┌──────────┐
        └──────────┘       │   │ 底漆的涂装 │
                           │   └──────────┘
```

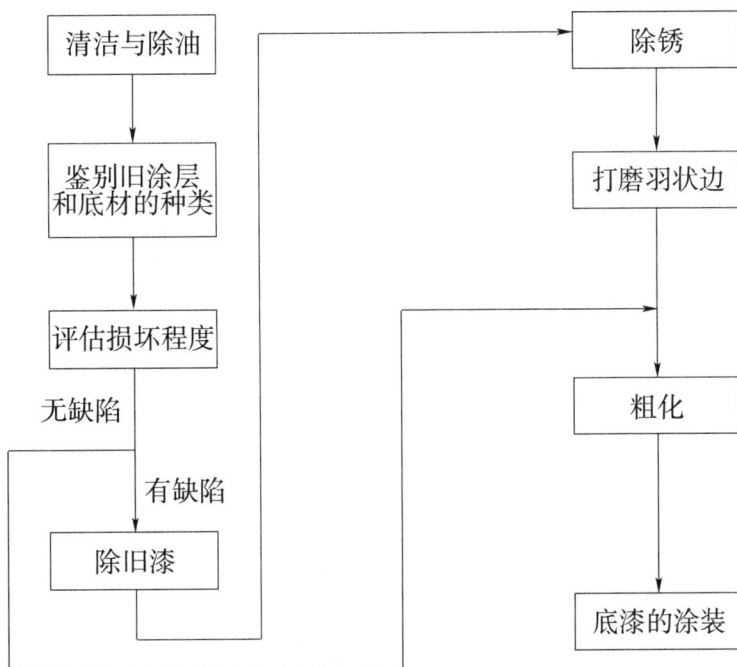

图 2-6　表面前处理工艺流程

㈡　任 务 实 施

引导问题 5　作业前的准备工作有哪些?

1 工具、设备的准备

❶ 手工清除工具

手工清除工具主要有尖嘴锤、铲刀、刮刀、刮铲、锉刀及钢丝刷等,如图 2-7 所示,通过铲、刮、刷、锉等方式清除掉金属表面的旧涂层、铁锈以及焊渣等。手工工具结构简单,容易操作,适应性强。但是,使用手工工具操作时劳动强度大、工作效率低,所以在表面前处理作业中,一般将手工工具作为一种辅助工具使用,在机械工具清除不到或机械工具不好操作的地方使用。

❷ 机械清除工具

机械清除工具主要指的是打磨机。打磨机工作时以电力或压缩空气作为动力源,驱动打磨头旋转或移动,与钢丝刷、砂布、砂纸、砂轮等磨具配合使用,实现对表面旧涂层或铁锈的清除。

a) 尖头锤　　　　　　　b) 尖头锤

c) 弯头刮刀　　　　　　d) 刮铲

e) 锉刀　　　　　　　　f) 铲刀

g) 钢丝刷　　　　　　　h) 铲刀

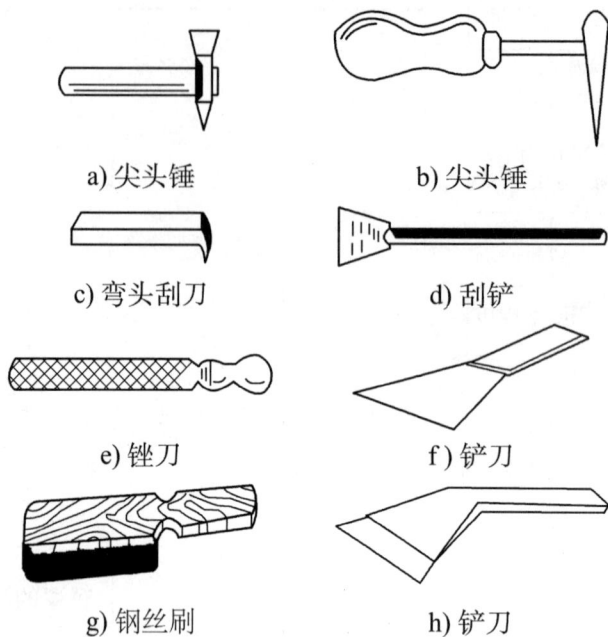

图2-7　手工清除工具

　　打磨机的种类很多,按打磨机的驱动方式可以分为电动打磨机与气动打磨机两种。由于气动打磨机具有结构简单、操作轻便、使用安全等特点,目前在维修行业使用较多。

　　打磨机常用的分类方法是按照它的运动方式来划分,它可以分为单作用式、轨道式和双作用式三种,汽车涂装作用常用的打磨机特点及适用范围见表2-2,在作业中应根据各类打磨机的特点合理选用,达到最佳的打磨效果。

汽车涂装作业常用的打磨机特点及适用范围　　　　　表2-2

类型	单作用打磨机	轨道式打磨机	双作用打磨机
运动方式			
特点	圆周运动,转矩大,作用力强,打磨速度快。打磨时不平稳,容易产生划痕	砂垫呈矩形,工作时整个砂垫以小圆圈方式振动,振动力小,容易控制,划痕少,研磨平整光滑,适合磨平	打磨垫本身以小圆圈振动,同时又绕自己的中心转动,所以兼有单作用和轨道式打磨机的特点

续上表

类型	单作用打磨机	轨道式打磨机	双作用打磨机
适用工序	可以用来除旧漆、除锈等粗磨工作,也可以换上抛光垫之后用来抛光。如砂轮机,抛光机等都是单作用打磨机	适合用来进行平面原子灰的整平打磨	适用于整个涂装打磨工序。一般根据打磨精度要求又制成不同振动幅度,常见的有 7mm、5mm 和 3mm 三种规格。振动幅度越大,打磨越快,但打磨痕迹越粗糙;振动幅度越小,打磨越慢,但磨痕越精细

图 2-8 所示为一台典型的带吸尘装置的干打磨系统,它由以下几部分组成。

(1)打磨设备:可以配备不同运动方式、不同形状及不同大小的打磨机以适应不同的打磨部位及工序。也可以配备吸尘手刨进行手工打磨。

(2)吸尘设备:收集打磨时产生的粉尘。根据吸尘方式的不同,吸尘设备可分为主动式吸尘设备(图 2-8)与被动式吸尘设备(图 2-9)两种。

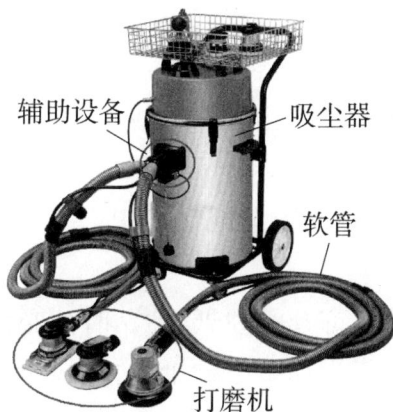

图 2-8 主动式吸尘设备   图 2-9 被动式吸尘设备

主动式吸尘设备是自带有吸尘器的设备。工作时,靠吸尘器的吸力将打磨产生的粉尘吸收干净。主动式吸尘设备又可以分为中央式多工位吸尘(图 2-10)与分离式单工位吸尘(图 2-11)两种:中央式多工位吸尘使用大型吸尘器,吸尘效果好,设备使用寿命长,维护方便,适合维修量多、工作量大的企业使用;分离式单工位吸尘是使用移动式吸尘器,吸尘效果好,使用方便,适合经常需要移动工位或维修业务量不是很多的企业使用。

图 2-10　中央式多工位式吸尘　　　　图 2-11　分离式单工位吸尘

被动式吸尘设备本身不带吸尘器,它靠打磨机在工作时里面的叶片轮旋转产生吸力,将灰尘吸干净。所以其吸尘功率受打磨机转速影响,吸尘袋容量也有限,仅适用于工作量不大、粉尘不多的打磨作业。

(3)供气与吸尘软管:用来连接打磨机与吸尘设备的管道。

(4)辅助设备:辅助设备包括可以同时连接多根吸尘软管的三通管,过滤油水及调压的油水分离器,不同形状及软硬程度的磨垫等。

干磨系统的使用及维护注意事项如下。

(1)操作前和操作后应检查干磨系统各部分是否完好,特别是电源线、磨垫等部分是否有破损及破裂现象,在操作过程中如果出现异响或抖动,应立即停机检查。

(2)设备进气端应安装伺服系统,将进气压力调节至 0.6MPa 左右,始终保持油雾器杯内有 1/3 容量的润滑油。

(3)必须使用与磨盘或衬垫规格、型号相符合的砂纸,粘贴时务必使吸尘孔位置对齐,以保证最佳的吸尘效果。打磨结束后应取下砂纸,再用风枪吹干净整个打磨设备。

(4)打磨时应先将打磨机放置于工件上再启动,打磨结束后,一定要等打磨机完全停止转动再放下。

(5)干磨系统连续工作时间不应太长,每天工作完毕后往打磨机里面注入少许润滑油,并让打磨机低速运转一下,以润滑内部元件。

(6)定期检查、清理集尘过滤袋,一般所集灰尘不能超过集尘袋容量的 4/5。定期清洁滤芯,一般半年至一年更换一次。定期检查吸尘电动机电刷磨损情况,电刷长度低于 1.5cm 时必须更换。

2 **主要材料的准备**

1 打磨材料

打磨材料的种类很多,常用的打磨材料分类方法如下。

(1)按打磨材料的种类分类,见表2-3。

按打磨材料的种类分类　　　　　　　　　　　　表2-3

分类方法	按磨料的种类分类		
类型	氧化铝磨料	碳化硅磨料	锆铝磨料
特点及用途	非常坚韧,硬度高,耐久性好,能很好地防止破裂和钝化。可制成不同规格的磨料用于除锈、除旧漆、打磨原子灰、打磨新旧涂层等,是目前使用最多的一类磨料	又称金刚砂,是一种非常锐利、穿透力极高的磨料,呈黑色,常用于旧漆面的打磨,以及抛光前对涂面的砂磨	锆铝磨料具有独特的自磨刃特性,在打磨过程中能不断提供新的刃口,始终保持较好的打磨性能。在打磨过程中产生的热量少,能有效避免打磨下来的材料变软堵塞磨料间隙,影响打磨效果。正因为打磨效率高、使用寿命长,所以应用越来越广泛

(2)按打磨材料的形状分类,见表2-4。

按打磨材料的形状分类　　　　　　　　　　　　表2-4

分类方法	按打磨材料的形状分类		
类型	方形	圆形	异形
特点及用途	主要用于手工操作,以及轨道式打磨机上	主要用于单作用或双作用打磨机上	用于一些特别的机械或特别打磨工序中

（3）按打磨材料的背衬材料分类，见表2-5。

按打磨材料的背衬材料分类 表2-5

分类方法	按打磨材料的背衬材料分类		
类型	砂纸	砂布	三维打磨材料
特点及用途	背衬为纸质材料，主要用来制作水磨砂纸，使用前可以先用水浸泡一下，防止砂纸脆裂，可以根据需要裁剪成不同大小	背衬为布纤维材料，主要用来制作干磨砂布，打磨机上使用的砂布一般采用快速搭扣式，使用方便	衬里为合成纤维制成的三维材料，磨料附着在三维纤维上，有极好的柔韧性，适合打磨外形复杂或特殊材料的表面

（4）按砂纸上磨料颗粒的大小分类，见表2-6。

按砂纸上磨料颗粒的大小分类 表2-6

砂纸编号	颗粒大小（μm）	适用范围	
		干打磨	湿打磨
P24	1200	粗磨工作，如打磨焊缝、焊渣，清除严重锈蚀部位等	不允许使用湿打磨方法磨原子灰
P40	600	大面积除旧漆、除锈	不允许使用湿打磨方法磨原子灰
P60	400		
P80	300	除旧漆、除锈、打磨羽状边、粗磨原子灰等	
P120	170		
P150	150	中等程度的打磨原子灰	不允许使用湿打磨方法磨原子灰
P180	120		
P240	80	精磨原子灰	不允许使用湿打磨方法磨原子灰
P280	65		
P320	55	中涂底漆喷涂之前的机械打磨	

续上表

砂纸编号	颗粒大小（μm）	适用范围	
		干打磨	湿打磨
P360	45	中涂底漆喷涂之前的机械打磨	精磨原子灰
P400	40	单工序面漆喷涂之前的机械打磨	中涂层喷涂之前的手工打磨
P500	35	双工序面漆喷涂之前的机械打磨	单工序面漆喷涂之前的手工打磨
P600	25		
P800 ~ P1000	15 ~ 20	修整面漆上的颗粒、流痕、橘皮等缺陷	双工序面漆喷涂之前的手工打磨
P1200 ~ P1500	10 以下	抛光之前的精细打磨	抛光之前的精细打磨

注:砂纸编号中的"P",表示欧洲使用的砂纸分级方法,目前在我国广泛采用。

❷ 脱漆剂

汽车维修涂装中使用的脱漆剂又称洗涤剂、去漆剂等。它是利用成分中的强性溶剂,将涂层或旧漆溶胀以达到脱漆目的的液体或乳状物。

根据脱漆对象的不同,大致可以分为两大类:一类是以酮、苯、酯类有机溶剂和挥发阻缓剂石蜡配制而成的,主要用于清除油基、醇酸、硝基漆的旧涂膜;另一类是以二氯甲烷、石蜡、纤维素醚、醋酸为主要成分配制而成的,主要用于清除环氧沥青、聚氨酯、环氧聚酰胺或氨基醇酸树脂等旧涂膜。为了保证脱漆效果,一定要根据旧涂层的类型选用合适的脱漆剂。

❸ 除锈水

化学除锈的方法很多,在汽车维修涂装行业,使用最多的是酸洗方法。金属的腐蚀产物主要是金属氧化物,酸洗就是利用酸溶液与这些金属氧化物反应,从而除掉金属表面的锈蚀产物。常用的酸性溶液有硫酸、盐酸、硝酸等。在汽车维修涂装行业使用的除锈水一般是经过配制的酸溶液。

3 劳动保护措施

在本次作业中需要用到劳动保护用品,请根据前面学习的劳动保护用品知识,完成表 2-7 的内容,在相关的操作中需要用到的劳动保护用品在栏里打"√"。

表面前处理作业中的劳动保护用品　　　　　　　　　表 2-7

工序	推荐的涂装工劳动保护用品							
鉴别涂层种类								
评估损坏程度								
打磨法除旧漆、除锈								
化学法除旧漆、除锈								
打磨羽状边								
粗化								

引导问题6　如何鉴别旧涂层和底材的种类？

鉴别原涂装表面的涂料类别和底材类型在重涂工艺中是非常重要的。如果旧涂膜或底材没有正确的鉴别，盲目地进行施工，那么很容易出现新旧涂层或新涂层与底材间的不配套，导致整个涂装作业的返工。

1 鉴别旧涂层

汽车涂装修理中常用的鉴别旧涂层的方法有以下 3 种。

❶ 涂抹溶剂法

（1）穿戴好合适的劳动保护用品。

（2）用棉纱浸硝基稀释剂，如图 2-12 所示。

（3）用棉纱在原涂装表面的旧涂膜上或车身隐蔽部位轻轻擦拭，如图 2-13 所示。

（4）观察棉纱和涂层表面状况，确定涂层类型。

①如果棉纱上粘有车身颜色或涂层出现溶解，则说明旧涂层使用的是溶剂挥发型涂料，如图 2-14 所示。此种涂层在维修时要充分考虑新涂层中的溶剂成分是否会溶解原涂层，造成咬底、起皱等涂膜缺陷。

②如果摩擦不掉色或涂层没有出现溶解的,则说明旧涂层使用的是烘烤聚合型或双组分型涂料。此种涂层在修补时一般能经受新喷涂层中的溶剂的溶解,施工时稍加注意可避免出现涂膜缺陷。

③如果原涂膜膨胀或收缩,则为未完全硬固的烘烤聚合型或双组分型涂料。此种涂层在修补时也要考虑到新喷涂层中的溶剂是否会溶解原涂层,造成各种涂膜缺陷。

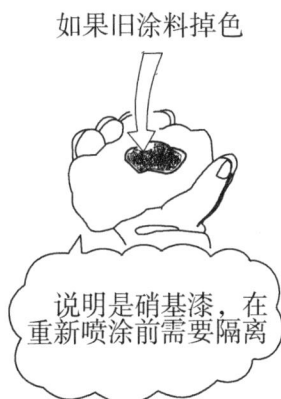

图 2-12　蘸硝基稀释剂　　　　图 2-13　摩擦　　　图 2-14　检查棉纱上是否掉色

❷ 打磨法

①穿戴好劳动保护用品。

②用棉纱蘸少许粗蜡或用砂纸打磨待涂漆面,如图 2-15 所示。

③观察棉纱或砂纸表面,若表面粘上有颜色的涂料,则说明漆面是单工序面漆,单工序面漆打磨后的效果如图 2-16 所示;若没有粘上有颜色的涂料,则说明漆面是双工序(色漆＋清漆)面漆;若用砂纸打磨漆面,漆层有弹性且砂纸黏滞,则说明是未完全固化的烤漆。

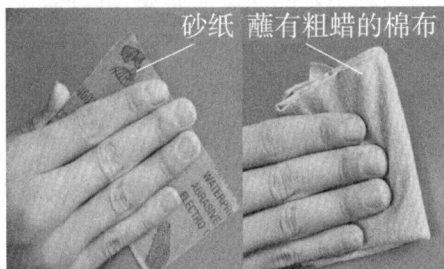

图 2-15　打磨漆面　　　　　　图 2-16　单工序面漆打磨后的效果

❸ 检测硬度法

由于各种面漆干燥后涂膜的硬度不同，可以通过使用指压或用指甲划的方法来检测。一般没有指纹印或指甲印的是固化较好的原厂漆或双组分型漆，有印痕的是自干漆或固化不好的双组分型涂料。

对于不耐溶剂、打磨掉色或硬度不高的旧涂层在重涂时最容易出现涂层不配套的问题，一般要经过封闭处理，但是最彻底的处理方法还是清除掉整个旧涂层。

② 常用底材的鉴别方法

汽车车身常用底材的鉴别方法见表2-8。

汽车车身常用底材的鉴别方法   表2-8

底材种类	鉴别方法
钢材	外观鉴别：优质钢材表面光滑，无明显的杂质和缺陷。 磁性测试：使用磁铁靠近钢材，如果钢材被吸住，说明它是非磁性的，可能是普通碳素钢；如果钢材不受磁铁的吸引，那么就有可能是不锈钢。 化学试剂测试：使用盐酸等试剂对钢材进行测试，如果钢材出现气泡，说明它是不锈钢，因为不锈钢具有一定的耐腐蚀性，可以抵抗盐酸的腐蚀作用
铝合金	外观鉴别：铝合金通常呈现银白色或灰色，表面光滑且有特有的金属光泽。 质量鉴别：铝合金的密度较低，相同体积的铝合金比其他金属材料更轻。通过质量可以初步判断是否为铝合金。 磁性测试：铝合金是非磁性的，可以使用磁铁进行测试。如果材料不受磁铁吸引，那么它可能是铝合金。 专业工具检测：可以使用专业工具如磁力试验仪、X射线荧光分析仪等进行检测，以准确判断是否为铝合金
塑料	外观鉴别：塑料的外观特征因种类不同而有所差异，可以通过观察颜色、质地、纹理等来初步判断其所属类型。 燃烧鉴别：将少量塑料样本进行燃烧，根据气味、烟色等特点进行鉴别。不同的塑料在燃烧时会有特定的气味和烟色。 硬度测试：通过硬度测试可以初步判断塑料的种类。不同种类的塑料硬度不同，可以使用硬度计进行测试。 专业工具检测：可以使用专业工具如显微镜、红外光谱仪等对塑料进行检测，以准确判断其种类

底材种类	鉴别方法
碳纤维 复合材料	外观鉴别:优质碳纤维复合材料表面光滑,呈现均匀的纹理,且颜色较为一致。 抗冲击表现:碳纤维制品的抗冲击性能较高,可以承受较大的冲击力而不易变形或断裂。而金属材料则可能在受到冲击后发生弯曲或变形。 耐高温性能:碳纤维复合材料具有较好的耐高温性能,不易燃烧。而塑料等其他材料则可能在高温下熔化或变形。 专业工具检测:可以使用专业工具如扫描电子显微镜、热分析仪等对碳纤维复合材料进行检测,以准确判断其种类和质量

引导问题7 如何评估涂层损坏程度?

正确地评估损坏程度,是确定维修成本、保证涂装质量的关键因素之一。只有对损坏程度进行正确的评估后,才能确定维修范围,确定各道处理工序的范围,确定过渡区域、需遮盖保护的部位、需拆卸的零件等,为后续工序的正确实施及保证满意的维修质量奠定基础。评估涂层损坏程度的方法有3种,一般在工作时需要综合起来使用。

1 目测评估法

(1)将工件移至光线充足的地方。

(2)根据光照射工件表面的反射情况,以评估损坏的程度及受影响面积的大小,如图2-17所示。

(3)改变观察的角度,从不同方向检查变形。

(4)用记号笔将变形范围画出来。

此方法适合工件表面亮度较高的情况,对于无光泽或光泽不好的工件不易评估。

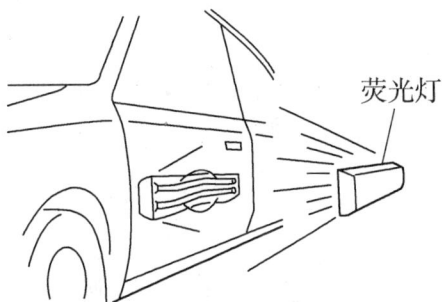

图2-17 目测评估损坏程度

2 触摸评估法

(1)戴上手套(最好为棉质)。

(2)将手轻轻地平放在受损的区域外,再慢慢地向受损区域内移动,如图2-18所示,感觉工件的平整度。如果手在移动时不够平滑或跟其他没有问题的工件表面形状不同的,即表示有变形。

（3）从不同的方向按照步骤（2）的方法触摸受损区域,如图 2-19 所示,确定变形的范围及变形量的大小。

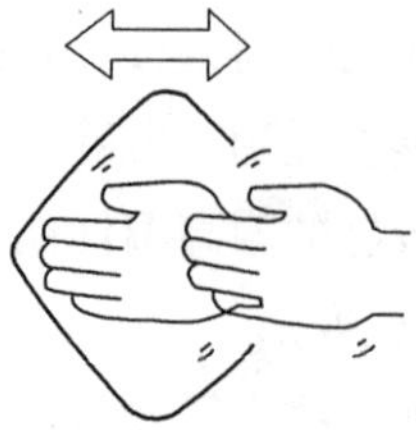

图 2-18　触摸评估损坏程度　　图2-19　从不同方向触摸评估损坏程度

触摸时注意手的移动范围要比受损区域大一点。

（4）用记号笔将变形范围画出来。

此法能较好地利用手上的感觉判断凹陷变形的程度。但对于初学者或手感较差的人在判断轻微的变形时可能较难。

3 直尺评估法

（1）将一把直尺放在车身没有被损坏的区域上（损坏区域的对称部位）,检查车身和直尺间的间隙,如图 2-20 右侧所示为没有变形的车身部位。

（2）将直尺放在被损坏的车身钣金件上,评估被损坏的和未被损坏的车身钣金件之间的间隙相差多少,并据此判断损伤的情况,如图 2-20 左侧所示为变形的车身部位。

如果在用直尺评估时,损坏件有凸出部分高出工件的基准面,将影响评估操作及后续涂层的施工,所以此时应用冲子或尖嘴锤将凸出部分敲平或稍稍低于基准面,如图 2-21 所示。

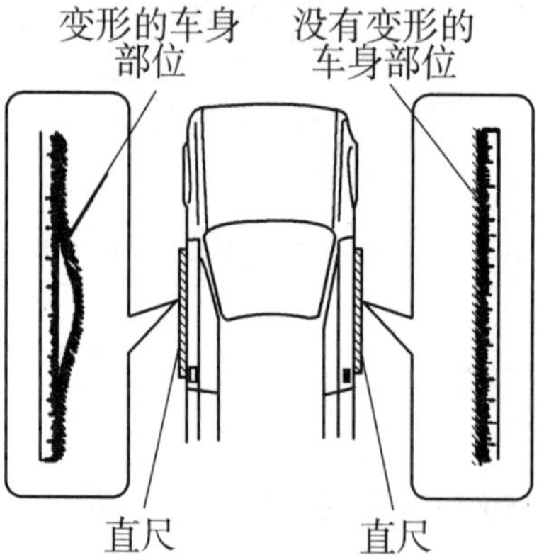

图 2-20　用直尺评估损坏程度 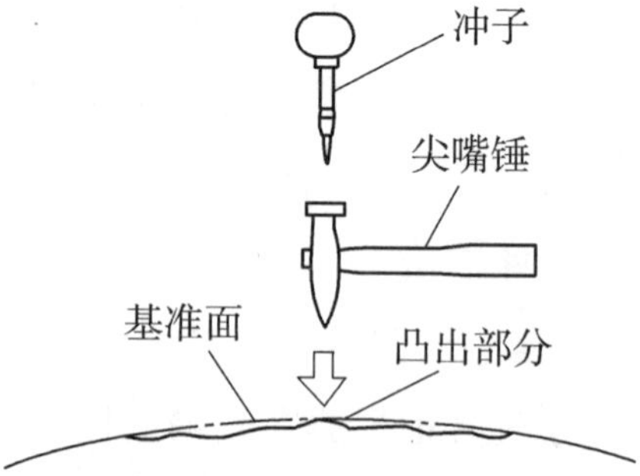　　　图 2-21　敲平损坏件的凸出部分

此法能较好地判断出微小变形量。

引导问题 8 如何清除旧涂层？

清除旧涂层

变形区域内的旧涂层，就算表面油漆状况再好，其涂层与底材的附着力已经受到了不同程度的影响，为了保证涂装质量，应该在涂新涂层之前对所有变形区域内的旧涂层进行彻底的清除。但是对于没有受过影响的旧涂层或只是表面轻微氧化的涂层，为了简化涂装工艺，可以不用彻底地清除旧涂层，只需要打磨掉表面氧化变差的涂层即可。在汽车维修行业采用的清除旧涂层的方法主要有以下 2 种。

1 打磨法

打磨法就是利用打磨机和砂纸以及一些手工工具等磨掉旧涂层。

（1）穿戴好劳动保护用品。

（2）选择合适的打磨机类型及砂纸型号，将砂纸孔对孔粘在打磨机的磨垫上，如图 2-22 所示。

除旧涂层时一般建议使用单作用打磨机配合 P60 ~ P80 砂纸进行打磨。如果旧涂层较薄，也可以使用 7mm 双作用打磨机配合 P80 ~ P120 砂纸进行打磨。如果旧涂层特别厚，为了提高工作效率，也可以先使用单作用砂轮机进行粗磨，等旧涂层打磨较薄时，再换用单作用或双作用的打磨机配合适当型号的砂纸进行打磨。

> **注意**
>
> 打磨机上的磨垫使用较多次后，会使尼龙搭扣逐渐失效，所以建议在任何时候使用打磨机时，应加一层薄保护垫，以延长打磨机上的原磨垫使用寿命。

（3）连接吸尘管、气管，如图 2-23 所示；连接气源、电源，打开吸尘器如图 2-24 所示；打开打磨机，确定设备运转正常。

图 2-22 粘贴砂纸

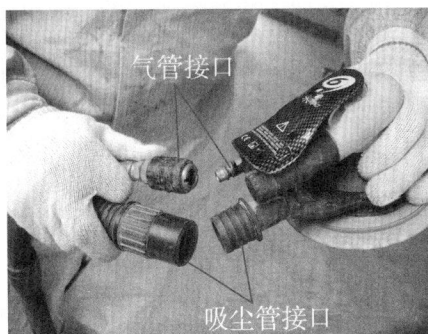

图 2-23 连接吸尘管及气管

（4）调节好打磨机的转速，如图 2-25 所示。打磨机转速不宜太快，也不宜太慢，太慢影响打磨效率，太快不好控制，在打磨时可以根据情况进行适当调整。

图 2-24　吸尘器开关　　　　　　图 2-25　调节转速的开关

（5）握紧打磨机，以磨盘与工件表面呈 5°～20°夹角移向加工表面，如图 2-26 所示。如果凹陷较深可适当地加大角度，如图 2-27 所示。

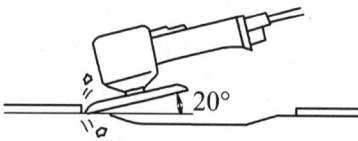

图 2-26　浅凹陷打磨的方法　　　图 2-27　深凹陷打磨的方法

（6）按照图 2-28 所示方法从左往右移动打磨机进行打磨。

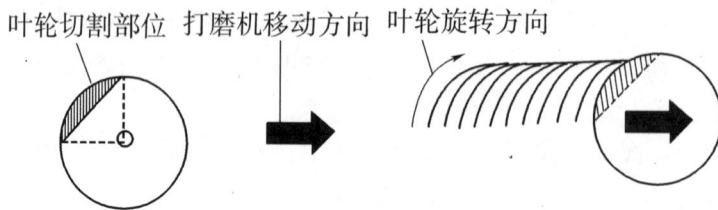

图 2-28　打磨机向右移动的方法

（7）按照图 2-29 所示方法从右往左移动打磨机进行打磨。

图 2-29　打磨机向左移动的方法

（8）通过从左至右、从右至左往复打磨的方法清除干净受损区域的旧涂层。为了防止板材过热和变形，打磨机不要在同一个地方停留时间过长。

（9）检查受损区域内旧涂层打磨情况。如果还残留有旧涂层的，如图 2-30 所示，应该继续使用打磨机进行清除，对于不好使用打磨机的地方应该结合手工工具（如铲刀、钢丝刷、锉刀和砂布等）将损伤部位的旧涂层全部清除干净，如图 2-31 所示。

图 2-30　打磨机打磨之后表面的效果

图 2-31　最后清除旧涂层效果

2 化学法

大面积的旧涂层需要清除时，采用打磨法既浪费时间，又有可能会引起板材的变形，此时采用化学法较为合适。化学法清除旧涂层的具体工艺如下。

（1）穿戴好劳动保护用品，保证施工工位的良好通风。

（2）在施工工件下面垫上合适的地垫，防止脱落下来的旧涂层污染地面。

（3）将需要保护起来的部位用遮蔽胶带或遮蔽纸保护好，如图 2-32 所示，如工件上一些不好拆卸的装饰件、缝隙、相邻部位等。

（4）用 P60 或 P80 较粗型号的砂纸打磨需脱漆表面，如图 2-33 所示，以便脱漆剂能很好地渗入涂层里面。

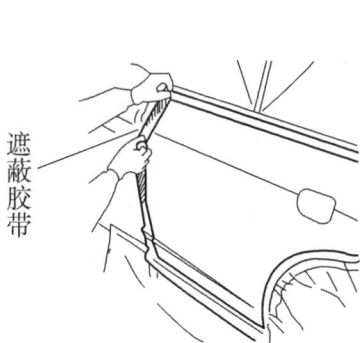

遮蔽胶带

图 2-32　脱漆周边部位的保护

砂纸

图 2-33　脱漆表面的打磨

（5）将脱漆剂按照产品使用说明调配好,倒在合适的容器里。

（6）用合适宽度的刷子蘸脱漆剂均匀地刷到待处理旧涂层表面上,如图 2-34 所示,同时尽快用刷子把脱漆剂刷展开。

> **注意**
>
> 一定不要让脱漆剂滴到不需要脱漆的部位。避免损坏不需要维修的涂层或零部件。

（7）按照产品说明的要求,放置一段时间,让涂膜充分溶胀。

（8）待涂膜溶胀鼓起后,用铲刀轻轻地将旧涂层铲除,如图 2-35 所示。

图 2-34 脱漆表面的刷涂 　　　图 2-35 脱漆表面的铲除

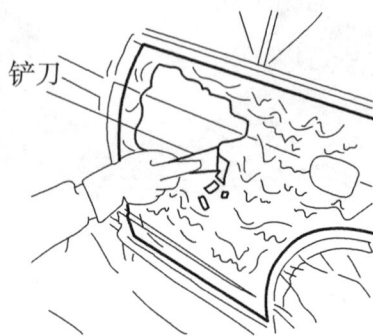

有时涂膜较厚或硬度较高时,不能一次将旧涂膜彻底溶胀,所以需要按照(5) ~ (8)的步骤重复几次,直至彻底地清除干净整个旧涂层。

（9）旧涂层完全脱掉以后,用除油剂彻底清洁工件表面。为了防止脱漆剂残留在工件表面,影响后续施工,应该用除油剂多清理几遍,同时也要仔细地检查边角、缝隙等地方。

（10）清理地垫,撕掉车身上的遮蔽胶带。

引导问题9　如何进行除锈?

工件在使用过程中,表面由于涂膜损坏、碰撞损坏、不合理的维修过程或除旧涂层之后没有及时地处理等,会造成金属与空气中的氧气或水产生化学反应,生成金属氧化物(即生锈),因此在涂装前必须进行除锈,以保证金属表面获得良好的附着力。在汽车维修行业采用的除锈方法主要有以下 2 种。

1 打磨法

打磨法除锈,也是利用打磨机、砂纸、手工工具等清除干净工件表面的锈蚀。

对于轻微的锈蚀可以使用单作用或双作用打磨机配合 P60～P80 砂纸打磨处理，对于严重的锈蚀可以先使用砂轮机、电动钢丝刷等工具粗磨一遍，再使用双作用或单作用打磨机配合砂纸细磨一遍。打磨法除锈的方法与打磨法除旧涂层的方法基本一致，具体步骤参考本学习任务引导问题 8 中的内容。一般在作业时将除旧涂层与除锈工序整合起来操作，在除掉工件表面的旧涂层的同时也除掉表面的锈蚀。

2 化学法

在汽车维修行业化学除锈一般采用酸洗的方法，根据不同的产品，其使用方法有所不同，如某品牌的 P800-127 除锈水施工工艺见表 2-9。

除锈水使用说明 表 2-9

	P800-127 除锈水施工工艺
适用底材	裸钢材和裸铝材表面，不能用于任何镀锌板材上
	P800-127　　1 份 水　　　　　　2 份 用聚乙烯或橡胶器皿盛装
	用长柄刷子均匀刷涂在金属表面，在坑洼的金属表面用铁丝球或菜瓜布蘸少许混合溶液进行打磨； 在铝材表面只能用菜瓜布蘸混合溶液进行打磨； 不能让除锈溶液自行干燥，用洁净水清洗金属表面，并立即擦净
重涂	尽快喷涂防腐底漆，针对铝材表面，请先涂耐侵蚀用底漆

引导问题 10　如何打磨羽状边？

旧涂膜的边缘是很厚的，特别是重新喷涂过和刮过原子灰的涂层，为了产生一个宽的、平滑的边缘，使施涂的各涂层平滑过渡，需要对涂膜的边缘进行打磨，这道工序称为磨缘，又称打磨羽状边。

打磨羽状边的具体工艺如下。

(1)穿戴好劳动保护用品。

(2)将 P120 的干磨砂纸正确粘贴在振幅为 7mm 的双作用打磨机上，并调节好转速。

(3)将打磨机平放在工件上，让砂纸一半的面积正好压在旧涂层边缘，另一半放在损伤区域内。

（4）起动打磨机，按照打磨机旋转的方向沿旧涂层边沿移动，如图2-36所示，将旧涂层边沿磨出合适宽度的坡口，如图2-37所示。

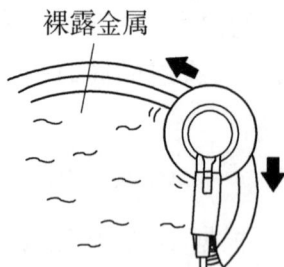

图2-36　打磨机的移动方向　　　图2-37　磨缘的宽度

对于原厂漆一般要求坡口宽度不小于30mm，维修过的涂层因为要比原厂漆涂层厚，所以维修涂层坡口的宽度每个涂层不小于10mm，以手触摸坡口，没有明显的台阶和较陡的坡度为原则。

在打磨过程中，如果打磨角度和移动方向不正确，将会导致裸金属区域范围越磨越大，而不会产生较宽的羽状边。不正确的打磨角度和移动方向如图2-38和图2-39所示。

图2-38　不正确的打磨角度　　　图2-39　不正确的移动方向

（5）通过目视和触摸的方法检查打磨效果。确保所有边缘没有明显台阶，涂层边缘圆滑，打磨好的羽状边效果图如图2-40所示。

图2-40　打磨好的羽状边效果图

引导问题 11 如何进行羽状边周围区域的粗化?

在喷涂底漆或刮涂原子灰过程中不可避免地会扩大范围至羽状边外,如果对于外围不进行打磨粗化,底漆或原子灰涂装上去之后会产生附着力不好的情况,所以在羽状边打磨完后,一定要对周围区域进行合理的粗化。周围区域打磨范围的大小应根据后续工序确定,如果直接刮涂原子灰或刷涂底漆可以减小打磨面积,一般打磨至羽状边边缘 30 ~ 50mm 的区域即可。如果喷涂底漆,为了避免贴护范围太小,产生严重的喷漆台阶,应该打磨至羽状边边缘 100 ~ 150mm 的区域。

羽状边周围粗化的工艺如下。

(1)穿戴好劳动保护用品。

(2)将合适型号的干磨砂纸正确粘贴在振幅为 7mm 的双作用打磨机上,并调节好转速。

干磨砂纸的选用应根据后续涂层来决定。如果是直接刮涂原子灰的,可以在打磨完羽状边之后,利用 P120 干磨砂纸和 7mm 双作用打磨机进行打磨;如果是喷涂底漆的应该选用 P180 ~ P240 砂纸配合双作用打磨机进行打磨。

(3)将打磨机平放在需打磨的位置,启动打磨机,将周围的旧涂层磨至完全没有光泽即可,不可过度打磨,形成新的不平,如图 2-41 所示。

(4)用风枪和擦拭布清洁干净工件表面,完成表面前处理工作,如图 2-42 所示。

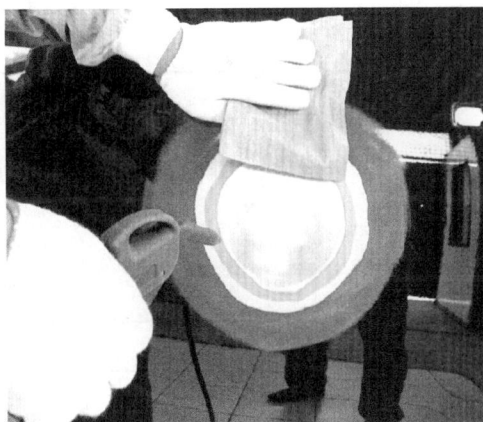

图 2-41 羽状边周围区域打磨之后的效果

图 2-42 清洁工件

三 学习记录与评价

1 理论知识记录

（1）汽车表面前处理的内容包括：＿＿＿＿＿＿＿＿＿＿＿＿＿＿＿＿；

主要作用是：＿＿＿＿＿＿＿＿＿＿＿＿＿＿＿＿＿＿。

（2）原厂轿车涂层一般有（　　）。

    A. 底漆层　　　　B. 原子灰层　　　C. 中涂底漆层　　D. 面漆层

（3）双作用打磨机规格越大，表示偏心距越大，其打磨效果越精细。（　　）

（4）砂纸上的编号越大，表示砂纸上的磨料颗粒越粗，其打磨效果越粗糙。

（　　）

（5）汽车表面前处理后的质量检验标准是：＿＿＿＿＿＿＿＿＿＿＿＿＿

＿＿＿＿＿＿＿＿＿＿＿＿＿＿＿＿＿＿＿＿＿＿＿＿＿。

2 实操数据记录

请根据表面前处理实训操作情况，填写表 2-10 中的内容。

表面前处理实训记录表　　　　表 2-10

主要施工工序	选用的主要工具及型号	选用的主要材料及型号	备注
除旧漆、除锈			旧涂层涂料类型：涂层层数：
打磨羽状边			底材种类：
粗化			施工范围：

3 评价

（1）自我评价。请根据自己对本节专业知识和技能掌握情况，完成表 2-11 中的相关内容。

自我评价表　　　　表 2-11

评价内容	完全掌握	部分掌握
理论知识		
涂层鉴别及损伤评估		
除旧漆、除锈		
打磨羽状边及粗化		

（2）小组评价。请组长根据组员实际表现,完成表 2-12 中的相关内容。

小组评价表　　　　　　表 2-12

序号	评价项目	评价情况 （优秀/合格/不合格）	备注（不合格原因）
1	着装符合要求		
2	能合理规范的使用仪器和设备		
3	能按照安全和规范的流程操作		
4	遵守学习、实训场地的规章制度		
5	能保持学习、实训场地整洁		
6	团结协作情况		

参与评价的同学签名:_____　日期:_____

（3）教师评价与建议(针对学生学习记录完成情况、实训情况、学习态度等进行评价):

_____

_____

教师签名:_____　日期:_____

（四）技能考核标准

本考核项目需独立完成,主要检验学员对汽车涂层鉴别与损伤评估、除旧漆与除锈、打磨羽状边与粗化等技能的掌握情况,表面前处理操作考核评价表见表 2-13。

表面前处理操作考核评价表　　　　　　表 2-13

序号	任务名称	配分	评分标准	得分
1	旧涂层及底材种类的鉴定	10 分	未正确鉴定出旧涂层的涂料类型扣 5 分	
			未正确鉴定出旧涂层层数扣 3 分	
			未正确鉴定出底材种类扣 2 分	
2	损坏程度的评估	10 分	未正确判断受损程度及施工范围扣 1～5 分(根据程度)	
			未正确确定施工方法扣 1～5 分(视情况而定)	

序号	任务名称	配分	评分标准	得分
3	旧涂层的清除	30分	未穿戴劳保用品禁止操作,穿戴不正确扣2分/次	
			未根据实际情况正确选择打磨机类型扣3分/次	
			未正确规范使用打磨机扣2分/次	
			未正确选择和使用砂纸扣2分/次	
			打磨范围不正确扣5分,打磨不彻底扣1~5分(根据程度)	
4	锈蚀的清除	10分	未穿戴劳保用品禁止操作,穿戴不正确扣2分/次	
			工具材料选择不当扣2分/项	
			除锈方法不正确扣3分,有残留锈迹扣1~5分(根据程度)	
5	羽状边打磨	30分	未穿戴劳保用品禁止操作,穿戴不正确扣2分/次	
			未正确选择打磨机类型扣3分,未正确使用打磨机扣2分/次	
			未正确选择和使用砂纸扣2分/次	
			羽状边边缘不平滑、不规则扣1~10分(根据程度)	
6	粗化	10分	未穿戴劳保用品禁止操作,穿戴不正确扣2分/次	
			未正确选择打磨机及砂纸型号扣2分/项	
			未正确使用打磨机扣2分/次	
			粗化范围不合理或不均匀扣1~5分(根据程度)	
			未及时正确处理相关工具、设备、材料扣2分/项	
总分		100分	合计	
			考评员签字:	

🧑‍🏫 **思政小故事**

防护不当导致多名涂装工人苯中毒患白血病

据媒体报道:深圳某公司多名工人患上白血病,经广东省和广州市职业病诊断鉴定委员会鉴定结果证实,这5名员工均为职业性肿瘤,也就是苯所致的白血病。他们在《职业病鉴定书》中均自述称,在工作期间不同程度接触到天那水、二甲苯、玻璃胶等各类化学品,也没有配备相应的防护措施。事发后,当地卫生监督所已前往涉事工厂进行调查。

想一想

本案例中造成工人患病的主要原因是什么?对于会接触有毒有害物质的职业或工作应该从哪些方面做好应对措施?"安全第一、预防为主"的安全生产观对于我们今后的学习和工作有什么意义?

学习任务三
底漆的涂装

学习目标

1. 知识目标

（1）了解涂料的主要成分及各成分的作用；

（2）了解和掌握涂料的常用分类方法及命名方法；

（3）熟悉并掌握涂料的主要干燥方法；

（4）了解和掌握底漆的作用及汽车用底漆的要求；

（5）熟悉常用汽车底漆的种类及特点。

2. 技能目标

（1）能正确使用和维护底漆涂装相关的工具和设备；

（2）能正确选择和使用底漆涂装相关的材料；

（3）能正确选择和穿戴个人劳保用品；

（4）能规范进行汽车底漆的涂装。

3. 素养目标

（1）通过涂料知识及其发展历程学习，根植创新意识，弘扬勇于创新的劳模精神；

（2）通过底漆涂装规范流程学习，强化质量意识，弘扬精益求精、执着专注的工匠精神；

（3）通过思政小故事，强化"规范操作、文明生产"的安全生产意识。

建议完成本学习任务的时间为 **12** 课时。

学习任务描述

经过表面除旧漆、除锈处理后的车门，已经露出了金属底材，如果直接刮涂原子灰,则有可能防锈能力或附着力达不到要求。现在需要对裸露底材部位进行适当处理,以达到和满足后续涂层涂装的要求底漆涂装前的效果,如图 3-1 所示。底漆涂装后的效果如图 3-2 所示。

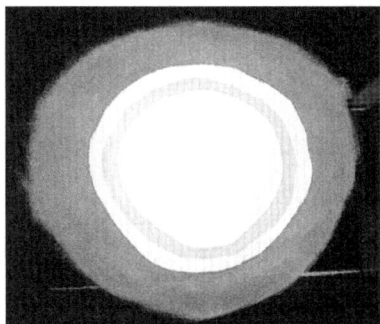

图 3-1 底漆涂装前的效果 　　图 3-2 底漆涂装后的效果

一 资 料 收 集

引导问题1 什么是涂料？它是由哪些物质组成的？它们在涂料中的作用是什么？

所谓涂料,是指涂布于物体的表面能够形成具有保护、装饰或其他特殊性能的连续固态涂膜的一类液体或固体材料的总称。

涂料是由不同物质混合而成的,根据各组成物质的性质不同,大致可以分为成膜物质、颜料、溶剂及辅助材料四种,涂料的组成见表 3-1。它们在涂料中的作用见表 3-2。

涂料的组成　　　　　　　　　　　　　　　　　表 3-1

序号	基本组成			内容	
1	主要成膜物质	油料	动物油	鲨鱼肝油、带鱼油、牛油等	
			植物油	干性油	桐油、亚麻油、梓油、苏子油等
				半干性油	豆油、葵花子油、棉籽油等
				不干性油	蓖麻油、椰子油、花生油等
		树脂	天然树脂	松香、虫胶、沥青等	
			人造树脂	松香衍生物、纤维衍生物、橡胶	
			合成树脂	酚醛、聚氨酯、丙烯酸、环氧、醇酸等	

续上表

序号	基本组成	内容		
2	颜料	体质颜料	硫酸钡、碳酸钙、硫酸镁、石英粉、氧化镁等	
		着色颜料	无机	钛白、炭黑、铅铬黄、铁红、铁蓝、铬绿等
			有机	苯胺黑、甲苯胺红、酞菁蓝、孔雀石绿等
		防锈颜料	锌粉、红丹、磷酸锌、氧化铁红、含铅氧化锌等	
3	溶剂	水、松节油、烃类溶剂、醇类溶剂、酯类溶剂、酮类溶剂、醚类溶剂等		
4	辅助材料	固化剂、催干剂、增塑剂、哑光剂、流平剂等		

涂料的组成及其各组成作用　　　　　　　　表 3-2

涂料基本组成成分	主要作用
 成膜物质	成膜物质是涂料的基础,它能使涂料牢固地附着于被涂工件表面形成连续的固态涂膜,是涂料组成中不可缺少的物质,涂料的基本性能是由所选用的成膜物质自身的特性所决定的,如涂料的光泽、硬度、弹性、耐久性、附着力等,它主要起到涂料保护和装饰的作用
 颜料	颜料在涂料中能赋予涂料一定的色彩和耐久性,起美观装饰作用,同时也可以使涂料具有一定的遮盖力,改变涂料光泽,改善涂料的流动性和某些涂装性能。有的颜料还有防锈作用等
 溶剂	溶剂是涂料的重要组成部分,起着辅助成膜的作用,它能溶解或稀释成膜物质,改善或改变涂料的某些性能,满足涂料在制造和施工过程中的某些要求,具有挥发性,在涂装和成膜过程中会挥发掉,留下不挥发成分形成坚硬的涂膜
 辅助材料	辅助材料又称添加剂或助剂,根据所起的作用不同,有很多种类,它们在涂料中一般用量很少,但所起的作用很大,能使涂料的某些性能起显著变化,在涂料制造、储存、施工中起着重要的作用

对于涂料的分类和命名,各个国家都有自己的规定,在这里我们简单介绍一些常见和常用的涂料分类和命名方法。

1 涂料的分类

涂料产品的种类很多,分类方法也很多。常见的分类方法如下。

(1)按涂料中的主要成膜物质来分。我国国家标准《涂料产品分类和命名》(GB/T 2705—2003)中规定,涂料产品的分类是以涂料中主要成膜物质为基础的,而成膜物质分为 17 类,相应的涂料产品也分为 17 大类,见表 3-3。

涂料类别及其成膜物质 表 3-3

序号	代号	涂料类别	主要成膜物质
1	Y	油脂涂料	天然动植物油、合成干性油等
2	T	天然树脂涂料	松香及其衍生物、虫胶、大漆及其衍生物
3	F	酚醛树脂涂料	酚醛树脂、改性酚醛树脂、二甲苯树脂
4	L	沥青树脂涂料	天然沥青、煤焦沥青、石油沥青
5	C	醇酸树脂涂料	甘油醇酸树脂、改性醇酸树脂及其他的醇酸树脂
6	A	氨基树脂涂料	脲醛树脂、三聚氰胺甲醛树脂
7	Q	硝基树脂涂料	硝基纤维素和改性硝基纤维素
8	M	纤维素树脂涂料	醋酸纤维、苄基纤维、醋丁纤维等
9	G	过氯乙烯树脂涂料	过氯乙烯树脂及其改性过氯乙烯树脂
10	X	乙烯树脂涂料	聚二乙烯基乙烯树脂、聚苯乙烯树脂、石油树脂等
11	B	丙烯酸树脂涂料	丙烯酸树脂、丙烯酸共聚物
12	Z	聚酯树脂涂料	饱和聚酯和不饱和聚酯
13	H	环氧树脂涂料	环氧树脂、改性环氧树脂
14	S	聚氨酯树脂涂料	聚氨基甲酸酯
15	V	元素有机聚合物涂料	有机硅、有机钛、有机铝等
16	J	橡胶涂料	天然橡胶及其衍生物、合成橡胶及其衍生物
17	E	其他涂料	以上 16 类不能包括的成膜物质,如无机高聚物

（2）按涂料的固化成膜的机理来分。涂料从液态涂膜到固态涂膜的变化过程、变化条件不尽相同，按照它们的成膜原理大致可以分为溶剂挥发型、氧化聚合型、烘烤聚合型、双组分聚合型。它们的成膜机理及示意图见表3-4。

涂料成膜机理及示意图 表3-4

分类	成膜原理及性能特点	典型涂料代表	涂料分子变化	
			干燥前	干燥后
溶剂挥发型	此类涂料依靠溶剂的挥发而干燥成膜，树脂分子只是从松散的结构到稍紧密的结构变化，没有交联反应，所形成的涂层一般较薄、硬度不高，耐溶剂性、耐候性较差	硝基树脂漆、过氯乙烯树脂漆、热塑性丙烯酸树脂漆等		
氧化聚合型	此类涂料的干燥是在溶剂挥发的同时，树脂吸收空气中的氧发生氧化聚合反应，树脂分子发生交联，但是交联反应有限，而且需要较长时间，所形成的涂膜质量较溶剂挥发性涂料要高，但是干燥较慢，耐候性也不是很好	油脂漆、天然树脂漆、酚醛树脂漆、醇酸树脂漆等		
烘烤聚合型	此类涂料的干燥是在高温作用下涂料树脂自身发生交联反应而固化成膜，所形成的涂膜硬度高，耐溶剂性、耐候性等各方面性能都非常好，特别适合涂装流水线作业，主要用于汽车制造涂装	氨基树脂漆、热固性丙烯酸树脂漆等		
双组分聚合型	此类涂料由涂料和与之配套的固化剂两种成分组成，施工时按照一定比例混合之后，树脂和固化剂发生化学反应，分子之间产生紧密地交联而成膜，所形成的涂膜硬度较高，耐候性、耐溶剂性能较好，基本上可以达到汽车原厂漆的质量标准	环氧树脂漆、聚氨酯树脂漆等		

（3）其他的分类方法。

①按涂料组成中有无颜料来分：有颜料的称为色漆；没有颜料且呈透明状的称为清漆。

②按溶剂的构成情况来分：以有机溶剂作为稀释剂的称为溶剂型漆；以水作为稀释剂的称为水性漆；涂料组成中没有挥发性稀释剂的称为无溶剂漆；无溶剂而又呈粉末状的称为粉末涂料。

③按涂料所在涂层位置分：位于所有涂层最下面、直接附着在工件表面的称为底漆；位于所有涂层最上面、最表面直接可见的称为面漆；介于底漆和面漆之间的涂料称为中间涂料。

④按施工方法分：刷漆、喷漆、烤漆、电泳漆等。

⑤按涂料的使用效果分：绝缘漆、防锈漆、耐热漆等。

2 涂料的命名

我国的涂料命名一般采用下式表示：

涂料的名称 = 颜色或颜料名称 + 主要成膜物质名称 + 基本名称

涂料的颜色名称位于涂料名称的最前面，如果某种颜料对涂膜的性能起显著作用，则可以用颜料的名称取代颜色的名称，仍置于涂料名称的最前面，如铁红醇酸磁漆中铁红就是颜料的名称。

由于现在的涂料里面一般含有多种类型的树脂，所以在命名时选取起主要作用的成膜物质来命名，如一种红色防锈漆里面既含有环氧树脂，又含有硝基树脂，如果涂料主要反映出来的是环氧树脂的特点就可以称为红环氧防锈漆，如果同时也反映了一部分硝基树脂的特点，也可以把两种成膜物质都列出来，主要成膜物质放在前面，次要成膜物质放在后面，称为红环氧硝基防锈漆。

基本名称表示涂料的基本品种、特性或专业用途，例如清漆、磁漆、防锈漆等。但凡是烘烤干燥的涂料，名称中都必须有"烘干"或"烘"字，如果名称中没有"烘干"或"烘"字，即表明该漆是常温干燥或烘烤干燥均可。

引导问题3 涂料的干燥方法有哪些？

涂料的干燥成膜是指涂料施工后，由液态或黏稠状涂膜转变成固态涂膜的化学和物理变化过程。为了达到预期的涂装目的，除了合理地选用涂料，正确地进行表面前处理和施工外，充分而适宜的干燥过程也是重要的环节。涂料的干燥方法主要有自然干燥、加速干燥和高温烘烤干燥3种。

1 自然干燥

自然干燥又称空气干燥，它是指涂膜可以在室温条件下干燥。其干燥条件是温度不低于15℃，相对湿度不大于80%。可自然干燥的涂料包括溶剂挥发型、氧化聚合型和双组分聚合型涂料等。自然干燥型涂料由于在自然环境下就可以固化，对促进涂膜固化的设备要求不高或不要求，因此应用广泛。

2 加速干燥

加速干燥是为了缩短涂装施工周期，加快生产速度和提高效率，在自然干燥型涂料中加入适量的催干剂或是采用低温烘烤（50～80℃）的办法来加速涂膜固化的方法。例如醇酸瓷漆在常温下完全干燥需要24h，而在70℃～80℃时仅仅需要3～4h。适于低温烘烤加速干燥的涂料与一般自然干燥型涂料有一定的区别。由于涂料的主要成膜物质不同，有些树脂具有热塑性，即在常温下是固体形状，而加温到一定程度时会变软，恢复或部分恢复其可塑性。以这类树脂为主要成膜物的涂料，要加速干燥只能用加入催干剂，而不能采用低温烘烤的方法。

3 高温烘烤干燥

有许多涂料在常温下是不能干燥结膜的，一定要在比较高的温度下（120℃～180℃），涂料中的树脂才会在高温的作用下引起化学反应而交联固化成膜，这一类涂料称为热聚合型涂料。热聚合型涂料经烘烤干燥后的涂层在硬度、附着力、耐久性、耐腐蚀、抗氧化和保光、保色以及涂料的鲜映性等方面都要比自然干燥型和加速干燥型涂料好得多，许多高品质、高装饰性的原厂涂层多用这种涂料。

自然干燥型和加速干燥型涂料由于干燥需要的温度比较低，所以又称低温涂料。在汽车维修涂装中由于车身上许多部件不耐高温的烘烤，所以通常采用低温涂料。而大型的汽车制造厂在新车制造时，为了满足流水线作业形式的要求，通常使用高温烘烤型涂料。

引导问题4　什么是底漆？底漆的作用是什么？汽车用底漆应具备哪些性能？

底漆即底涂层用漆，它是直接涂于物体表面的涂料。它是被涂物面与涂层之间的黏结层，它可以使其上面的各涂层牢固地结合并覆盖在被涂物体上，同时底漆在钢铁表面形成干膜后，可以隔绝或阻止钢铁表面与空气、水分及其他腐蚀介质的直接接触,起到缓蚀保护作用。

汽车涂装由于既属于高级保护性涂装,又属于中高级装饰性涂装,所以汽车上选用的底漆应该具备如下特点才能满足要求。

(1)底漆对经过表面前处理的底材表面具有良好的附着力,干燥后所形成的涂膜要有良好的机械强度。

(2)底漆本身必须是耐腐蚀的阻化剂,底漆涂层必须具有极好的耐腐蚀性、耐水性和抗化学药品性。

(3)底漆与中间涂层或面漆层配套性良好,不能出现不良反应。

(4)底漆应具有良好的施工性能。汽车制造涂装用的底漆要能适应流水线作业,汽车维修涂装用的底漆要能适应手工维修作业。

引导问题5 常用的汽车维修底漆有哪些? 各有什么特点?

底漆种类繁多,现在汽车维修涂装中常用的底漆主要是环氧底漆和侵蚀底漆两种。

1 环氧底漆

环氧底漆是以环氧树脂为主要成膜物质制成的底漆,是物理隔绝防腐底漆的代表,可根据需要制成多种类型的产品,如高温烘烤型、双组分型、单组分型等。

环氧底漆有如下优点:附着力极强,对金属、木材、玻璃、塑料、陶瓷、纺织物等都有很好的附着力和黏结力;涂膜韧性好,耐挠曲,且硬度比较高;耐化学品性优良,尤其是耐碱性更为突出;因为环氧树脂的分子结构内含有醚键,而醚键在化学上是最稳定的,所以对水、溶剂、酸、碱和其他化学品都有良好的抵抗力;良好的电绝缘性,耐久性、耐热性良好。

环氧树脂类涂料也存在一些缺点,比如耐候性差、表面粉化较快,这也是它主要用于底层涂料的原因之一。环氧底漆使用胺类作为固化剂,对人体和皮肤有一定的刺激性,因此在使用时要加以注意。

2 侵蚀底漆

侵蚀底漆是以化学防腐手段来达到防腐目的的,主要代表产品为磷化底漆。磷化底漆是以聚乙烯醇缩丁醛树脂溶于有机溶剂中,并加入防锈颜料(四盐锌铬黄)等制成,使用时与分开包装的磷化液按一定比例调配后喷涂。品牌漆中的磷化底漆一般都已经制成成品,按一定的比例加入活化剂使用即可。

磷化底漆涂布后能将金属表面通过化学反应生成一层不导电、多孔的磷化膜，一般称为转换涂层。磷化膜具有多孔性和不良导电性，使上层涂料能渗入到这些孔隙中，而不良导电性也预防了电化学腐蚀的形成。

磷化底漆能提高底漆对金属表面的附着力、耐蚀能力及热老化性能，可代替磷化处理，适用于各种金属（如钢、铁、铝、铜及铝镁合金等），并能耐一定的温度，可做烘烤面漆的底漆，但由于成膜很薄，一般不能单独作为底漆使用，必须与其他底漆配套使用。

磷化底漆的使用方法以及注意事项如下。

（1）磷化底漆可喷涂，也可刷涂，喷涂底漆的黏度为 16~18s（福特 4 号杯黏度计，20℃，试样流出的时间），涂膜厚度以 10~15μm 为宜，厚了效果反而差。

（2）磷化底漆是双组分涂料，一般分为漆料和活化剂。使用时应将两个组分混合后才可使用，而活化剂是专做磷化底漆配套使用的，不是溶剂，用量不能任意增减，要严格参照供应商要求的混合比例调配。

（3）使用前应将磷化底漆搅拌均匀，然后放入非金属的容器内，边搅拌边慢慢地加入活化剂，调配后一般要放置 20min（20℃温度下）再使用（参照供应商的要求）。调配后的磷化底漆必须在混合寿命内用完。

（4）施工环境要求比较干燥，以防止涂膜发白，影响涂膜附着力和使用效果。磷化底漆喷涂的底材应经过表面前处理，达到无锈、无水、无油、无旧涂层等条件。

（5）喷涂了磷化底漆的底材，一般干燥一定的时间（参照供应商的要求）后即可喷涂其他底漆，无须打磨。

环氧底漆与磷化底漆对底材都具有良好的防腐性，对其上的涂层也都具有良好的黏结能力。但由于磷化底漆上面不能直接刮涂原子灰，所以在汽车维修涂装中一般使用环氧底漆对裸露金属进行防腐处理。

引导问题6　底漆涂装的工艺流程是怎样的？

底漆涂装的工艺流程如图 3-3 所示。

表面前处理 → 遮蔽、除油 → 调配底漆 → 调整喷枪 → 喷涂底漆 → 喷枪的清洗及维护 → 原子灰的刮涂及打磨

图 3-3　底漆涂装的工艺流程

⼆ 任 务 实 施

引导问题7 作业前的准备工作有哪些?

1 工具、设备的准备

❶ 调漆比例尺

调漆比例尺是在调配涂料时用来测量涂料之间的体积比的,也可用来搅拌涂料,如图3-4所示。调漆比例尺上面已经将常用的一些体积比计算好,添加时只要按比例上显示的比例来添加就可以了。

图3-4 调漆比例尺

❷ 遮蔽纸切纸机

遮蔽纸切纸机是方便遮蔽纸、遮蔽薄膜的储存及切取的工具,如图3-5所示。架上装有小轮,可装纸胶带,与遮蔽纸一起拉出并切除。

❸ 黏度计

黏度计是用来测量涂料稀稠黏度的工具。只有将涂料调到合适的黏度,才能保证最好的涂装效果。现在常用的涂-4黏度计如图3-6所示,其使用方法如下。

比例尺的使用方法

黏度计的使用方法

黏度计 导流杆

计时器

图3-5 遮蔽纸切纸机　　图3-6 涂-4黏度计

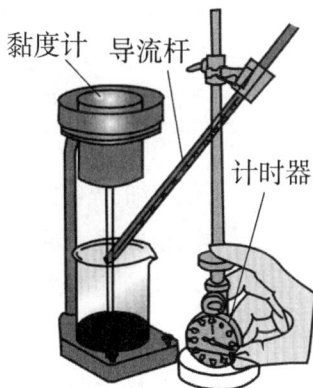

(1)将黏度计装置于合适高度的水平位置上。

（2）将涂料搅拌均匀，将环境温度控制在(25 ± 1)℃，然后静置 2min 以上，使试样中的空气逸出。

（3）用球形阀或手指堵住漏嘴孔，将涂料试样倒满黏度计。

（4）松开球形阀或手指，使试样涂料漏出，并同时开动秒表，当试样涂料漏出中断时，停止秒表。试样从黏度计流出的全部时间（s）即为试样的黏度。

（5）用同样方法再测试一次，两次测定值之差不应大于平均值的 3% 即为测试结果。

❹ 喷枪

涂装的方法很多，如刷涂法、浸涂法、空气喷涂法、静电喷涂法、粉末涂装法、电泳涂装法以及高压无气喷涂法等。汽车维修涂装主要采用空气喷涂法进行涂装。空气喷涂法就是以压缩空气的气流为动力，以喷枪为工具，使涂料从喷枪的喷嘴中喷出呈漆雾状而涂布到工件表面的一种施工方法。

喷枪是空气喷涂的关键设备，其质量好坏及操作人员对喷枪的熟练掌握程度对涂装维修的质量影响很大。我们将从以下几个方面来了解喷枪。

（1）喷枪的类型。现在常用的空气喷涂喷枪种类很多，根据不同特点分类如下。

①按用途来分：底漆喷枪、面漆喷枪、小维修喷枪，见表3-5。

3 种不同类型喷枪的特点及用途　　　　　　　　　　　表3-5

类型	特点	用途
底漆喷枪	喷嘴口径一般为 1.6～1.9mm，雾化均匀，喷幅中心区宽大、喷幅集中，能很好地满足底漆涂装时的填充及遮盖要求	主要用于底漆、中间涂料的喷涂
面漆喷枪	喷嘴口径一般为 1.3～1.5mm，雾化精细，喷幅雾化区宽大、喷幅分散，能很好地满足面漆着色和装饰的要求，达到颜色均匀、涂层饱满的效果	主要用于色漆、清漆等面漆涂层的喷涂
小维修喷枪	喷嘴口径较小（0.3～1.4mm），只需要较小的喷涂气压，一般为 70～200kPa，可以喷出较薄的涂层，减少漆雾反弹，有效控制喷涂区域，提高维修质量，减少涂料消耗	适合喷绘图案、小面积涂装、局部维修或过渡喷涂

底漆喷枪与面漆喷枪的喷幅比较如图3-7所示。

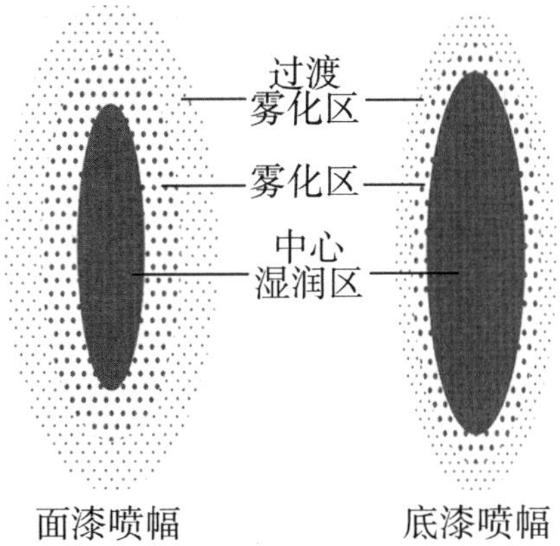

图3-7 面漆与底漆的喷幅比较

②按涂料的供给方式分:重力式喷枪、吸力式喷枪和压力式喷枪,见表3-6。

3种不同类型喷枪的喷涂原理及特点 表3-6

喷枪类型	喷涂原理	优点	缺点
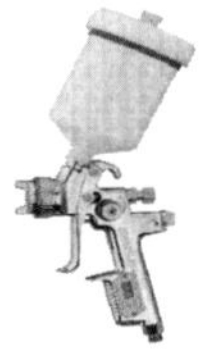 重力式	涂料罐位于喷嘴上方,涂料由于重力作用流向喷嘴,与喷枪前端的压缩空气混合后,被吹散雾化喷出	涂料黏度的变化对喷出量影响小,节省涂料,适合较小面漆的喷涂	涂料罐在喷嘴上方,影响喷枪的稳定性;涂料罐容量小(一般在500mL左右),不适合喷涂较大面积
 吸力式	涂料罐位于喷嘴下方,压缩空气经过喷嘴时形成低压区,杯中涂料通过大气压的作用向上进入喷嘴,与喷枪前端的压缩空气混合后,被吹散雾化喷出	喷涂操作稳定性好,便于向涂料罐中添加涂料或变换颜色,涂料罐容量比重力式喷枪要大,适合一般喷涂作业	喷涂水平表面困难;涂料黏度变化对喷漆量影响较大,涂料罐容量比重力式大(一般在1000mL左右),因而操作人员易疲劳
 压力式	涂料罐与枪体分离,靠软管连接,通过向涂料罐加压让涂料流入枪体,与喷枪前端的压缩空气混合后,被吹散雾化喷出	涂料罐容积大,喷涂大型表面时不必停下来向涂料罐中添加涂料;也可使用高黏度涂料。适合大面积或连续作业	变换颜色及清洗喷枪需要较多时间,所以不适合小面积喷涂

③按雾化技术分:高气压喷枪、低流量中气压喷枪和高流量低气压喷枪。

此3种喷枪在外形上没有多大区别,只是在内部结构上会有所不同,高气压喷枪即为传统喷枪,其雾化气压较高,耗气量大,涂料有效利用率低。高流量低气压喷枪又称HVLP喷枪,其雾化气压低,上漆率高。低流量中气压喷枪又称RP喷枪,它的各项性能居中。以上3种喷枪的使用技术参数差异比较见表3-7。

3种喷枪的技术参数差异比较 表3-7

技术参数	雾化技术		
	高气压喷枪 （传统）	低流量中气压喷枪 （RP）	高流量低气压喷枪 （HVLP）
	气压雾化	气压、气流雾化	气流雾化
进气压力（MPa）	0.3 ~ 0.4	0.25	0.2
雾化压力（MPa）	0.2 ~ 0.3	0.13	0.07
耗气量（L/min）	380	295	430

（2）喷枪的组成及各部分的作用。

①典型喷枪的结构如图3-8所示,空气帽正面的结构如图3-9所示。

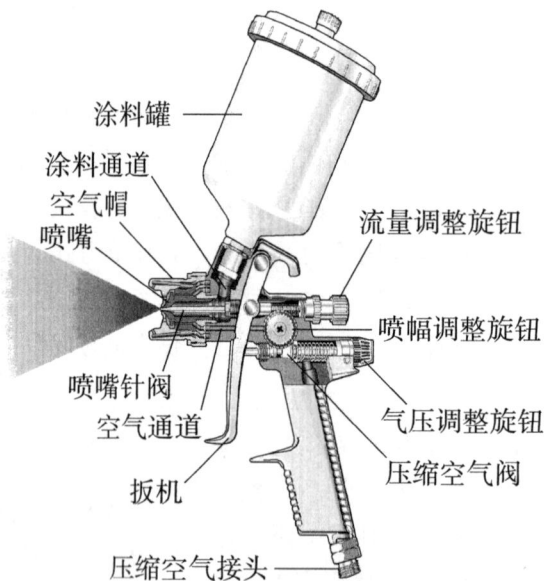

喷枪结构和原理

图3-8 典型喷枪的结构

图3-9 空气帽的结构

②喷枪主要零件的名称及作用见表3-8。

喷枪主要零件的名称及作用   表3-8

序号	零件名称	作用
1	空气帽(又称风帽)	把压缩空气导入漆流,使漆液雾化,形成雾形
2	空气帽上的中心孔(又称主雾化孔)	形成真空,吸出漆液
3	空气帽上的侧孔(又称扇幅控制孔)	借助空气压力控制雾束形状
4	空气帽上的辅助孔(又称辅助雾化孔)	(1)促进漆液雾化; (2)孔大或多,则雾化能力强,能以较快的速度喷涂大型工件; (3)孔小或少,则需要的空气少,雾形小,喷涂量小,便于小工件的喷涂或低速喷涂
5	喷幅调整旋钮(又称雾形控制阀)	(1)控制阀关上,雾束呈圆形; (2)控制阀打开,雾束呈椭圆形
6	顶针	控制液体涂料喷离喷嘴的流量。喷涂时,通过扳机的动作来控制。连接顶针的尾部有一个螺母,用以调节顶针的伸缩幅度,这是喷枪调整的最基本的操作
7	顶针弹簧	当扳机放开时,将顶针压进喷嘴,封闭喷嘴,控制液体涂料的流动
8	喷嘴	导出涂料以及让压缩空气在喷嘴前端形成环形气流,喷嘴口径大小决定涂料喷出量的大小
9	流量调整旋钮(又称漆流控制阀)	当扳动扳机时,控制液体涂料的流量。当其全关时,即使扣死扳机也没有液体涂料流出。当其全开时,液体涂料的流量最大。这是调节喷枪的最为重要的元件之一
10	空气阀	空气阀的开关由扳机控制。打开空气阀所需的扳机行程可由一个旋钮控制。扳机扳到一半时空气阀打开,再扳扳机,喷漆嘴打开
11	扳机	扳机用来控制空气和液体涂料的流量。扣动扳机时,最先启动的仅仅是空气,然后才带动顶针运动,开启漆流控制阀,使液体涂料喷出

（3）喷枪的基本操作方法。对喷涂作业而言,要想获得良好的效果,正确的喷涂方法是非常重要的。在喷涂时必须要注意以下几个方面。

①喷枪与待喷工件表面的距离。正确的喷涂距离应与喷枪的种类、喷涂的气压、喷幅大小以及涂料种类相配合,一般传统高压喷枪的喷涂距离为 20 ~ 25cm,高流量低气压喷枪的喷涂距离为 10 ~ 15cm。如果喷涂距离过短,则涂料会堆积,形成流挂;如果距离过长,稀释剂挥发太多,会使飞漆增多,漆雾不能在物体表面成膜或涂膜粗糙无光,如图 3-10 所示。

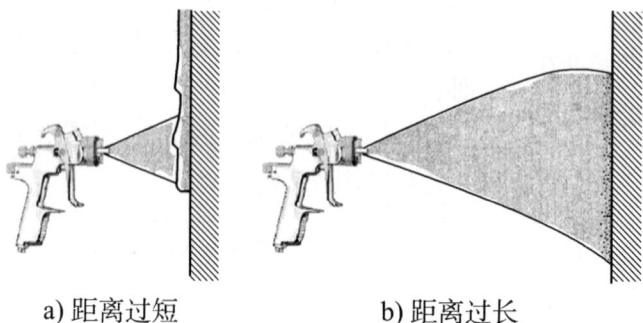

a) 距离过短　　　　　　　b) 距离过长

图 3-10　喷涂的距离

②喷枪与喷涂工件表面的角度如图 3-11 所示。喷枪无论是在竖直方向还是在水平方向移动时与喷涂表面必须始终垂直。施工人员双脚分开,比肩稍宽,一般右手持枪,左手抓住空气软管,喷涂过程中左右移动整个身体,不能跨步,也不允许由手腕或肘部做弧形的摆动。

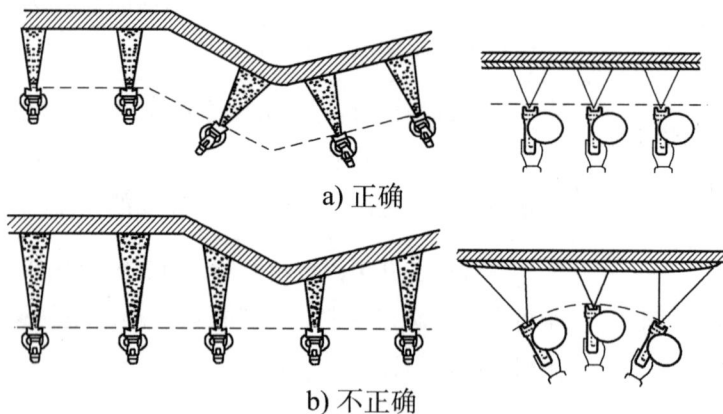

a) 正确

b) 不正确

图 3-11　喷涂的角度

③喷枪的移动速度。喷枪的移动速度与涂料的干燥速度、涂料黏度以及环

境温度有关,一般以 30~60cm/s 的速度匀速移动。具体操作时要以喷涂出来的涂层效果决定喷枪的移动速度。如果喷枪的速度过快,会导致涂层过薄,粗糙无光;如果速度过慢,会导致涂层过厚出现流挂。而如果速度不均匀,忽快忽慢,会导致涂层厚薄不均匀。

④喷枪的喷涂压力。正确的喷涂压力与涂料的种类、稀释剂的种类、稀释后的黏度和喷枪的类型等有关,喷涂时应参照涂料生产厂商提供的说明而定,或进行试喷确定。压力过低将造成雾化不好,会使稀释剂挥发过慢,涂层易出现"流泪""针孔""气泡"等缺陷;压力过高会使稀释剂过分蒸发,严重时形成干喷现象。

⑤喷涂方法、路线及重叠幅度。喷涂方法有纵行重叠法、横行重叠法、纵横交替重叠法。喷涂线路应按从高到低、从左到右、从上到下、先里后外的顺序进行。在行程终点关闭喷枪,喷枪下一次单向移动的行程与上一次相反,喷嘴与上一次行程的边缘平齐,本次雾形的上半部与上一次雾形的下半部重叠,重叠幅度为喷雾图形的 1/2~2/3,如图 3-12 所示。

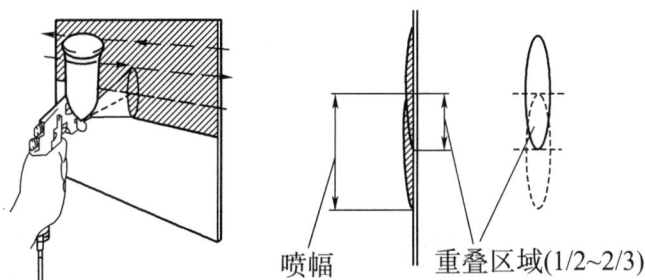

图 3-12 喷涂方法及重叠幅度

⑥喷枪扳机的控制。喷枪是靠扳机来控制的,扳机扣得越紧,液体流速越大。为避免每次走枪行程结束时所喷出的涂料堆积,一般要放松扳机,以减小供漆量。

扣扳机的正确操作一般分 4 步:先从遮蔽纸上或工件外面开始走枪,扣下扳机一半,仅放出空气;当走枪到喷涂表面边缘时,完全扣下扳机,喷出涂料;当走至另一边缘时,松开扳机一半,涂料停止流出;反向喷涂前再向前移动几厘米,然后重复上述操作喷枪扳机的控制方法。如图 3-13 所示。

❺ 其他工具及设备

还需要用到的其他工具有风枪、洗枪毛刷等。

❷ 主要材料的准备

❶ 遮蔽胶带

遮蔽胶带是用来直接粘贴在工件上保护工件的,在打磨或喷涂过程中经常使用。遮蔽胶带种类繁多,如图 3-14 所示,汽车维修涂装工作中使用的胶带必须具有一定的耐热性、抗溶剂性,不容易脱胶,不易断裂,有合适的黏性(既不能太黏使剥离困难,又不能黏性太弱使粘贴不牢)。如果胶带质量不好,会给涂装工作造成很大的困扰。

图 3-13　喷枪扳机的控制方法

汽车涂装中常用的胶带如下。

(1)按耐热性能来分有:用于常温工作的普通胶带;用于低温烘烤或高温烘烤的耐热胶带。

(2)按胶带的背衬材料来分:用于一般用途的纸质胶带;用于双色施涂及圆边界的塑料胶带;用于缝隙部位的聚氨酯胶带。

❷ 遮蔽纸

遮蔽纸是在工件需要大面积遮盖时使用的,汽车涂装中用的遮蔽材料一般要求干净,不易掉毛,有一定的耐溶剂性,能防止溶剂及涂料渗透,价格便宜,容易施工即可。根据所用材料的材质不同可以分为纸质遮蔽纸、乙烯遮蔽膜、特别的遮蔽覆盖罩三种。其中以纸质遮蔽纸使用较多,应用较普遍;乙烯薄膜主要用于遮蔽纸周围大面积的覆盖;遮蔽覆盖罩主要用于轮胎等部件的遮盖。它们一般制成不同规格大小,以满足不同施工需要,如图 3-15 所示。

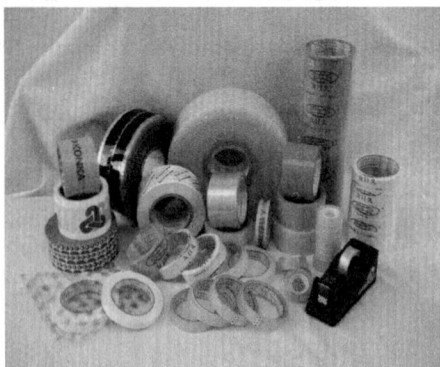

图 3-14　遮蔽胶带

图 3-15　遮蔽纸

❸ 底漆及配套固化剂、稀释剂

在选择具体底漆产品时,要根据工件的材质、损伤部位的情况以及所选用的底漆性能特点进行综合考虑,在考虑成本、施工方便性的同时;也要考虑其防锈性能、附着力以及与后续涂层的配套性。

❹ 其他材料

还需要使用到的其他材料包括除油剂、洗枪稀释剂、擦拭布等。

3 劳动保护措施

在本次作业中需要用到劳动保护用品,请根据前面学习的劳动保护用品知识,完成表 3-9 的内容,在相关的操作中需要用到的劳动保护用品在栏里打"√"。

底漆涂装作业中的劳动保护用品 表 3-9

工序	推荐的涂装工劳动保护用品								
清洁									
遮蔽									
除油									
准备涂料									
喷涂涂料									
清洗喷枪									

引导问题8 **如何进行遮蔽及清洁工作?**

底漆前的遮蔽及清洁除油方法

遮蔽工作是在喷涂之前所进行的重要工作,即用遮盖材料将所有不需要涂装的部位或部件保护起来,防止喷涂过程中的漆雾污染。遮蔽的一般操作方法如下。

(1)将工件清洁干净,必要时使用除油剂。工件不干净不仅会影响后续涂层的质量,也会影响胶带的粘贴牢固程度。

(2)确定遮蔽胶带贴护范围及贴护部位。贴护范围可以按照需要喷涂的涂料类型及面积来确定。

①喷涂底漆及中涂底漆时的遮蔽:由于底漆及中涂底漆喷涂时使用的气压

较小,漆雾扩散的范围也较小,所以一般可以采用在损伤部位周围进行反向遮蔽(反向遮蔽指遮蔽纸在敷贴时里面朝外),这种方法可以将贴护控制在较小范围内,并减少喷涂台阶,如图3-16所示。

②整块部件喷涂时的遮蔽:大面积部件整个喷涂时(如翼子板、车门、发动机舱盖等),必须将部件当中(图3-17)及部件周围(图3-18)不需要喷涂的所有面积遮蔽起来,以防止漆雾进入。在对没有边界的部件进行整块喷涂时,先将部件周围遮蔽贴护好,再在过渡处采用反向遮蔽,如图3-19所示。

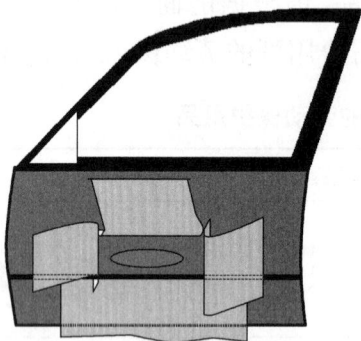

图 3-16　喷涂底漆及中涂底漆时的遮蔽

遮蔽胶带

车门拉手

留一定间隙

新喷涂层

遮蔽胶带

图 3-17　工件部件当中的遮蔽

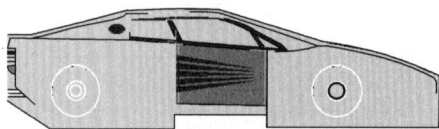

图 3-18　整块部件喷涂时的遮蔽

图 3-19　工件过渡处的遮蔽

(3)取合适长度的胶带与遮蔽纸,并粘贴好。一般胶带贴在遮蔽纸上时只贴一半宽度即可,另一半用来粘贴部件。

(4)按步骤(2)确定的贴护范围及贴护部位进行贴护。确保喷涂区域内需要保护的部位已经粘贴好,确保喷漆漆雾不会飞溅到喷涂部位周围的区域。

(5)对需要喷涂部位进行除油。在贴护过程中可能会再次污染工件表面,所以在贴护完成后应该重新进行清洁与除油。

引导问题9　怎样调配底漆?

底漆品种很多,不同性质的底漆,不同厂家的产品,同一厂家的　底漆的调配方法不同型号的产品调配方法都不一样。下面以常用的双组分环氧底漆(以某品牌的 P565-895 超快干无铬环氧底漆为例)进行说明。

(1)查看产品使用说明,确定调配及施工方法。某品牌的 P565-895 超快干无铬环氧底漆的使用说明见表 3-10。

环氧底漆的使用说明 表 3-10

P565-895 超快干无铬环氧底漆施工工艺	
适用底材	裸钢材、镀锌板材、铝材、玻璃钢、聚氨酯原子灰、预涂底漆和状态良好的旧涂膜
	P565-895 4 份 P210-938/939/842/8430 1 份 P850-1491/1492/1493/1494 1 份
	按体积比混合 无须预反应时间
	20°C 时: DIN4 杯 24 ~ 26s BSB4 杯 32 ~ 35s
	喷嘴口径: 重力式 1.3 ~ 1.5mm 吸上式 1.5 ~ 1.7mm 喷涂压力: 300 ~ 350kPa
	喷涂一层后,干膜厚度达到 15 ~ 20μm
	喷涂中涂底漆前需要 5 ~ 10min 闪干 低气温下,闪干时间可以更长 喷涂中涂底漆前的停留时间不得超过 8h
	通常不要求打磨表面 若有需要,请在喷涂 30min 后使用 P1200 砂纸去除尘点

表中 P210-938/939/842/8430 为某品牌的不同型号的固化剂的代号;P850-1491/1492/1493/1494 为某品牌的不同型号的稀释剂的代号。它们的使用说明

见表3-11。

固化剂及稀释剂的使用说明　　　　　　　　　　表 3-11

固化剂的选择
不同固化剂是用于满足各种维修类型和不同条件下的干燥速度和品质要求的。 P210-842 快干高固固化剂：适用于 P565-895、P565-777、P565-510/511 系列底漆，P420 　　　　　　系列纯色漆，P190-6850 清漆等，适用于气温 25℃ 以下。 P210-8430 标准高固固化剂：适用于 P565-895、P565-777、P565-510/511 系列底漆，P420 　　　　　　系列纯色漆，P190-6850 清漆等，适用于气温 25℃ 以下。 P210-790 超快干固化剂：针对小面积的维修提供干燥速度最快的工艺（60℃ 金属温度时 　　　　　　只需烘烤 20min），适用于温度较冷的情况（22℃ 以下）。 P210-938 标准固化剂：适用于中型和大型面积维修，理想温度为 15～25℃。 P210-939 慢干固化剂：适用于中型和大型板块维修，理想温度为 25℃ 以上。
稀释剂的选择
稀释剂的选择应考虑施工温度、空气流通和维修面积大小等因素。以下推荐仅供参考： 　　稀释剂类型　　　　　　　　　　　适用温度 　　P850-1491 低气温稀释剂　　　　　15℃ 以下 　　P850-1492 标准气温稀释剂　　　　15～25℃ 　　P850-1493 高气温稀释剂　　　　　25～35℃ 　　P850-1494 极炎热气温稀释剂　　　35℃ 以上 　在空气流通速度快的喷房以及大面积维修时，一般使用较慢干的稀释剂和 HVLP 喷枪。 在空气流通速度慢和小面积维修时，则使用较快干的稀释剂

（2）穿戴好劳动保护用品。

（3）用调漆尺将底漆彻底搅拌均匀。放置过的涂料都会出现不同程度的沉淀，所以我们一定要养成每次使用之前都彻底搅拌的习惯。

（4）按照喷涂的面积所需要的量，将底漆倒入合适的容器或量杯当中。每次调漆时必须按照用多少调多少的原则进行，避免不必要的浪费。

（5）按照产品技术说明上所给的比例用调漆比例尺添加适量的固化剂、稀释剂（表3-10）。P565-895 超快干无铬环氧底漆与所有固化剂、稀释剂的比例都是 4:1:1，但是根据施工时的环境温度和喷涂面积不同，应该选用合适型号的固化剂及稀释剂。

（6）用调漆比例尺对添加好的涂料进行彻底搅拌。

（7）根据涂料特点和产品技术说明，选择合适口径的底漆喷枪。喷枪的选择主要是看喷涂涂料的类型特点，双组分环氧底漆中体质颜料较多、膜厚较厚，应该选用口径较大的底漆喷枪进行喷涂，如图3-20圆圈部分所示。

（8）用过滤网将调配好的涂料过滤到喷枪里，如图3-21所示。

	20℃时： DIN4杯　24~26s BSB4杯　32~35s
	喷嘴口径： 重力式　1.3~1.5mm 吸上式　1.5~1.7mm
	喷涂一层后，干膜厚度达到 15~20μm

图 3-20　喷枪喷嘴要求

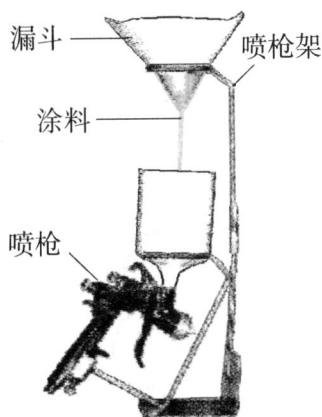

漏斗 —— 喷枪架　涂料　喷枪

图 3-21　涂料过滤

如果需要检测及调整涂料黏度，还应做好涂料的黏度调整工作（涂料黏度的测试方法参考本学习任务引导问题6中的黏度计知识）。一般严格按照配方调配的涂料，其黏度可以达到较好的喷涂效果。

引导问题10　怎样调节喷枪？

喷枪的调节方法

涂料喷涂出来的成膜效果好坏，涂料的雾化是关键因素之一，而涂料的雾化效果又是靠喷枪喷涂出来的，所以如何调节好喷枪关系到涂装的质量。这也是每个涂装工必须掌握的基本技能之一。喷枪的一般调节方法如下。

1 检查喷枪

（1）检查涂料罐上的气孔，确保无污垢堵塞，保持畅通。

（2）检查喷枪上的密封圈、连接部位等，确保无涂料渗漏。

2 调节喷枪

❶ 压力的调节

（1）按照涂料产品说明书所提供的施工参数确定底漆的喷涂压力，如图3-22

圆圈内所示。对于任何涂料系统而言,最适当的喷涂空气压力只有一个,就是能使涂料获得最好雾化效果的最低空气压力。最佳的喷涂压力也是指获得适当雾化、挥发率和喷雾扇形宽度所需的最低喷涂压力。

(图标) S	20℃时: DIN4杯　24~26s BSB4杯　32~35s
(图标)	喷嘴口径: 重力式　1.3~1.5mm 吸上式　1.5~1.7mm 喷涂压力:300~350kPa
(图标)	喷涂一层后,干膜厚度达到15~20μm
(图标)	喷涂中涂底漆前需要5~10min闪干低气温下,闪干时间可以更长

图3-22　喷涂压力参数

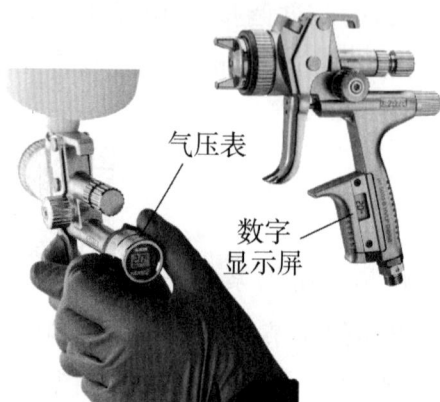

图3-23　压力的调节

气压表

数字显示屏

喷涂压力太高会因飞漆而浪费大量涂料,抵达工件表面前溶剂挥发快导致流动性差,容易产生橘皮等缺陷;喷涂压力太低会因溶剂保留得多而造成干燥性能差,涂膜容易起泡和流挂。不同涂料喷涂时所需的空气压力都是不同的。

(2)通过调节喷枪上的气压控制阀,将枪尾进气压力调节到规定的数值。枪尾压力可以通过气压表或内置的数字显示屏进行显示,如图3-23所示。

❷ 扇幅雾束大小、方向调节

(1)扇幅雾束大小的调节。把扇幅控制阀全拧进去可得到最小的圆形雾束,把旋钮全拧出来得到的雾形最大,如图3-24所示。喷涂时扇幅的大小应根据喷涂面积和工件的形状来决定,面积较小部位的喷涂可以将喷幅调小一点,节约涂料;面积较大部位的喷涂可以将扇幅调宽一点,提高工作效率。

(2)扇幅方向的调节。调节空气帽的方向可改变雾束的方向。将空气帽的犄角调节成与地面平行,喷出的雾束呈平面且垂直地面,称为垂直雾束,这种方式用得最多;如果空气帽的犄角与地面垂直,喷出的雾束呈平面且平行于地面,称为水平雾束,这种方式在施工中少见,在大面积施工进行垂直扫枪时用。

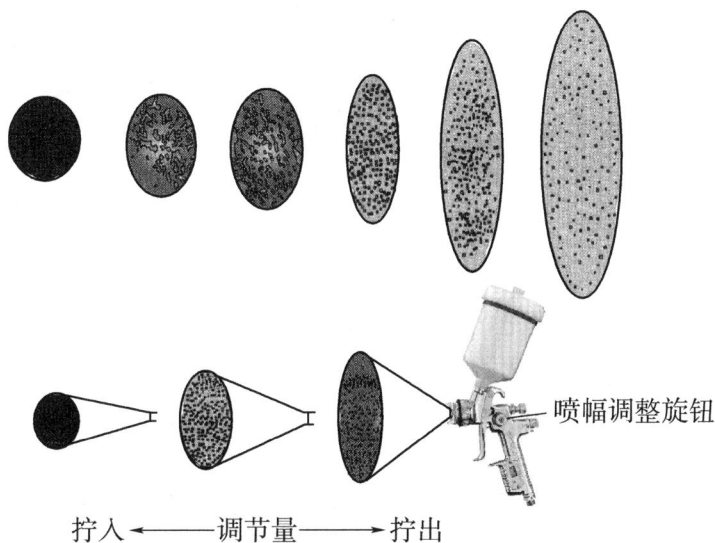

拧入 ←―― 调节量 ――→ 拧出

图 3-24 扇幅的调节

❸ 漆流量调节

用漆流控制阀按选定雾形调节漆流量,将控制阀拧出时漆流量增大,控制阀拧进时漆流量减少,如图 3-25 所示。

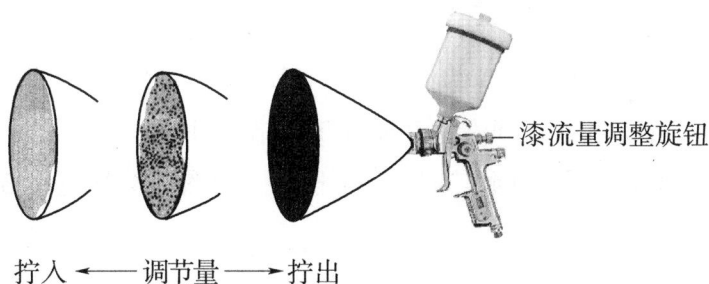

拧入 ←―― 调节量 ――→ 拧出

图 3-25 漆流量的调节

❹ 涂料分布测试

喷枪调整是否合适,应该通过试喷来检验,也就是涂料雾形测试。雾形测试分为垂直测试和水平测试两种。

(1)垂直测试主要检测喷枪的扇幅形状是否合理。垂直测试喷幅效果,喷涂出来的常见形状及产生的原因,如图 3-26 所示。

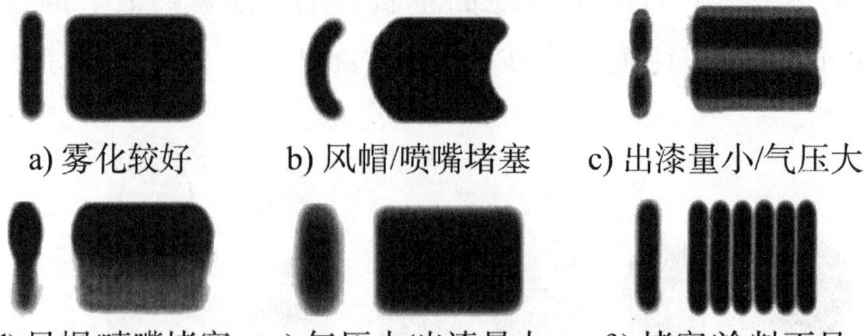

a) 雾化较好　　　b) 风帽/喷嘴堵塞　　　c) 出漆量小/气压大

d) 风帽/喷嘴堵塞　　e) 气压小/出漆量大　　f) 堵塞/涂料不足喷嘴没有拧紧

图 3-26　垂直测试喷幅效果

（2）水平测试是检测喷枪的喷涂压力、出漆量、扇幅大小 3 个方面的调节是否正确。水平雾形测试的方法如下。

①先松开空气帽定位环并旋转空气帽,使喇叭口处于竖直位置,如图 3-27 所示。

②在一张垂直的遮蔽纸或试板上进行试喷,此时喷出的图案将是水平的,如图 3-28 所示。

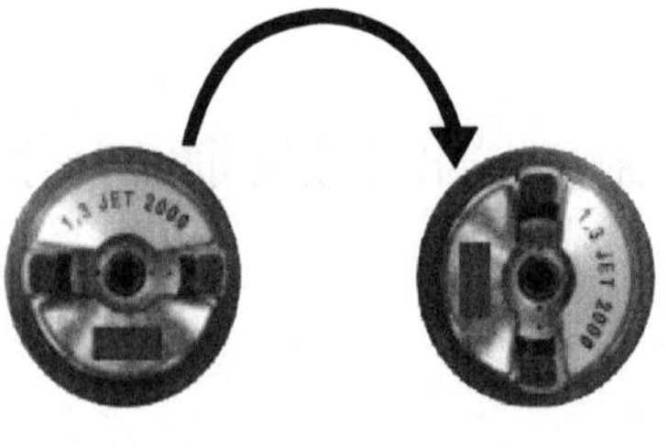

图 3-27　旋转风帽 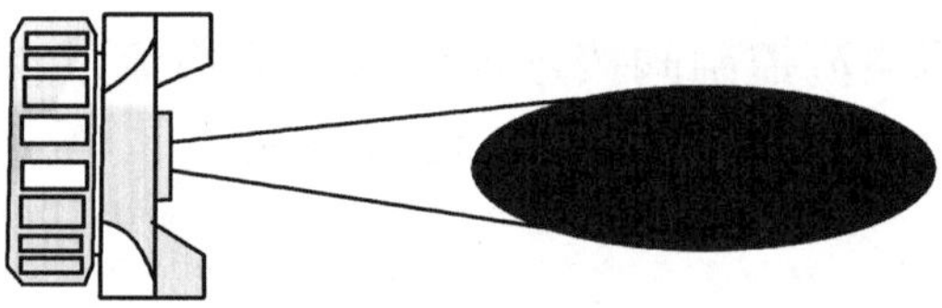　　　　　图 3-28　水平方向喷涂

③按住扳机持续喷涂直到涂料开始往下流淌为止。

④检查涂料流挂情况并调整喷枪。一般流挂的图形会接近图 3-29 所示的 3 种形状中的一种。

a) 合适的喷涂图形　　b) 分离的喷涂图形　　c) 中间过重的喷涂图形

图 3-29　水平测试喷幅效果

a. 如果各段流挂的长度近似相等,则表明涂料雾化较好,喷枪各项调节正确。

b. 如果流挂呈分开的形状,一般是由于喷束太宽或气压太低造成。调节时可以把雾形控制阀拧紧半圈,或把气压提高一些,交替进行这两项调节直到流挂长度均匀。

c. 如果流挂中间长两边短,则是因为喷出的漆太多,应把漆流量控制阀拧紧,直到流挂长度均匀。

引导问题 11　怎样喷涂底漆?

底漆的喷涂方法

由于底漆的主要作用是防锈和提高附着力,不需要很好的填充性能,在底漆上面还要刮涂原子灰等中间涂层,所以底漆不用喷涂过厚,一般薄喷两层盖住裸金属即可。底漆的一般喷涂方法如下。

(1)展开粘尘布,将要喷涂区域轻轻擦拭 1~2 遍。

(2)调节好喷枪与工件的距离及角度,按照横行重叠法,从上往下将裸金属部位薄喷一遍底漆,如图 3-30 所示。

第一遍喷涂时为了避免喷涂过厚,涂料里面的溶剂溶胀旧涂层,发生咬底、起皱等缺陷,一般建议不要喷涂太湿,厚度以隐隐约约能看见下面的底材即可。

喷涂范围最好控制在羽状边范围内,特别注意不要喷到遮蔽纸边缘,避免产生明显的台阶。在一行程的起枪和收枪时,可适当摆动手腕,进行收边。

(3)根据涂料产品技术说明,第一遍喷涂之后静置几分钟时间,让涂料里面的溶剂挥发,直至涂层没有光泽为止,此过程又称闪干。

如果不留一定的时间进行闪干或闪干时间不足就喷涂第二遍的话,容易发生咬底、起皱、发花、流挂等缺陷,要处理这些缺陷所用的时间可能比需要闪干的时间要长得多,而且也浪费材料,所以一定要按照产品说明进行施工。

(4)待涂层没有光泽之后喷涂第二遍,如图 3-31 所示。

第二遍的喷涂方法基本与第一遍一样,所不同的是涂层厚度要比第一遍稍厚,要保证第二遍喷涂完之后,不仅要盖住底材,而且要形成平滑均匀的涂层,以利于后续涂层施工;第二遍喷涂的范围要比第一遍稍大,这样可以避免形成过多的涂层边缘。

(5)检查喷涂效果,如果没有达到要求可以进行适当修补,达到要求之后等涂层闪干,撕掉遮蔽纸及遮蔽胶带,完成底漆的涂装。

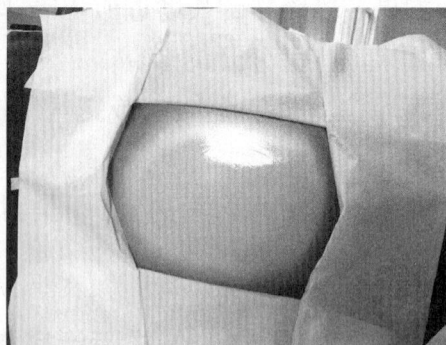

图 3-30　第一遍喷涂效果　　　　图 3-31　第二遍喷涂效果

小提示

对于裸露金属面积较小的工件，有时为了简化施工工艺，也可以采用擦涂法涂装底漆，即用一块干净的擦拭布将调好的环氧底漆均匀地擦涂到裸露金属部位，如图 3-32 所示。擦涂时以盖住金属颜色、薄而均匀即可。

图 3-32　擦涂底漆

引导问题12　怎样清洗及维护喷枪？

每次喷涂完成后，一定要及时清洗及维护喷枪。特别是双组分涂料，如果不及时清洗，涂料会固化在涂料罐以及喷枪里面的涂料通道里，从而影响喷枪的正常使用，甚至损坏喷枪。喷枪的一般手工清洗及维护方法如下。

（1）将涂料罐里面多余的涂料倒入废漆存放桶里面，扣动扳机，将枪体涂料通道里面的油漆喷涂干净。

注意

　　废漆料不允许随便弃置,具体要求请查询国家及单位相关规定。喷漆时建议最好使用多功能免洗枪壶,如图3-33所示,这样清洗喷枪时只用清洗枪体。多功能免洗枪壶平时可以作为调漆罐、喷涂罐或储存罐使用,不用时可以直接丢弃,既节约了时间、提高了工作效率,同时也大大减少了溶剂的用量,降低了企业处理废弃化学物质的成本,达到了环保的目的。

图3-33　多功能免洗枪壶

　　(2)按先枪针、后风帽的顺序依次把这两个部件拧下来,再用喷枪专用扳手将喷嘴小心拆卸下来,如图3-34所示。

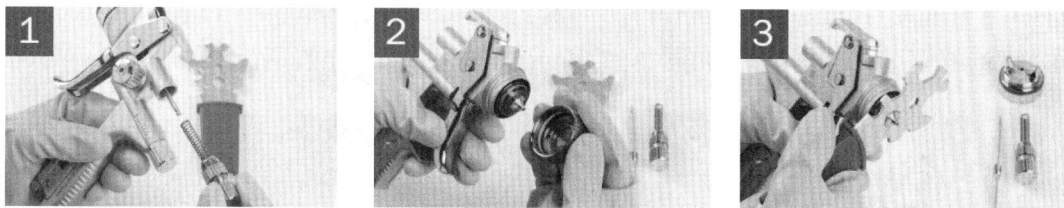

图3-34　喷枪的拆卸

　　(3)用喷枪专用清洗工具蘸取洗枪溶剂将喷嘴、风帽、枪针分别刷洗干净,如图3-35所示。拆装及清洗喷枪时必须选用专用工具进行操作,以免损坏喷枪。

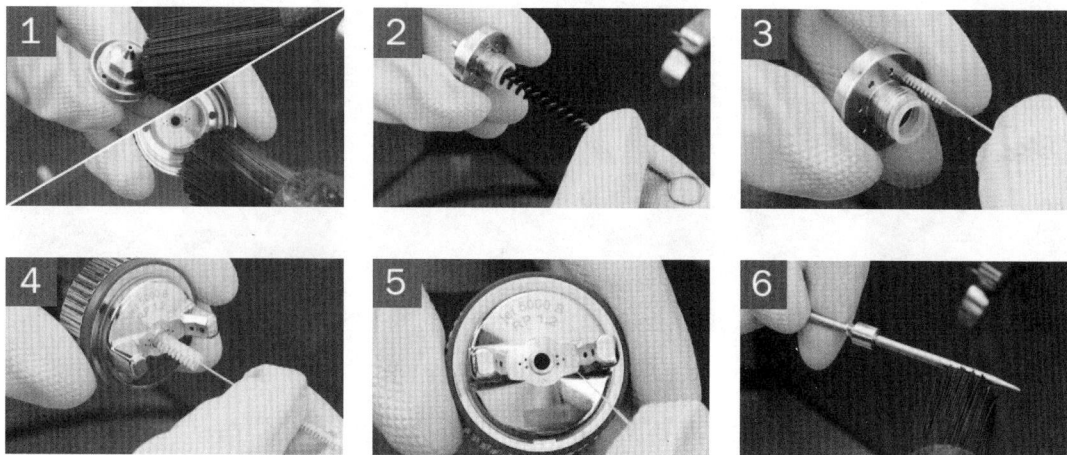

图3-35　喷枪的清洗

（4）用喷枪专用清洗工具蘸取洗枪溶剂将枪体里外刷洗干净，并用风枪将枪体里外的残留溶剂吹干，如图3-36所示。注意任何时候不要使溶剂或水进入空气通道（可将喷枪倒立的方式清洗），尤其是内置数字型喷枪，否则容易造成喷枪损坏。

图3-36　枪体的清洗

（5）依次将喷嘴、风帽安装好，用喷枪专用润滑油对枪针尾端、枪针弹簧、涂料调节旋钮进行润滑维护，最后将所有部件安装到位，完成喷枪的清洗和维护工作，喷枪的安装和维护方法如图3-37所示，快速清洗喷枪如图3-38所示。

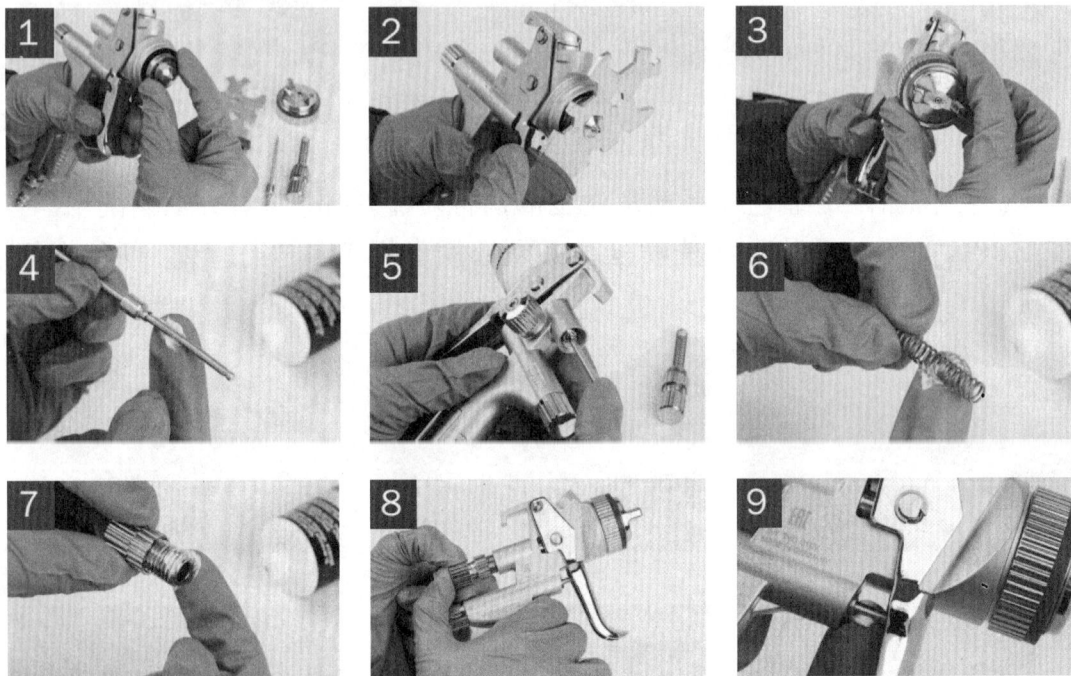

图3-37　喷枪的安装和维护

如果是喷涂过程中临时需要清洗喷枪的，可以借助清洗机按照图3-38所示方法只对涂料通道和风帽外部进行快速清洗。

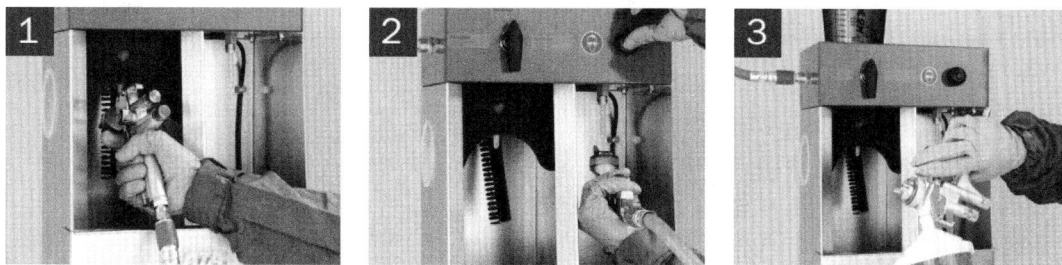

图 3-38　快速清洗喷枪

三　学习记录与评价

1 理论知识记录

(1)涂料主要是由(　　)物质组成的。

　　A. 树脂　　　　B. 颜料　　　　C. 溶剂　　　　D. 辅助材料

(2)树脂的主要作用是：_____；

颜料的主要作用是：_____；

溶剂的主要作用是：_____；

辅助材料的主要作用是：_____。

(3)磷化底漆表面可以直接刮涂原子灰或直接喷涂面漆。　　　　(　　)

(4)底漆喷枪和面漆喷枪的主要区别在于：_____；

传统喷枪和环保喷枪的主要区别在于：_____。

(5)汽车底漆涂装施工后的质量检验标准是：_____

_____。

2 实操数据记录

请根据底漆的涂装实训操作情况,填写表 3-12 中的内容。

底漆的涂装实训记录表　　　　　　　　表 3-12

主要施工工序	记录项
调配底漆	选用的底漆品牌： 选用的底漆、固化剂、稀释剂型号： 调配比例：

主要施工工序	记录项		
调节喷枪	出漆量大小： 气压大小： 扇幅大小： 涂料分布测试 垂直测试（喷幅形状描述）： 水平测试（流挂形状描述）：		
喷涂底漆	喷涂遍数： 实际完成质量：		
清洗喷枪	喷枪拆卸顺序： 喷枪清洗顺序：		

3 **评价**

（1）自我评价。请根据自己对本节专业知识和技能掌握情况，完成表3-13中的相关内容。

自我评价表 表3-13

评价内容	完全掌握	部分掌握
理论知识		
遮蔽除油		
底漆调配		
底漆喷涂		
喷枪清洗		

（2）小组评价。请组长根据组员实际表现，完成表3-14中的相关内容。

小组评价表 表3-14

序号	评价项目	评价情况 （优秀/合格/不合格）	备注 （不合格原因）
1	着装符合要求		
2	能合理规范的使用仪器和设备		
3	能按照安全和规范的流程操作		
4	遵守学习、实训场地的规章制度		
5	能保持学习、实训场地整洁		
6	团结协作情况		

参与评价的同学签名：_____ 日期：_____

(3)教师评价与建议(针对学生学习记录完成情况、实训情况、学习态度等进行评价):

_____

_____

教师签名:_____   日期:_____

(四) 技能考核标准

本考核项目需独立完成,主要检验学员对遮蔽除油、底漆调配、喷枪调节、底漆喷涂、喷枪清洗等技能的掌握情况,底漆的涂装操作考核评价表见表3-15。

底漆的涂装操作考核评价表   表3-15

序号	任务	配分	评分标准	得分
1	遮蔽除油	10分	遮蔽范围或方法不当扣2分/项,遮蔽不牢固扣1分/处	
			未穿戴劳保用品禁止操作,穿戴不正确扣2分/次,除油不规范扣1~3分(根据程度)	
			未及时正确处理相关工具、设备、材料扣1分/项	
2	调配底漆	15分	未穿戴劳保用品禁止操作,穿戴不正确扣2分/次	
			使用前未彻底搅拌底漆和固化剂扣2分/项	
			未按正确比例添加固化剂和稀释剂扣3分/项	
			未充分搅拌均匀底漆、固化剂和稀释剂扣2分	
			用量估算过多扣2分	
			未及时整理工位扣1分/项	
3	调节喷枪	15分	未穿戴劳动保护用品禁止操作,未正确穿戴劳动保护用品扣2分/次	
			未正确调整喷枪漆流量、压力、扇幅大小及扇幅方向扣3分/项	
			未做涂料分布测试扣5分,测试不规范扣3分	
4	喷涂底漆	40分	未穿戴劳动保护用品禁止操作,未正确穿戴劳动保护用品扣2分/次	
			未用粘尘布正确粘尘扣2分,粘尘布使用前未展开扣1分	

续上表

序号	任务	配分	评分标准	得分
4	喷涂底漆	40分	喷涂层数不合理扣3~5分,喷涂范围不合理扣3~5分(视情况而定)	
			涂层厚度不合理扣1~3分/次,未闪干扣1分/次	
			底漆出现流挂、橘皮、涂层不均匀、未遮盖死、咬底等明显缺陷的扣1~5分/处(视情况而定)	
5	清洁喷枪	20分	未穿戴劳动保护用品禁止操作,未正确穿戴劳动保护用品扣2分/次	
			未正确处理废弃涂料扣5分,未正确拆装喷枪扣2分/次	
			未正确清洗及维护喷枪扣1~5分/项	
			未及时正确处理相关工具、设备、材料扣2分/项	
总分		100分	合计	
			考评员签字:	

思政小故事

4S店喷漆车间突发大火,店内损失严重

某4S店烤漆车间突发大火,据目击者介绍,当时着火面积很大,现场浓烟滚滚,火势非常凶猛,滚滚黑烟一度遮住了天空,阵势非常吓人! 消防部门接到报警后,立即赶至现场展开了灭火扑救工作。经全力抢救,虽未造成人员伤亡,但店内损失严重。据调查,事故系设备线路老化和工人违规操作引发线路短路,引燃地沟内积漆,而火灾初期也缺乏应急管理措施,导致火势迅速蔓延造成较大经济损失。

想一想

本案例中造成汽车4S店失火的主要原因是什么? 汽车涂装工作场所中一般存在哪些安全隐患?"规范操作、文明生产"跟安全的关系是什么? 企业和个人如何才能避免或减少安全事故的发生?

学习任务四
原子灰的刮涂及打磨

学习目标

1. 知识目标

（1）了解原子灰的作用及汽车用原子灰的要求；

（2）了解和掌握汽车维修常用原子灰的种类及特点。

2. 技能目标

（1）能正确使用和维护原子灰刮涂及打磨相关的工具和设备；

（2）能正确选择和使用原子灰刮涂和打磨相关的材料；

（3）能正确选择和穿戴个人劳保用品；

（4）能规范进行汽车原子灰的刮涂及打磨。

3. 素养目标

（1）通过原子灰的刮涂及打磨学习，根植崇尚劳动、热爱劳动的劳动精神，弘扬吃苦耐劳、爱岗敬业的劳模精神；

（2）通过思政小故事，弘扬"执着专注、精益求精"的工匠精神。

建议完成本学习任务的时间为 **10** 课时。

学习任务描述

经过底漆处理的车门，如果表面非常平整，后面就可以进行中涂底漆或面漆的喷涂了；如果不平整，就需要对底材进行合适的整平工作，也就是通过刮涂原子灰来恢复工件表面的形状。原子灰刮涂打磨前的效果如图 4-1 所示，原子灰刮涂打磨后的效果如图 4-2 所示。

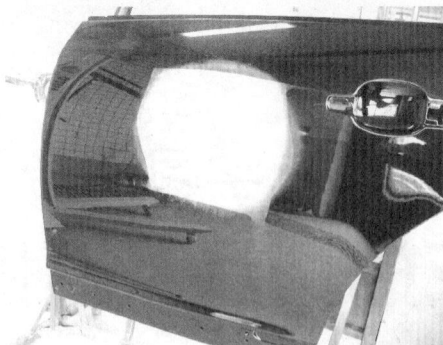

图4-1 原子灰刮涂打磨前的效果　　图4-2 原子灰刮涂打磨后的效果

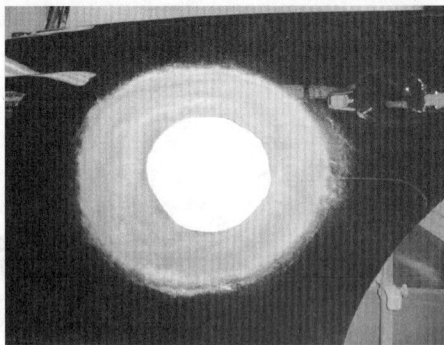

一 资 料 收 集

引导问题1 什么是原子灰？原子灰起什么作用？汽车上使用的原子灰必须具备哪些性能？

原子灰是一类含有大量体质颜料的膏状或厚浆状的涂料,由树脂、颜料(主要是体质颜料)、溶剂、助剂等物质组成,如图4-3所示。

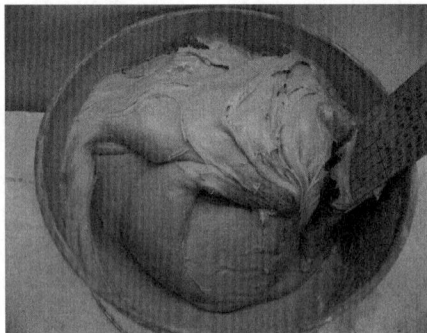

图4-3 原子灰

原子灰主要是用来填平底材上的凹坑、缝隙、孔眼、焊疤、刮痕以及加工过程中所造成的物面缺陷等问题,达到恢复或塑造工件表面形状的目的。

由于汽车涂装要求的高级保护性及装饰性,在汽车上使用的原子灰必须要具备以下性能。

(1)与底漆、中涂底漆及面漆有良好配套性,不发生咬底、起皱、开裂、脱落等现象,有较强的层间黏合力。

(2)具有良好的刮涂性能,垂直面涂装性能良好,无流淌现象,有一定韧性,附着力好,刮涂时原子灰不反转,薄涂时原子灰层均匀光滑。

(3)打磨性良好,原子灰层干燥后软硬适中,易打磨,不粘砂,能适应干磨或湿磨。打磨后原子灰层边缘平整光滑且无接口痕迹。

(4)干燥性能良好,能在规定时间内干燥、打磨。

(5)形成的原子灰层要有一定韧性和硬度,以防汽车行驶中的振动引起原子灰层开裂,轻微碰撞引起凹陷或划痕。

(6)具有较好的耐溶剂和耐潮湿性,否则会引起涂层起泡。

引导问题2 现在常用的原子灰有哪些? 各有什么用途?

原子灰的品种很多,根据现在常用的汽车维修涂装用原子灰的用途来分有如下几种,见表4-1。

常用原子灰的特点及适用范围 表4-1

品种	主要特点	适用范围
普通原子灰	多为聚酯树脂型,膏体细腻,附着力强,可常温固化、干燥速度快、有一定硬度、收缩性小、不容易开裂等,容易施工,容易打磨,填充能力强	适用于旧涂层、裸钢板等大多数底材表面。 不适用于镀锌板、不锈钢板、铝板,以及经磷化处理的裸金属表面等
合金原子灰	除具有普通原子灰的一切性能外,比普通原子灰拥有更好的附着力、防腐性及力学性能等	除可用于普通原子灰所用的一切场合,还可以直接用于镀锌板、不锈钢板和铝板等裸金属而不必首先施涂隔绝底漆,但不适用于经磷化处理的裸金属表面
纤维原子灰	填充材料中含有纤维物质,干燥后质量轻,附着能力和硬度很高,可以厚涂,但表面呈现多孔状,打磨后需要用普通原子灰进行填平	可以直接填充直径小于50mm的孔洞或锈蚀而无须钣金修复,对孔洞的隔绝防腐能力也很强 用于有比较深的金属凹陷部位的填补效果非常好
塑料原子灰	调和后呈膏状,可以刮涂也可以揩涂,干燥后像软塑料一样,与底材附着良好。干燥后质地柔软,打磨性良好	塑料原子灰适用于一般塑料制品的填补
幼滑原子灰 (又称填眼灰)	以单组分产品较为常见。其膏体细腻,填补能力较差,不耐溶剂,不能大面积刮涂使用。干燥时间很短,干燥后较软易于打磨,适合填补小针孔或划痕	一般在打磨完中涂层后,喷涂面漆之前使用,主要用途是填补极其微小的小坑、小眼、小砂纸痕等,提高面漆的装饰性

引导问题3 原子灰涂装的工艺流程是怎样的?

刮涂及打磨原子灰的工艺流程如图4-4所示。

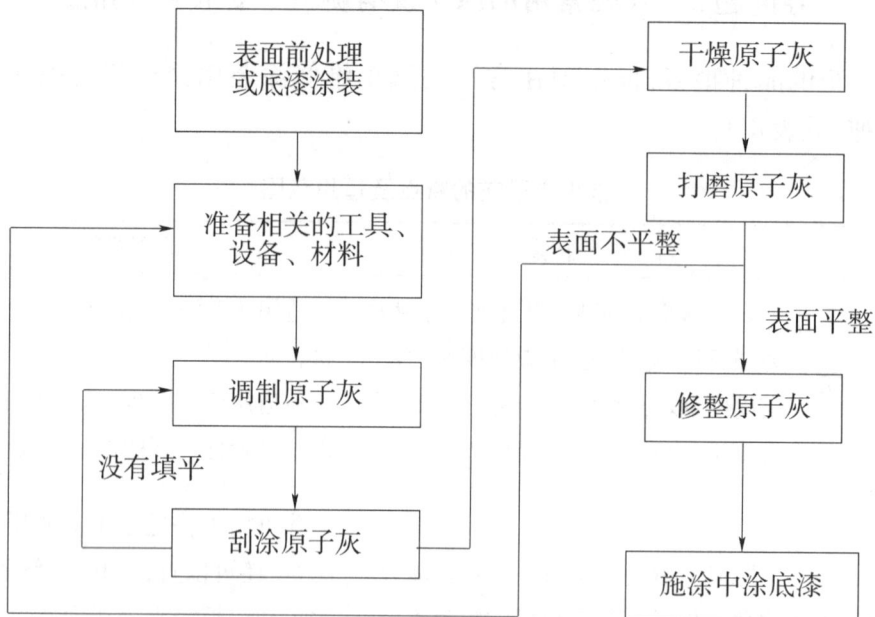

```
┌──────────────┐                          ┌──────────────┐
│  表面前处理    │                          │  干燥原子灰    │
│  或底漆涂装    │                          │              │
└──────────────┘                          └──────────────┘
        │                                         │
        ▼                                         ▼
┌──────────────┐                          ┌──────────────┐
│ 准备相关的工具、 │        表面不平整          │  打磨原子灰    │
│  设备、材料    │                          │              │
└──────────────┘                          └──────────────┘
        │                                         │ 表面平整
        ▼                                         ▼
┌──────────────┐                          ┌──────────────┐
│  调制原子灰    │                          │  修整原子灰    │
└──────────────┘                          └──────────────┘
        │   没有填平                               │
        ▼                                         ▼
┌──────────────┐                          ┌──────────────┐
│  刮涂原子灰    │                          │ 施涂中涂底漆   │
└──────────────┘                          └──────────────┘
```

图4-4　刮涂及打磨原子灰工艺流程

（二）任 务 实 施

引导问题4 作业前的准备工作有哪些?

1 工具、设备的准备

1 刮刀与调灰盘

刮刀是用来将原子灰刮涂到工件上的手工工具,如图4-5所示,根据其制作材料的不同,可以分为橡胶刮刀、塑料刮刀、金属刮刀等;根据其软硬程度可分为硬刮刀和软刮刀。

硬刮刀由于有一定的硬度,易刮涂平整及填充缺陷,所以适用于刮涂大的凹坑及平面部位。

软刮刀由于有一定的柔韧性,所以适用于刮涂非平面部位。

金属材料由于可以根据需要制成不同规格,不同软硬程度的刮刀,加工方便,通用性强,所以目前金属刮刀使用较多。

刮刀的几种握法,如图 4-6 所示。

图 4-5　刮刀

图 4-6　刮刀的几种握法

使用刮刀时要注意以下几点。

(1)刮刀的刮口要保持平直,在使用或清洗时不能使刀口出现齿形、缺口、弧形、弓形等。如果出现变形,在刮涂时则很难将原子灰刮平、刮好。

(2)刮刀每次使用完毕之后,应先用刮刀相互铲除干净,再用毛刷蘸溶剂清洗掉残留的原子灰。一定要避免原子灰固化在刮刀上,否则很难清除干净,影响下次使用,还有可能会导致刮刀变形。

调灰盘的主要作用是用来盛放原子灰的,如图 4-7 所示,根据其制作材料的不同,可以分为钢板类、塑料板类、木板类等。根据需要也可以制成不同的规格、形状。

❷ 电子秤

电子秤主要是用来称重的,如图 4-8 所示。在原子灰的刮涂及打磨工序中使用电子秤主要是为了确定原子灰与固化剂的比例。

图 4-7　调灰盘　　　图 4-8　电子秤

❸ 红外线烤灯

红外线烤灯的主要作用是用来加速涂层干燥,提高工作效率的。由于汽车维修行业的特殊性,要求加热装置具有移动性、可变性,因此红外线烤灯一般做成独立开关控制,可不同方向、部位调节,可以调节烘烤温度及烘烤时间,可以分别控制预热、加热过程的形式,如图4-9所示。

红外线烤灯根据其红外线波长不同,可以分为长波、中波及短波红外线烤灯3种,短波红外线烤灯比长波、中波红外线烤灯的烘烤速度更快,烘烤时也不容易出现溶剂泡、失光等缺陷。

红外线烤灯的
使用与维护

❹ 炭粉指示剂

炭粉指示剂的主要作用是用来显示涂层缺陷的,如图4-10所示。使用时,用海绵将黑色的炭粉均匀地涂抹到原子灰上,打磨之后,原子灰高的部位的炭粉会被打磨掉,残留有炭粉的部位,说明有气孔或凹陷。

❺ 手工打磨块

手工打磨块主要是用来手工打磨及修整涂层的,各种类型的手工打磨块如图4-11所示。根据其制作材料的不同,可以分为橡胶类的打磨块、塑料类的打磨块、海绵类的打磨块及木制类的打磨块。根据其软硬程度不同,又可以分为硬打磨块、中等弹性的打磨块及软打磨块。

图4-9 红外线烤灯　　图4-10 炭粉指示剂　　图4-11 各种类型的手工打磨块

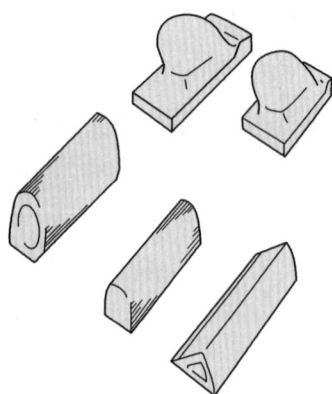

硬打磨块一般用来打磨平面或作整平作业时使用。

中等弹性打磨块利用它的柔韧性可以用来打磨棱角和非平面部位。

软打磨块一般用来作为精细打磨时使用,如抛光漆面前打磨细小的颗粒和橘皮等,不易对漆面造成大的伤害。

各种类型的打磨块可以根据需要做成不同大小、形状的打磨块,以利于操作。在做手工干打磨时,为了避免粉尘过多,最好使用带吸尘功能的打磨块。

❻ 干磨系统

干磨系统的相关知识参见学习任务二表面前处理的相关内容。在打磨原子灰时主要使用的干磨设备有轨道式干磨机,如图4-12所示;双作用干磨机,如图4-13所示;吸尘设备,如图4-14所示等。

图4-12 轨道式干磨机　　　图4-13 双作用干磨机　　　图4-14 吸尘设备

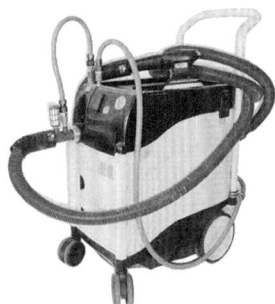

❼ 其他工具及设备

还需要用到的其他工具有风枪、毛刷等。

❷ 主要材料的准备

❶ 原子灰

❷ 砂纸

根据在打磨原子灰过程中需要用到的打磨块、打磨机类型准备好各种规格、型号的砂纸,如图4-15所示。

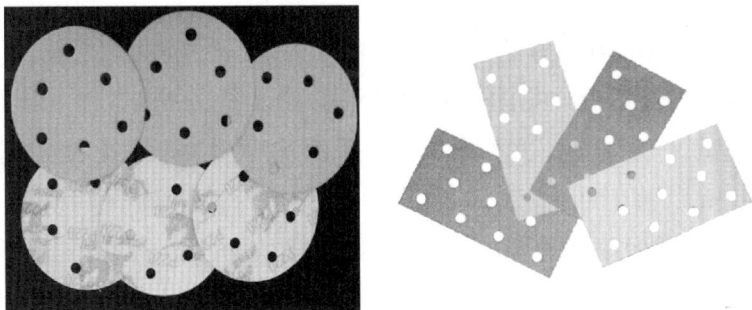

图4-15 各种型号、规格的砂纸

❸ 其他材料

还需要使用到的其他材料包括除油剂、稀释剂、抹布、擦拭布等。

3 劳动保护措施

在本次作业中需要用到劳动保护用品，请根据前面学习的劳动保护用品知识，完成表 4-2 的内容，在相关的操作中需要用到的劳动保护用品在栏里打"√"。

原子灰的刮涂及打磨作业中的劳动保护用品　　　　　　表 4-2

工序	推荐的涂装工劳动保护用品							
搅拌								
调制								
刮涂								
干燥								
打磨								
修整								
清洁								
除油								

引导问题 5　怎样调制原子灰?

（1）穿戴好合适的劳动保护用品。

（2）根据底材材质及表面状况选择合适的原子灰类型。

本次作业的工件底材为镀锌板，在裸露金属上面已经施涂过防锈底漆（环氧底漆），所以我们可以选择普通型聚酯原子灰来进行刮涂（图 4-16 所示为某品牌的普通聚酯原子灰）；如果没有施涂防锈底漆，在裸露金属面积较小的情况下，也可以直接刮涂合金原子灰（图 4-17 所示为某品牌的万能合金原子灰）。

图 4-16　普通聚酯原子灰

图 4-17　合金原子灰

（3）根据选用的具体产品,查阅相关资料或技术说明,确定混合比。

混合比有质量比和体积比两种形式,使用时要注意区分。如本次使用的某品牌 P551-1050 普通型原子灰为质量比,其混合比见表4-3。

P551-1050 普通型原子灰使用说明　　　　　　表 4-3

	环境温度	固化剂用量
	当环境温度小于10℃时	固化剂约加入原子灰质量的3%
	当环境温度在 10~20℃时	固化剂约加入原子灰质量的2%
	当环境温度大于20℃时	固化剂约加入原子灰质量的1%

（4）检查需要覆盖的面积及变形程度,确定原子灰的用量。注意检查时不能用手去触摸,避免手或手套上的油污、汗渍污染了待施工表面。

（5）用钢直尺或搅拌杆将原子灰搅拌均匀,如图4-18 所示,对于装在软管中的固化剂可以采用挤压的方法挤出固化剂,如图4-19 所示。

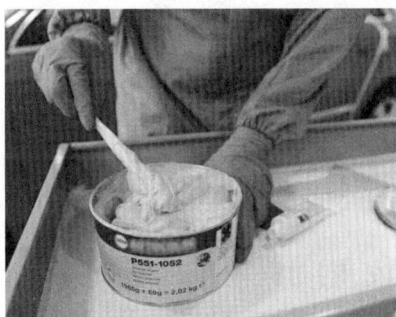

图 4-18　搅拌原子灰

图 4-19　挤压固化剂

（6）打开电子秤,将调灰盘平放在电子秤的托盘上,然后将电子秤清零,如

图4-20所示。

（7）根据估计的量用刮刀挑出原子灰，置于调灰盘上，按产品说明上的混合比加入适量的固化剂，如图4-21所示。

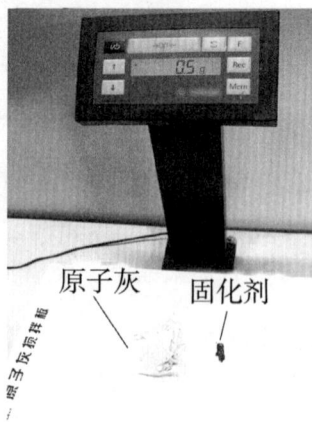

原子灰　固化剂

图4-20　电子秤清零　　　　图4-21　根据混合比称重原子灰及固化剂

（8）将原子灰和固化剂调和均匀。原子灰的一般调和方法如下：

①用刮刀的尖端将固化剂挑到原子灰里面，如图4-22所示。

②用刮刀的尖端，将固化剂混合到原子灰里面，混合原子灰方法如图4-23所示。

固化剂

图4-22　挑起固化剂　　　　　图4-23　混合原子灰

③用刮刀铲起左侧1/3的原子灰，如图4-24所示，以刮刀右前端为支点，翻转至其余原子灰上，如图4-25所示。

④将刮刀与混合板呈小角度往回收，同时向下压制原子灰，如图4-26所示。回收至末端时将刮刀上面的原子灰在调灰盘上刮干净。

⑤将刮刀插入原子灰下面，将右侧1/2的原子灰铲起，如图4-27所示。

⑥以刮刀左前端为支点将原子灰翻转，如图4-28所示。

⑦按照步骤④的方法将刮刀与混合板呈小角度往回收,并将它向下压,如图 4-29 所示。

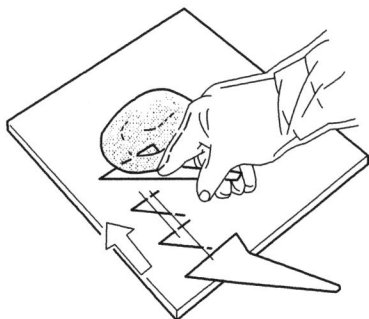

图 4-24　从左侧铲起原子灰　　　　图 4-25　往右侧翻转原子灰

图 4-26　压制原子灰　　　　图 4-27　从右侧铲起原子灰

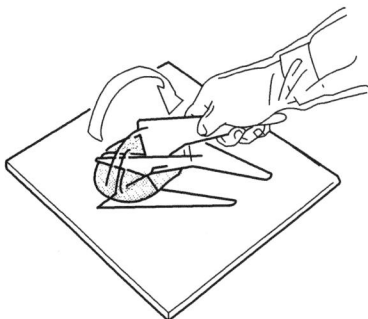

图 4-28　往左侧翻转原子灰　　　　图 4-29　压制原子灰

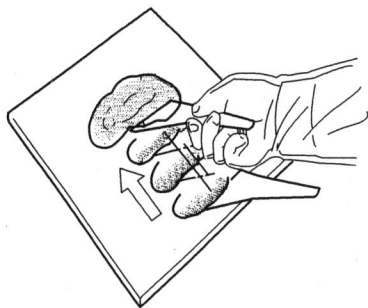

⑧重复步骤③~⑦,直至将原子灰拌和均匀。

检查原子灰是否调和均匀的方法就是看原子灰的颜色是否达到一致,如果颜色不一致表示还有没有混合均匀的。

想一想

请通过试验的方法,测试一下如果原子灰没有调和均匀刮涂干燥之后的情况:

颜色较深的原子灰＿＿＿＿＿＿＿＿＿＿＿＿＿＿＿＿＿＿＿＿＿＿＿＿＿＿＿＿;

颜色较浅的原子灰＿＿＿＿＿＿＿＿＿＿＿＿＿＿＿＿＿＿＿＿＿＿＿＿＿＿＿＿;

混合不均匀的原子灰会产生＿＿＿＿＿＿＿＿＿＿＿＿＿＿＿＿＿＿等缺陷。

小提示

调和原子灰时动作一定要快。因为原子灰添加了固化剂之后,一般使用寿命只有几分钟,而且环境温度越高,使用寿命会越短,在调和时花费的时间越长,可刮涂的时间会越短,甚至有时还没调和好就已经干燥。

引导问题6 怎样刮涂原子灰?

原子灰的刮涂方法要根据刮涂部位的形状来确定,我们以常见的平面部位和有棱角线部位的刮涂来介绍原子灰的刮涂方法。

1 平面部位的刮涂方法

1 第一层刮涂

原子灰的刮涂方法及注意事项

此层刮涂的主要目的是让原子灰与底层充分的结合。其具体步骤如下。

(1)用刮刀挑出少许混合好的原子灰填充在变形区域,如图4-30所示。

(2)用力将原子灰按顺序压实薄刮到变形区域,其效果如图4-31所示。如果变形区域有小凹坑或缝隙等,应先用刮刀尖将原子灰填充进出,再满刮。

图4-30 第一层填充原子灰

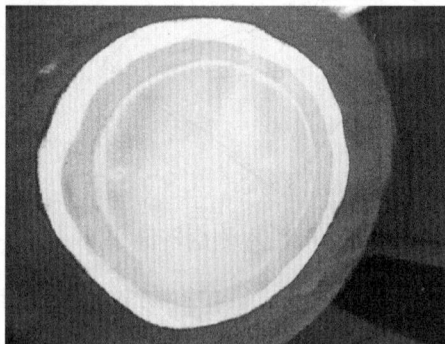

图4-31 第一层压实薄刮层效果

在刮涂第一层时必须做到压紧和薄刮。如果刮涂较轻,没有压紧,就有可能会出现原子灰与底材表面没有充分结合的情况,影响附着力;如果一次刮涂太厚,原子灰中残留的空气会形成气孔,造成涂膜缺陷。

（3）将刮涂的原子灰边缘部位收薄,形成平滑的边缘。

❷ 第二层刮涂

此层刮涂的主要目的是填平变形部位。其具体步骤如下。

（1）用刮刀挑出适量的原子灰填补在整个变形区域,如图4-32所示。

为了能有效地填平变形部位,原子灰填补的高度应略高于原涂层基准面。但是,如果变形严重,凹陷较深,应该分几次来刮涂,这样可以避免一次刮涂过厚形成气孔。

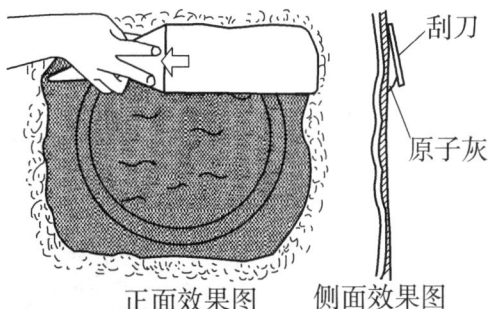

图 4-32　第二层填充原子灰

（2）按图4-33所示顺序及方法收平原子灰,最终形成的效果如图4-34所示。

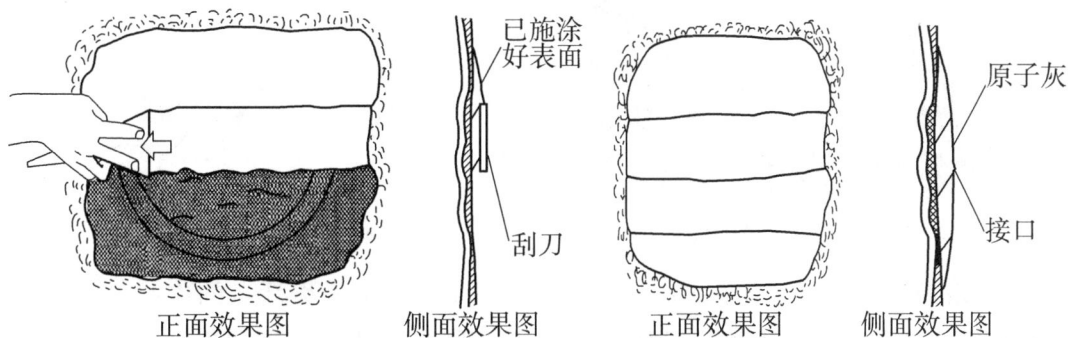

图 4-33　第二层刮涂顺序及方法

图 4-34　第二层刮涂效果

收平时一般靠近边缘的部位刮刀要压紧,如刮刀起刀和收刀的部位,这样可以形成较平滑的台阶。在移动至中间部位时为了把原子灰留在变形区域,可以适当地减轻手上的力度。

（3）收薄原子灰边缘,并清理干净工件上遗留的原子灰。

（4）待原子灰表干之后检查原子灰是否已经刮涂平整,如果整个原子灰表面有比基准面明显低的部位,就需要再次调配原子灰及刮涂原子灰,直至将整个变形区域填平。

❸ 第三层刮涂

此层刮涂的主要目的是收光原子灰表面,填充砂孔及刮痕。原子灰刮涂较厚时,表面针孔及刮痕会比较多,表面比较粗糙,收光之后不仅可以得到更细腻的原子灰表面,而且更容易打磨。收光的具体步骤如下。

(1)先取少量原子灰用力填充进砂孔及刮痕缝隙部位。

(2)再按顺序压实薄刮一层,形成光滑平整的表面,如图4-35所示。

(3)收光边缘。

(4)清理刮刀及调灰盘,完成刮涂。

经过多层原子灰的刮涂,变形区域基本上会恢复原来的形状和平面度。另外,在刮涂原子灰时,要注意如下几点。

①原子灰刮涂的方向要根据损伤部位的形状及工件的形状来决定,常见的刮涂部位的形状及正确的刮涂方法,如图4-36所示。

图4-35　第三层收光表面效果

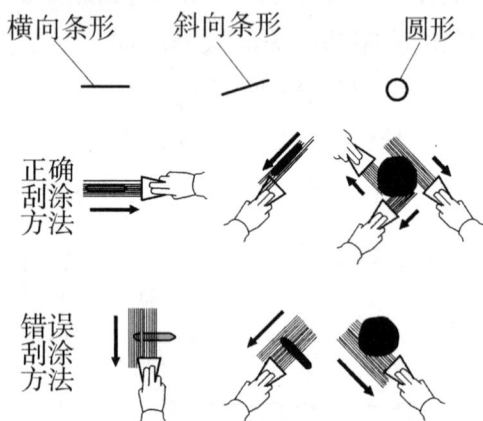

图4-36　刮涂的方向

②如果刮刀在各道施涂中,仅向一个方向移动,原子灰高点的中心就有所移动,如图4-37所示。这种情况很难打磨,所以刮刀在最后一道刮涂中必须反向移动,以便将原子灰高点移回中央,如图4-38所示。

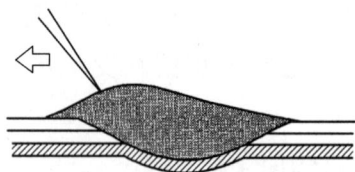

图4-37　原子灰只向一个方向刮涂的效果

图4-38　原子灰反向刮涂之后的效果

③最后刮完的原子灰必须比周围基面高,如图4-39所示,但是最好只能略微高一点,因为如果太高了,在打磨过程中,就要花费许多时间和力气来清除多余原子灰。

刮涂后的表面不能形成周围高、中间低的形状,如图4-40所示,这样更难打磨,而且中间部位有可能没刮起来。

图 4-39　刮涂较平的原子灰　　　图 4-40　周围高中间低的原子灰

④原子灰施涂在工件表面上的范围,必须控制在磨毛区范围里面,如图 4-41 所示。如果刮涂超出这个范围,原子灰就粘不牢,日后可能剥落,或在打磨时很难形成平滑的原子灰边缘。

⑤施涂原子灰要快,必须在混合以后 3min 以内施涂完。如果花费时间太长,原子灰就可能在该道施涂完成前固化,影响施涂。

⑥原子灰在固化过程中会产生热。如果将混合后的多余原子灰立即放在垃圾桶里,原子灰产生的热可能引燃易燃物品。因此,一定要确认原子灰已经凉透了,才能将之弃置(或丢弃在盛放有清水的垃圾桶里)。

⑦原子灰刮涂时一般建议采用薄刮多层的做法,这样可以有效避免由于厚涂产生气泡等缺陷。原子灰多层刮涂时必须后一层刮涂的范围要比前一层大,也就是后一层刮涂时必须完全覆盖住前一层,这样可以避免最后刮完后形成多级台阶状,增加打磨的难度,如图 4-42 所示。

图 4-41　原子灰刮涂的范围　　　图 4-42　薄刮多层

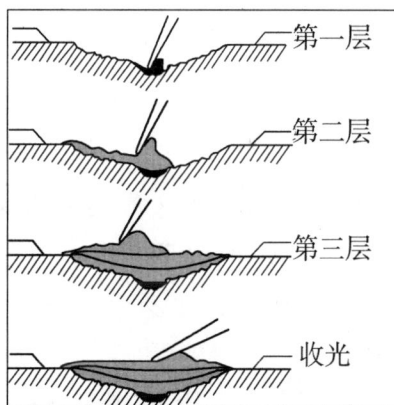

2 棱角线部位的刮涂

棱角线部位就是刮涂的面上有线条的部位,在刮涂时要同时将线条刮平直。它的刮涂方法如下。

（1）先沿棱角线贴上遮蔽胶带，盖住一侧。

（2）按照平面部位刮涂的方法对另一侧施涂原子灰，如图4-43所示。

（3）待施涂的原子灰半干时，揭去遮蔽胶带，如图4-44所示。

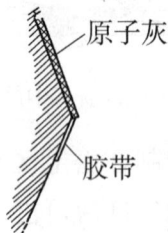

图4-43　刮涂一侧原子灰　　　　图4-44　揭去胶带

（4）沿施涂过原子灰的棱角线贴上遮蔽胶带，如图4-45所示。

（5）对剩下的一侧施涂原子灰，如图4-46所示。

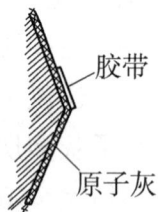

图4-45　贴胶带　　　　图4-46　刮涂另一侧原子灰

（6）待施涂的原子灰半干时，揭去遮蔽胶带。

小提示

　　原子灰要想刮出又平又光的效果需要多加练习。对于非平面部位，要根据它的轮廓，从不同方向，运用不同手法，分段进行刮涂，要保证刮涂出来的表面与原来形状基本一致，这样才易于打磨。

引导问题7　原子灰怎样干燥？

原子灰的干燥方法一般有2种。

1 自然干燥

　　自然干燥就是将刮好的工件放在室温条件下自行干燥，它的干燥时间随着环境温度的变化而变化。温度越高，干燥越快；温度越低，干燥越慢。不同产品的干燥时间都不尽相同,如某品牌的 P551-1050 普通型原子灰在室温 20℃ 时,15 ～ 30min 可以干燥。

一般采用自然干燥时,环境温度不宜低于 15℃,否则建议采用加速干燥的方法。

2 烘烤干燥

烘烤干燥是利用加热设备对刮涂部位进行烘烤,它可有效缩短干燥时间。在烘烤原子灰时常采用的加热设备是红外线烤灯,红外线烤灯烘烤原子灰如图 4-47 所示。

红外线烤灯的一般使用方法如下。

(1)调整角度。通过调节升降装置、旋转烤灯方向、移动工件等方法,让其灯管正好对着需要烘烤的部位。

(2)调整距离。为了避免距离过近,温度过高,导致原子灰涂层起泡、开裂,一般要求烤灯管与工件的距离不小于 50cm。

(3)连接好电线,打开烤灯上的电源开关。

(4)调节温度控制按钮,如图 4-48 所示。一般建议烘烤原子灰涂层时烘烤温度不要超过 50℃。

图 4-47　烘烤原子灰　　　　图 4-48　温度控制按钮

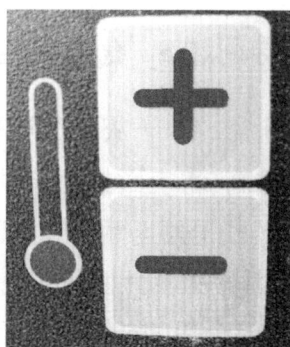

(5)调节时间控制按钮,如图 4-49 所示。根据原子灰产品的特性、刮涂厚度及面积大小等因素调节好烘烤时间。如本次选用的某品牌 P551-1050 普通型原子灰用红外线烤灯烘烤时,5～15min 可以干燥。

(6)选择加热模式。加热模式一般有直接加热和预加热 2 种:图 4-50 中脉冲按钮表示预加热模式;常规按钮表示直接加热模式。一般油漆涂层和原子灰涂层在刚开始烘烤时,为了避免温度升温过快,导致涂膜出现针孔或痱子,可以先进行 5～10min 的预热,再直接加热至完全干燥。

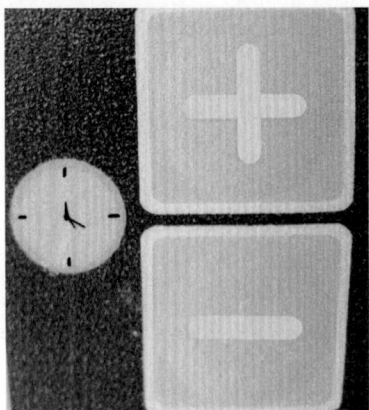

图4-49 时间控制按钮   图4-50 加热模式控制按钮

检查原子灰是否完全干燥有以下2种方法。

（1）用砂纸检查。先用P80或P120砂纸轻轻打磨原子灰边缘较薄的地方，再用毛刷轻轻地刷粘在砂纸表面的颗粒，能刷干净的，表明干燥较好；不能刷干净，还有很多颗粒粘在砂纸上面的，表明干燥不彻底。

（2）用手指检查。用指甲轻轻地划过原子灰边缘较薄的地方，如果划痕较浅且呈白色则说明原子灰已完全干燥，如果划痕较深则说明干燥不彻底。

引导问题8 怎样打磨原子灰？

由于刮涂完的原子灰表面比较高，而且比较粗糙，所以需要将原子灰打磨至与基准面一样高，将表面打磨平整光滑，才能进行后续涂层的涂装。打磨原子灰时可以采用机械干磨与手工干磨的方法进行打磨。由于原子灰有很强的吸水性，所以绝对禁止采用水磨。一般原子灰的打磨方法如下。

（1）穿戴好合适的劳动保护用品后，将炭粉均匀涂抹到原子灰上，如图4-51所示，将P80砂纸装到7mm双作用干磨机或轨道式干磨机上，在原子灰范围内进行交叉粗磨，一般打磨掉多余原子灰厚度的60%～70%即可，同时也要磨出基本形状及平整度，如图4-52所示。

小提示

选用较粗砂纸型号（如P80、P120）进行打磨时，为了避免原子灰周围砂纸痕太粗，一般建议打磨时最好不要超出原子灰刮涂的范围。

打磨时应先打磨原子灰凸出部位。

图 4-51　第一次涂抹炭粉指示层

图 4-52　粗磨原子灰

（2）第二次涂抹炭粉指示层（图 4-53），依次将 P120、P180 砂纸装到手磨垫块上进行中等程度的打磨，此时再打磨掉多余原子灰厚度的 60% ~ 70% 即可。打磨过程中一边用手触摸以确认表面状况，一边仔细打磨，防止打磨过度或打磨变形，如图 4-54 所示。

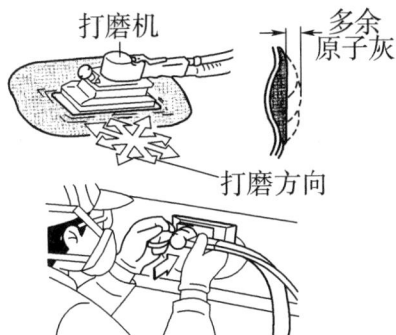

图 4-53　第二次涂抹炭粉指示层

图 4-54　中磨原子灰

（3）涂抹炭粉，将 P240 左右的砂纸装到手磨垫块上，对原子灰及原子灰边缘的地方进行平整打磨，直至彻底打磨平整。原子灰边缘部位要求平滑无阶梯，如图 4-55 所示。

在打磨原子灰时，要注意如下几点。

①在打磨过程中，粉尘会堵塞砂纸缝隙，造成打磨效率降低，所以应及时清除砂纸上的粉尘，如图 4-56 所示。

②为了避免过度打磨还要随时检查原子灰的平面度，如图 4-57 所示。

③如果检查之后不平整，需要重新施涂原子灰，具体操作步骤参见本学习任务引导问题 5 至引导问题 8，直到完全打磨平整才能进入下一步。

重新施涂时原子灰的刮涂范围要大于下层的原子灰范围，如图 4-58 所示。

（4）选用 P320 砂纸及 5mm 双作用打磨机，打磨从原子灰边缘至周边 15cm

的区域,为喷涂中涂底漆做准备,如图4-59所示。难以打磨的位置可以使用海绵砂纸或菜瓜布进行打磨。

图4-55　精磨原子灰

图4-56　用毛刷清除粉尘

a) 触摸评估　　　　　b) 钢直尺评估

图4-57　检查平面度

a) 正确刮涂方法　　　　　b) 错误刮涂方法

图4-58　原子灰刮涂的范围

　　(5)使用风枪,吹干净原子灰里面及工件表面的灰尘,如图4-60所示,再对原子灰周围进行除油。

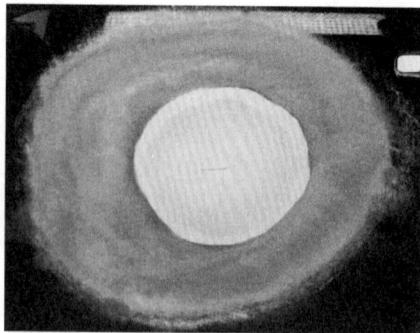

图4-59　原子灰周围打磨的范围

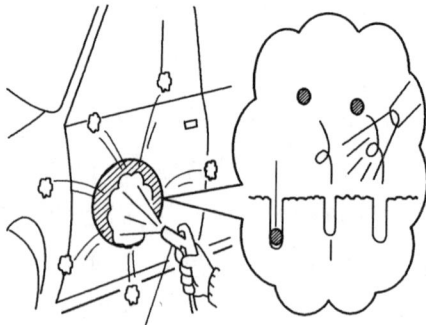

图4-60　吹尘

小提示

原子灰打磨完后要达到恢复底材形状,边缘平滑无阶梯,表面没有大的气孔、砂纸痕或其他大的缺陷为合格,否则为不合格。

引导问题9 怎样修整原子灰?

原子灰在打磨后,一般呈现多孔状态,如果孔较大,则需要重新填补原子灰,如果孔较小或是较细的划痕(图4-61),则可以刮涂幼滑原子灰(填眼灰)进行填补,具体步骤如下。

(1)搅拌均匀幼滑原子灰。

(2)取少量幼滑原子灰于刮刀上。

(3)按薄刮多层的方法刮涂在有细孔的地方,如图4-62所示。

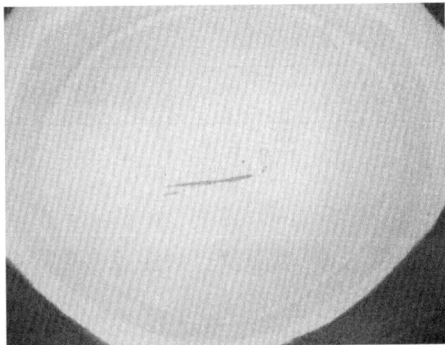

图4-61 原子灰上面的小缺陷　　　图4-62 刮涂幼滑原子灰的效果

(4)采用自然干燥或加速干燥的方法进行干燥。

(5)选用P320或P360砂纸配合手工磨块将幼滑原子灰打磨平整。

(6)清洁工件,整理工位及现场。

（三）学习记录与评价

1 理论知识记录

(1)常用汽车原子灰的种类有(　　　)。

　　A.普通原子灰　　　B.合金原子灰　　　C.纤维原子灰

　　D.塑料原子灰　　　E.幼滑原子灰

（2）铝合金板材表面可以直接刮涂普通原子灰。 （ ）

（3）刮刀使用完后，表面残留的原子灰可以等其固化后通过打磨清除掉。

（ ）

（4）原子灰是否调配好的检验标准是：_____；
原子灰是否刮涂好的检验标准是：_____。

（5）汽车原子灰刮涂及打磨后的质量检验标准是：_____

_____。

2 实操数据记录

请根据原子灰的刮涂及打磨实训操作情况，填写表4-4中的内容。

原子灰的刮涂及打磨实训记录表　　　　　　　表4-4

主要施工工序	记录项		
调制原子灰	选用的原子灰品牌：	调配比例：	
刮涂原子灰	刮涂遍数：	实际完成质量：	
干燥原子灰	干燥方法：	烘烤温度：	烘烤距离：
打磨原子灰	选用的打磨机品牌及型号： 选用的打磨材料种类及型号： 打磨方法（各型号砂纸打磨程度、打磨范围及打磨注意事项等）： 第一次打磨完的质量：		
修整原子灰	针对问题采取的方法： 最终完成质量：		

3 评价

（1）自我评价。请根据自己对本节专业知识和技能掌握情况，完成表4-5中的相关内容。

自我评价表　　　　　　　表4-5

评价内容	完全掌握	部分掌握
理论知识		
原子灰调配及刮涂		
原子灰打磨及修整		

（2）小组评价。请组长根据组员实际表现,完成表4-6中的相关内容。

小组评价表　　　　　　　　　　　　　　　　　　表4-6

序号	评价项目	评价情况 （优秀/合格/不合格）	备注 （不合格原因）
1	着装符合要求		
2	能合理规范的使用仪器和设备		
3	能按照安全和规范的流程操作		
4	遵守学习、实训场地的规章制度		
5	能保持学习、实训场地整洁		
6	团结协作情况		

参与评价的同学签名:_____　　　日期:_____

（3）教师评价与建议(针对学生学习记录完成情况、实训情况、学习态度等进行评价)：

_____

_____

教师签名:_____　　　日期:_____

（四）技能考核标准

本考核项目需独立完成,主要检验学员对原子灰调配、原子灰刮涂、原子灰打磨及修整等技能的掌握情况,表4-7为技能考核标准表。

原子灰的刮涂及打磨操作考核评价表　　　　　　　　表4-7

序号	任务	配分	评分标准	得分
1	原子灰调配	10分	未穿戴劳动保护用品禁止操作,未正确穿戴劳动保护用品扣2分/次	
			未正确估计用量扣2分,未搅拌均匀扣2分	
			比例不正确扣4分	
			未均匀快速混合原子灰扣1~5分(视情况而定)	

序号	任务	配分	评分标准	得分
2	原子灰刮涂	30 分	未穿戴劳动保护用品禁止操作,未正确穿戴劳动保护用品扣 1 分/次	
			未先压实薄刮扣 3 分,刮涂范围超出粗化范围扣 2 分	
			刮涂不平整及边缘不平滑扣 1~10 分(视情况而定)	
			刮涂后有较大孔洞或凹槽扣 2 分/处,周边有野灰扣 1 分/处	
			未及时清理干净刮刀、调灰板扣 2 分/项	
3	原子灰打磨	45 分	未穿戴劳动保护用品禁止操作,未正确穿戴劳动保护用品扣 2 分/次	
			未正确选择打磨工具扣 2 分/次,未正确选择使用砂纸扣 2 分/次	
			未涂抹炭粉扣 1 分/次	
			打磨后不平整及边缘不平顺扣 1~15 分(视情况而定)	
			打磨后有较大孔洞及较粗砂痕扣 1~10 分(视情况而定)	
			未及时处理相关工具材料扣 2 分/次	
4	原子灰修整	15 分	未穿戴劳动保护用品禁止操作,未正确穿戴劳动保护用品扣 2 分/次	
			未正确刮涂及打磨填眼灰扣 2 分/次	
			未正确选择及使用砂纸扣 2 分/次	
			打磨后不平整扣 1~10 分(视情况而定)	
			未及时处理相关工具材料扣 2 分/次	
	总分	100 分	合计	
			考评员签字:	

🍀 思政小故事

年轻的世界冠军蒋应成:鸡蛋壳上练打磨

蒋应成在 23 岁时,就拿下了世界技能大赛汽车喷漆项目的冠军。如今他已经是一名技师学院的老师。在学院的实训室里,蒋应成在学生面前演示了他的绝活,用打磨混凝土、金属等高硬度产品的砂轮机打磨一个生鸡蛋。砂轮机高速运转,几分钟后,鸡蛋被磨掉外壳,只剩下薄薄一层膜包裹着里面的蛋清,这层膜的厚度大约 70μm,相当于一根头发丝的厚度。蒋应成说:"打磨时呼吸稍微重一点鸡蛋就破,而打磨只是喷漆中的一环,为了能够做到手稳,我大概训练了 7 年多。"

想一想

世界冠军蒋应成是如何练就精湛技艺的? C919 大飞机实现商飞、神舟家族太空接力、"奋斗者"号极限深潜……这些日新月异的创造背后,都有一批"大国工匠"的身影,大国工匠指的是什么? "执着专注、精益求精"对于我们今后的学习和工作有什么意义?

学习任务五
中涂底漆的涂装

学习目标

1. 知识目标

（1）了解和熟悉底漆的作用及汽车用中涂底漆的要求；

（2）了解和掌握常用汽车中涂底漆的种类及特点；

（3）了解和掌握涂料的存放及保管注意事项。

2. 技能目标

（1）能正确使用和维护中涂底漆涂装相关的工具和设备；

（2）能正确选择和使用中涂底漆涂装相关的材料；

（3）能正确选择和穿戴个人劳保用品；

（4）能规范进行汽车中涂底漆的涂装。

3. 素养目标

（1）通过涂料的存放及保管知识学习，强化安全意识，根植安全第一、预防为主的安全发展观；

（2）通过中涂底漆涂装规范流程学习，强化质量意识，弘扬一丝不苟的工匠精神；

（3）通过思政小故事，了解个人发展与国家发展的关系，培养家国情怀。

建议完成本学习任务的时间为 **8** 课时。

学习任务描述

经过原子灰层修复的车门，已经恢复了表面的平整度，但是表面还是存在一定的细小缺陷，如细小针孔、砂纸痕等，请在面漆喷涂之前进行适当的处理，以满足面漆涂装的要求。中涂底漆涂装前的效果如图 5-1 所示,中涂底漆涂装后的效果如图 5-2 所示。

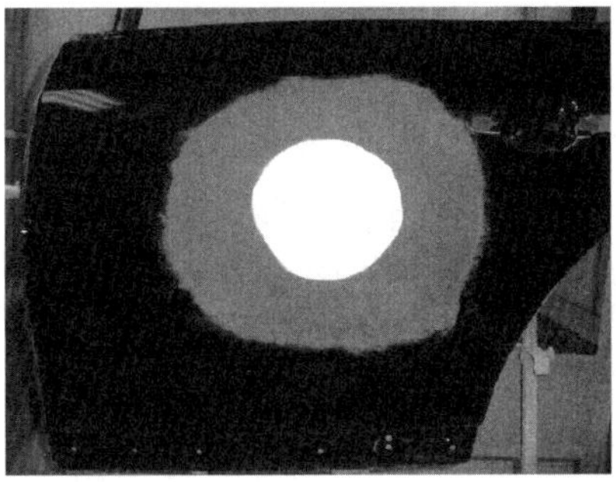

图 5-1　中涂底漆涂装前的效果

图 5-2　中涂底漆涂装后的效果

一　资 料 收 集

中涂底漆的作用
及其分类

引导问题1　什么是中涂底漆? 中涂底漆的作用是什么? 汽车用中涂底漆应具备哪些性能?

中涂底漆是用于底漆涂层与面漆涂层之间的底漆,常常称为"二道底漆"或"二道浆"。它的主要作用是增加面漆涂层与下面涂层的附着力,提高面漆涂层的平整度和丰满度;起到隔绝和封闭下面涂层,防止面漆往下渗透产生涂膜缺陷的作用;同时也有填充针孔、细小划痕、细小缺陷的作用等。

汽车用中涂底漆应具有如下性能。

(1)与底漆层、原子灰层、旧涂层及后喷面漆层有良好的配套性,能够同时为底漆层和面漆层提供良好的附着力。

(2)干燥后的中涂漆层硬度适中,有良好的打磨性和耐水性,湿磨后表面平整光滑,无起皱、脱皮等,局部漆层边缘平滑性好,无接口痕迹。

(3)有良好的填充性能,经打磨后能消除底材上的轻微划痕、砂痕、砂孔等。

(4)有良好的隔离性能,能防止底漆层、原子灰层、旧涂层中的不良物质向面漆层渗出而污染涂膜表面,破坏面漆层的装饰性。同时能阻止面漆层的溶剂渗透到底漆层、原子灰层、旧涂层中。

(5)能提供给面漆层一个吸附性一致的涂面,同时由于其本身具有良好的防渗透性,可以提高面漆的光泽度,因此,可以极大地提高面漆的装饰性。

(6)有良好的施工性能,如温度适应性、干燥迅速、施工容易等。

引导问题2 常用的汽车维修涂装用中涂底漆有哪些？各有什么特点？

中涂底漆的品种很多，分类方法也有很多。根据涂料性质来分有单组分中涂底漆和双组分中涂底漆；根据主要成膜物质来分，有硝基中涂底漆、环氧中涂底漆、聚氨酯中涂底漆等。它们的特点及用途见表5-1。

常用中涂底漆的特点及用途 　　　　　　　　　　　表5-1

中涂底漆类型	特点	用途
硝基中涂底漆	单组分类型涂料，干燥迅速、易于打磨，经打磨后表面平整光滑；但成膜较薄。 注意事项： （1）使用时应彻底搅拌均匀，以防颜料沉淀； （2）工作黏度一般为15~20s，其黏度可以用硝基稀释剂调整，一般需要喷3道以上，每层间隔10min左右； （3）可与各种硝基面漆以及双组分丙烯酸聚氨酯面漆配套使用	汽车维修涂装中一般用于要求快干的场合，或装饰性要求不高的汽车部件，或面积较小的非主要装饰面
环氧中涂底漆	一般为双组分类型，防锈性能好、附着力好、填充性好、耐溶剂性好、机械强度好，干燥较慢。既可以作为底漆使用，也可以作为中涂底漆使用，还可以作为底漆、中涂漆二合一的底漆使用	主要用于有裸露金属的工件打底使用
聚氨酯中涂底漆	为双组分类型涂料，其附着力、耐水性、耐热性、耐化学性好，填充能力强，干燥较快，打磨性能好，对面漆的保光性都很好，在汽车维修涂装中应用广泛。 注意事项： （1）一般以喷涂为主，也可刷涂或滚涂； （2）直接用于金属表面时，材质必须经过处理，保证无水、无油、无酸碱、无灰尘、无机械杂质； （3）严格按照生产厂商的要求配比，搅拌均匀后方可使用，并在使用时效内用完	可用于各种底漆、原子灰及旧涂层之上

另外,在汽车维修涂装行业应用可调灰度中涂底漆和紫外线中涂底漆的也越来越多。

可调灰度中涂底漆主要用于面漆涂层下面,通过对中涂底漆灰度的调节,来配合各种颜色的面漆施工。既减少了喷涂层数,节约了面漆的用量,也对面漆颜色的准确性也有一定帮助。

紫外线中涂底漆是利用紫外线光辐射使涂膜中高分子树脂交联固化而成膜的一种中涂底漆。这种涂料和传统中涂底漆相比具有很好的底材适应性,既可以直接喷涂于钢板、镀锌板、铝合金、旧漆膜、原子灰表面,也可以喷涂在除 PE 和 PS 以外的大多数塑料保险杠表面。同时也具有固含量高、VOC 含量低、固化时间短的特点(用长波紫外线灯照射后 2 ~ 3min 即可干燥,可大大提高汽车维修涂装的效率)。

引导问题3 涂料存放和保管时要注意什么?

涂料是易燃、有毒的物质,并有一定的保存期。存放时应该考虑到上述三个方面的因素,采取一定的措施,做到安全,防毒,保证涂料质量,防止出现安全隐患或超过保存期而造成损失。涂料的存放和保管可参考《涂料与辅助材料使用安全通则》(AQ 5216—2013),同时要特别注意以下几点。

(1)涂料库房要专用,不得与其他物品(特别是棉纱、遮蔽纸等易燃材料)存放在一起。

(2)涂料库房要保持干燥,隔热,要有通风口。库房室温不得超过28℃,夏季高温时应有降温措施,取料时避开中午高温,在早、晚温度较低时取料。

(3)照明要使用防爆灯,开关应安装在库房外面,防止开或关时产生电火花而引起火灾。

(4)库房必须远离火源,同时禁止将会产生火花或火星的物品带入库房,禁止无关人员随意进出,库房周围应配置足够数量的灭火器材。

(5)库房内存放不同性质的涂料,应该分类存放,以免由于错发造成事故。

(6)库房禁止调配油漆,涂料桶不得发生渗漏,涂料桶必须盖紧。

(7)库房涂料应先进先出,防止存放过期而造成涂料变质。

(8)对于用量小或容易变质的涂料应小量进货,防止浪费。

引导问题4 中涂底漆涂装的工艺流程是怎样的?

中涂底漆涂装的工艺流程如图5-3所示。

原子灰的刮涂及打磨 → 干燥及刮涂幼滑原子灰

准备相关的工具、设备、材料

遮蔽、除油

调配及喷涂中涂底漆

打磨

针孔、细小划痕

露底、划痕较粗

表面不平整

表面合格

面漆的涂装

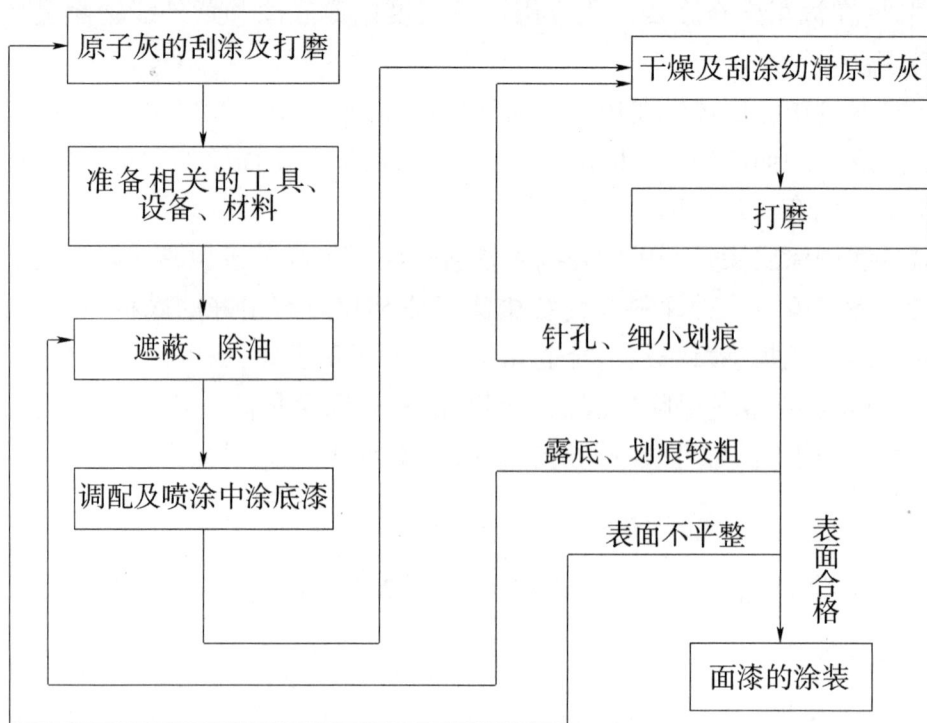

图 5-3　中涂底漆涂装工艺流程

二　任务实施

引导问题 5　作业前的准备工作有哪些?

1 工具、设备的准备

1 空气压缩及分配系统

空气压缩及分配系统主要是用来提供干净的压缩空气的,它由空气压缩机、储气罐、冷干机、油水分离器、气压调节阀、空气分配管道等组成,如图 5-4 所示。

(1)空气压缩机。空气压缩机主要是用来产生压缩空气的,目前使用的空气压缩机根据机械运动方式的不同分为两种,即活塞式和螺杆式。空气压缩机的特点及用途见表 5-2。在工作中要根据本单位的用气情况选择合适的空气压缩机类型。

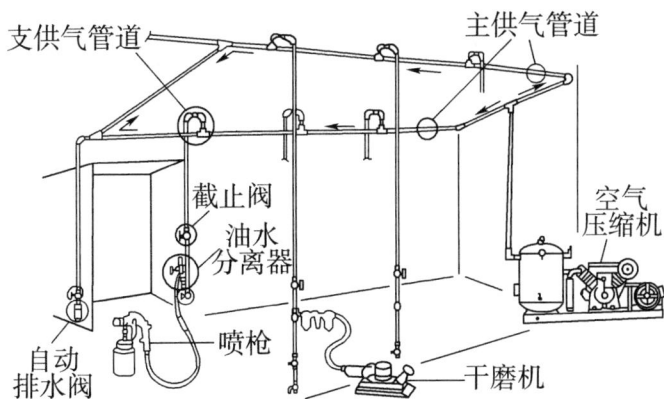

图 5-4 空气压缩及分配系统

常用空气压缩机的特点及用途   表 5-2

空气压缩机类型	特点	用途
活塞式	气量中等,可提供 0.7 ~ 1.4MPa 的压力,但是供气不稳定,噪声较大	适合大多数设备和工具,能满足一般车间使用
螺杆式	供气量多、压力高,且风压稳定,噪声小,自动化控制	适合所有气动设备和工具,适合耗气量比较大的车间或单位

空气压缩机的维护非常重要,它关系到设备的使用寿命、供气质量以及汽车维修厂的工作效率。在平时工作中应该做到及时放掉储气罐里面的冷却水,及时添加曲轴箱里面的润滑油,保持设备清洁干净,保证空气滤清器及过滤材料的干净,经常检查设备各个部件的运作是否良好等。

空气压缩机的使用与维护

(2)油水分离器。油水分离器能凝结压缩空气中的油和水分,调节压缩空气的压力和过滤空气的杂质。没有经过有效过滤的压缩空气用于喷涂的话,会使涂膜表面产生水泡、麻点,影响涂膜质量,所以必须在空气压缩机的输送管道上安装油水分离器,平时应严格按照设备使用说明进行维护和更换。常见的油水分离器结构及说明,如图 5-5 所示。

油水分离器

(3)空气压缩及分配系统的安装。空气分配系统中各部位的放置有一定的科学性,以便于达到最高使用效率、最佳效果以及保障安全等。

调压旋钮

压缩空气进口

第一节黄铜滤芯过滤瓶
a.旋风分离器
　分离冷凝物及油颗粒
b.黄铜烧结滤芯
　分离>5μm颗粒物
建议更换周期为6个月
自动排水阀

冷凝水排放软管

压缩空气压力表
空气出口模块
压缩空气出口

第二节纤维棉滤芯过滤瓶
可过滤颗粒>0.01μm
分离率：99.998%
建议更换周期6个月

第三节活性炭滤芯过滤瓶
过滤油蒸气
建议更换周期3个月

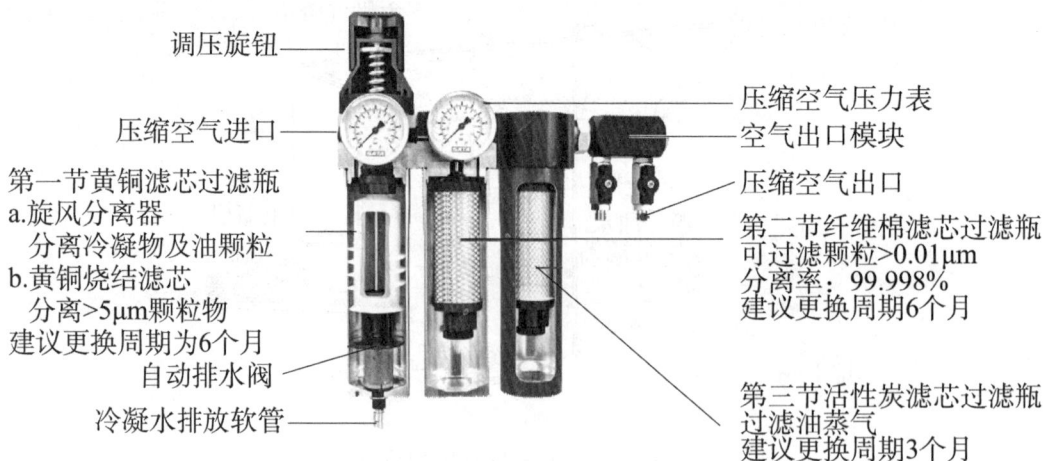

图 5-5　油水分离器结构及说明

①空气压缩机的安装应遵循的原则如下。

a.应安装在通风、清洁、干燥的地方，最好放在室内，以利用清洁的空气。

b.空气压缩机进口处避免靠近有蒸气排放或潮湿的场所；墙和其他障碍物应距离空气压缩机30cm以上，以有利于空气流动及有助于散热冷却。

c.空气压缩机应水平放置，空气压缩机脚下要垫放减振垫片防止振动而损伤空气压缩机。飞轮一边应靠墙，防止伤及人身。

d.空气压缩机尽可能放置在用气工作点附近，减少压降。

②其他部件的设置注意事项如下。

a.主供气管道最好铺设在车间上部，形成环形，以保证各处的压力均衡稳定，并逐步向末端排水端倾斜，倾斜度为 1/100，排水端安装自动排水阀，以利于管道内的水排放干净。主供气管道一般采用内径达到 50～75mm，能耐压 1.2～1.6MPa，耐温 60℃的镀锌管、不锈钢管、改良 PVC 管或铝合金管。

b.支供气管道应从主供气管道上方以倒 U 形，下垂至离地面 80～100cm 位置，末端安装排气阀。支供气管道内径一般建议 25～50mm。不同工位气管的连接方式如图 5-6 所示。

c.支供气管道与橡胶软管之间应安装油水分离器，再次进行油水过滤，以保证打磨、喷涂质量。通常供打磨、除尘的普通工位可安装单节油水分离器，供喷涂的工位需要安装双节或三节油水分离器。

d.连接工具、设备的橡胶软管内径应达到 8～10mm，管长不超过 10m。特别是采用HVLP 喷枪喷涂的耗气量比较大的工位建议使用 10mm 内径的橡胶软管以确保供气充足。

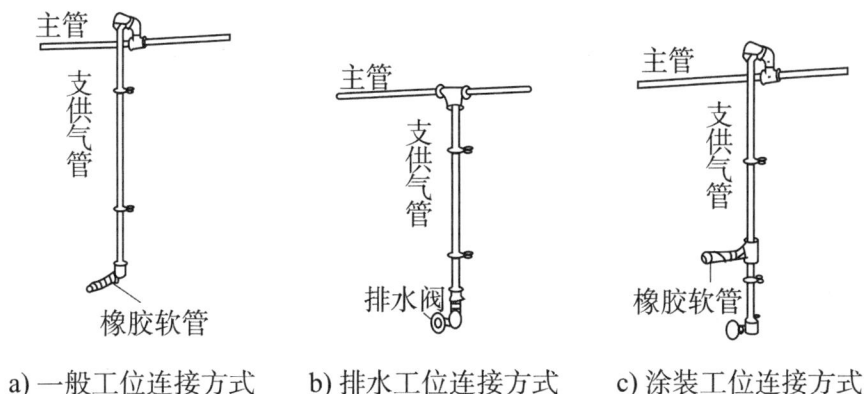

a) 一般工位连接方式　　b) 排水工位连接方式　　c) 涂装工位连接方式

图 5-6　不同工位气管连接方式

❷ 汽车喷漆烤漆房

汽车喷漆房可以为涂装提供一个干净、安全、照明良好的工作环境,使喷漆过程不受灰尘的干扰,并把挥发性漆雾限制在喷漆间内并及时通过排气系统送出去。而汽车烤漆房可以对原子灰、底漆、中涂及面漆等进行烘烤,加快涂料的干燥与固化,提高工作效率和涂层质量。通常为了节约成本和空间,常常将喷漆房、烤漆房设为一体,即汽车喷漆烤漆房,常简称为汽车烤漆房,如图 5-7 所示。

烤漆房的
使用与维护

汽车喷漆房根据喷涂涂料的类型来分主要有溶剂型和水性漆型 2 种;汽车喷漆烤漆房根据热源来分主要有燃油型和电热型 2 种。目前传统溶剂型燃油低温烤漆房在国内汽车修理行业中使用较普遍。这类烤漆房有如下特点。

图 5-7　汽车喷漆烤漆房

(1)采用高性能钢组件式房体,配合进风过滤系统及正风压,可保证施工环境的洁净。房体采用夹心式隔热棉提供极佳的保温效果。

(2)烤漆房内的照明设备采用无影灯式日光照明灯管,其发出的光谱与太阳光线相似,为涂装工辨别颜色提供了良好的光源。

(3)应用计算机技术全自动操作控制,能自动控制风压、温度、时间。

(4)空气流动好,新鲜空气不断进入,废气及时排出室外。可根据喷涂状态和烘烤状态的需要调节排气管和进气管,喷涂时空气流速一般在 $0.3 \sim 0.6 \text{m/s}$。

对涂膜进行加温烘烤时空气流速在 0.05m/s 左右。在喷涂状态时排出废气,废气经过过滤后排放于室外,排放符合环保标准要求。烘烤时空气循环加热,每次大约补充 10% 的新鲜空气,这样热量利用充分,节约能源。该类烤漆房适合于各种轿车和轻型客车在生产和维修过程中的涂层喷涂和烘烤。喷漆烤漆房工作示意图如图 5-8 所示。

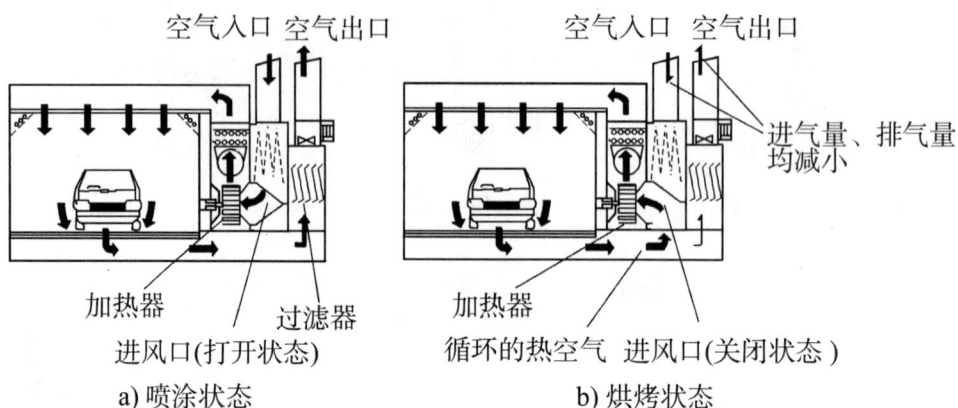

图 5-8　喷漆烤漆房工作示意图

(5)室内温度可调节,烘干时最高温度可达 80℃,且室内温度均匀。在对汽车涂膜加温烘烤时,烘烤温度要适当控制,汽车维修涂装温度调节一般以被烘烤物体表面温度为 60～70℃ 为宜,若温度达到 85℃ 以上会造成仪表、塑料件变形等,若 90℃ 以上则可能引起燃油起火、爆炸等。

(6)目前使用的烤漆房一般采用气流下行式,即空气从天花板进入,经三级(粗、中、细)过滤后干净、干燥。温度适宜的空气,经过车顶向下从车身两侧的排气地沟排出,减少涂膜缺陷和喷涂操作人员可能吸入的飞漆和溶剂蒸气,有利于涂装工的身体健康。

汽车喷漆烤漆房作为保证涂装质量、保证操作人员身体健康、保护环境的重要设备,所以平时的日常维护非常重要,在平时工作中应做到如下几点。

(1)喷漆烤漆房内不能进行任何原子灰打磨及其他打磨工作,也不要进行抛光作业。

(2)必须经常检查过滤系统,按照规定时限更换各级过滤网或过滤棉,定期检查排风系统、加热系统、电气系统、控制系统以确保安全、正常运行。照明设备损坏应及时修复。

(3)喷涂工作结束后烤房内的喷涂工具、喷涂材料清理出烤房后,才能加温烘烤。

（4）漆房内工作结束，车辆驶离后应清除一切杂物，如遮蔽纸、残留废弃物，并擦净地板、墙壁及烤漆房内的其他设备。压缩空气输送软管要盘好。

（5）除每天的日常清扫外，定期对烤漆房进行彻底维护。

（6）及时更换因高温而老化的门封条，防止因破裂而使灰尘吸入和热量流失。

❸ 其他工具及设备

还需要用到的其他工具有风枪、底漆喷枪、调漆尺、烤灯、炭粉指示剂、洗枪毛刷等。

❷ 主要材料的准备

❶ 中涂底漆及配套的固化剂和稀释剂

选择中涂底漆时主要要考虑底层的表面状况、面层的要求，再根据不同类型的中涂底漆的特点，综合考虑施工性能、填充性能、封闭性能、打磨性能与面层涂料的配套性能等，选择最佳的产品。

❷ 其他材料

还需要使用到的其他材料包括幼滑原子灰、除油剂、洗枪稀释剂、无纺布、遮蔽纸及遮蔽胶带等。

❸ 劳动保护措施

在本次作业中需要用到劳动保护用品，请根据前面学习的劳动保护用品知识，完成表5-3的内容，在相关的操作中需要用到的劳动保护用品在栏里打"√"。

中涂底漆涂装作业中的劳动保护用品　　　　　　　表5-3

工序	推荐的涂装工劳动保护用品							
打磨								
清洁								
除油								
调配涂料								
喷涂涂料								
遮蔽								
刮涂								

引导问题6　怎样进行遮蔽及除油？

中涂底漆的遮蔽及清洁除油方法

由于原子灰刮涂的范围不大，周围旧涂膜状况较好，所以不需要对整个车门喷涂中涂底漆。中涂底漆在涂装之前要做好遮蔽及清洁工作。

（1）用风枪及干净的擦拭布将工件清洁干净。

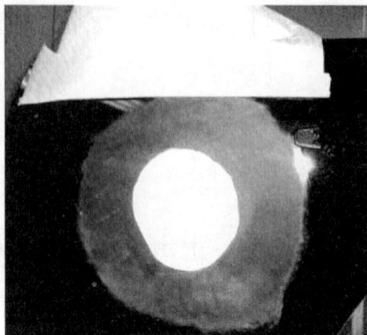

（2）按照反向遮蔽的方法将工件贴护好，如图5-9所示。

贴护时遮蔽纸的边沿不能太靠近原子灰范围，既要避免喷涂时产生台阶，又要确保中涂底漆能将打磨原子灰时产生的粗划痕盖住，贴护的范围如图5-10所示。

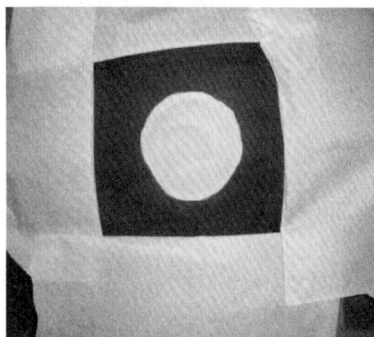

（3）对需要喷漆的原子灰周围部位进行除油，如图5-11所示。

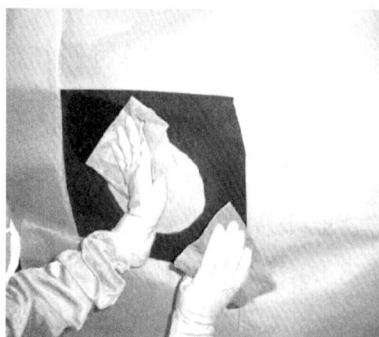

图5-9　反向遮蔽

图5-10　贴护的范围

图5-11　清洁除油

引导问题7　怎样调配及喷涂中涂底漆？

中涂底漆的调配方法

中涂底漆的调配及喷涂方法与底漆的调配及喷涂方法基本相同。根据不同产品的特点及涂装要求略有差别。调配及喷涂中涂底漆的一般方法如下。

（1）查看产品技术说明，确定调配方法。本次选用的中涂底漆为某品牌的P565-510高固含量厚膜底漆，它的技术说明见表5-4。

（2）穿戴好劳动保护用品。

（3）用调漆尺或搅拌浆盖将底漆彻底搅拌均匀，如图5-12所示。

中涂底漆的使用说明 表 5-4

P565-510 高固含量厚膜底漆调配工艺		
适用底材:裸钢材、玻璃钢、聚酯原子灰、预涂底漆和状态良好的旧涂膜		
工艺	中涂(80~120μm)	喷灰(150~200μm)
	P565-510 5份 P210-938/-939/-790 1份 P850-2K 稀释剂 1份	P565-510 5份 P210-938/-939/-790 1份 P850-2K 稀释剂 0.5份
	20°C时: DIN4杯 19~26s(24~35s BSB4) 混合后有效喷涂时间:1h 使用后立即清洗喷枪	20°C时: DIN4杯 30~35s(41~48s BSB4) 混合后有效喷涂时间:30min 使用后立即清洗喷枪
	建议使用重力式喷枪 喷嘴: 重力式 1.6~1.9mm 压力:350~400kPa	建议使用重力式喷枪 喷嘴: 重力式 1.7~2.0mm 压力:350~400kPa
HVLP	喷嘴: 重力式 1.6~1.9mm 压力:70kPa(风帽处最大值)	喷嘴: 重力式 1.7~2.0mm 压力:70kPa(风帽处最大值)

(4)按照喷涂的面积所需要的量,将底漆倒入合适的容器或量杯当中,如图 5-13 所示。

(5)按照产品技术说明上所给的比例用调漆比例尺添加适量的固化剂、稀释剂,如图 5-14 所示。P565-510 高固含量厚膜底漆作中涂使用时与固化剂、稀释剂的比例是 5:1:1。固化剂及稀释剂的型号要根据施工时的环境温度和喷涂面积来确定。

(6)用搅拌尺对添加好的涂料进行彻底搅拌。

(7)根据涂料特点和产品技术说明,选择合适口径的底漆喷枪。

(8)用 150μm 左右网眼的尼龙过滤网将调配好的涂料过滤到喷枪里,如图 5-15 所示。

（9）连接气管，调节喷枪，通过雾形测试的方法检查喷枪是否调整好。

（10）按照产品的施工说明进行中涂底漆的喷涂。P565-510高固含量厚膜底漆的施工工艺见表5-5。

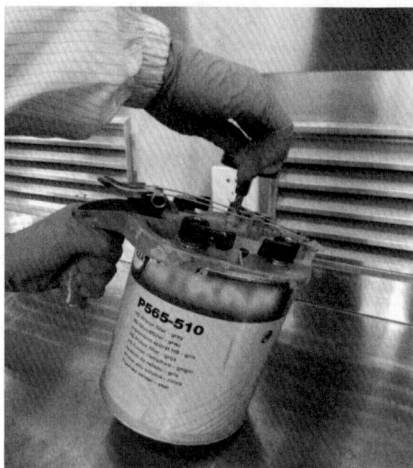

图5-12　搅拌涂料

图5-13　倒出涂料

图5-14　添加固化剂及稀释剂

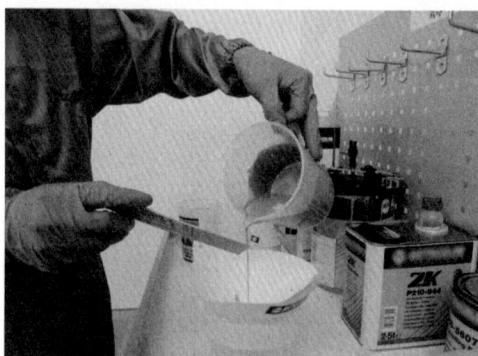

图5-15　过滤涂料

中涂底漆施工工艺说明　　　　　　　　　　　表5-5

P565-510高固含量厚膜底漆施工工艺		
工艺	中涂工艺	喷灰工艺
	喷涂2~3层 涂膜厚度达到80~120μm 注意：涂膜厚取决于喷嘴型号，如需达到最佳效果，请参照上述建议	喷涂3~4层 涂膜厚度可达到150~200μm 注意：涂膜厚取决于喷嘴型号，如需达到最佳效果请参照上述建议

工艺	中涂工艺	喷灰工艺
P565-510 高固含量厚膜底漆施工工艺		
↑↑↑	涂层间闪干约5min	涂层间闪干5~7min
🕐	20℃时风干时间： 80~120μm　2h 150μm　3h 金属表面温度为60℃时，烘烤20min	20℃时风干时间： 200μm　3~4h 金属表面温度为60℃时，烘烤20min
IR	在红外线干燥前闪干5min 烤灯与工件的距离：70~100cm 短波烘烤：8~12min	在红外线干燥前闪干5min 烤灯与工件的距离：70~100cm 短波烘烤：8~12min
	使用以下型号砂纸机器打磨： P400 或更细　纯色漆/单工序金属漆 P500 或更细　底色漆 注意：推荐在机器干磨前，使用手刨手工打磨底材，此步骤可以增强涂膜平面度，促进下一步机磨的效果，具体工序参照干磨施工流程图	
面漆	P565-510/511 系列底漆上可以直接喷涂 P420 系列 2K 纯色漆、P421 系列 2K 单工序金属漆、P422 2K 底色漆和 P989 Aquabase Plus 底色漆 经打磨后的 P565-510/511 如果存放了超过两天，进一步喷涂面漆前需要重新打磨	

在喷涂时我们一般选择喷涂三层做法。

①第一层喷涂：为了提高涂层的亲和力，避免产生不良反应，先将原子灰与旧涂层结合部位雾喷一层即可，如图 5-16 所示。

②第二层喷涂：待第一层涂料充分闪干，涂层没有出现不良反应之后，将整个原子灰及原子灰周围的区域薄喷一层，至半光泽状态即可，如图 5-17 所示。

③第三层喷涂：待第二层涂料充分闪干，涂层没有出现不良反应之后，扩大喷涂范围，将整个损伤区域正常湿喷一层，如图 5-18 所示。

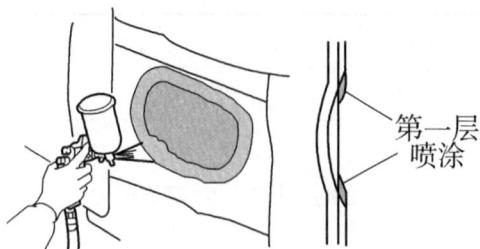

图 5-16　第一层中涂底漆喷涂

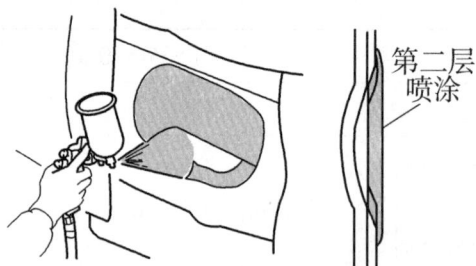

图 5-17　第二层中涂底漆喷涂

三层喷涂完之后，一般情况下可以达到涂层所需要的厚度。如果检查之后感觉厚度不够或上面还有很多细小的针孔及划痕等，还可以在第三层的基础上再湿喷 1～2 层。确保整个中涂底漆喷涂完之后，涂层饱满光滑、均匀平整，没有大的缺陷，边缘平滑等，如图 5-19 所示。

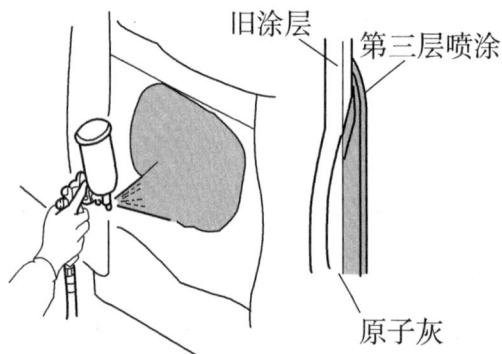

图 5-18　第三层中涂底漆喷涂

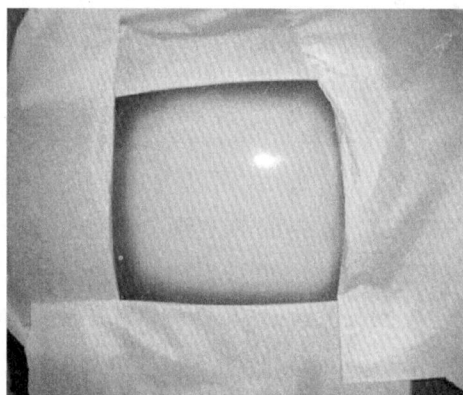

图 5-19　中涂底漆喷涂的最终效果

（11）清洗维护喷枪。

引导问题 8　如何干燥中涂底漆及刮涂幼滑原子灰？

中涂底漆的干燥
及刮涂幼滑原子灰的方法

（1）待中涂底漆闪干之后清除掉工件上的遮蔽纸及遮蔽胶带。

（2）用烤灯对中涂底漆进行强制干燥。

中涂底漆涂层在打磨前如果干燥不充分，不仅打磨时涂料会填满砂纸使打磨作业难以进行，而且喷涂面漆后往往容易出现涂膜缺陷。中涂底漆的干燥可采取自然干燥和低温烘烤干燥，在气温较低时或为了提高维修的效率可采用红外线烤灯进行烘烤干燥。各类中涂底漆涂料的平均干燥时间见表 5-6。

各类中涂底漆涂料的平均干燥时间 　　　　表 5-6

中涂底漆涂料类型	自然干燥(20℃)	低温烘烤干燥(60℃)
硝基类中涂底漆	30min 以上	10 ~ 15min
聚氨酯类中涂底漆	6h 以上	20 ~ 30min
环氧类中涂底漆	6h 以上	30min 以上

(3)待中涂底漆完全干燥并冷却之后,检查涂层表面。

①如果涂层表面没有任何缺陷,则可以直接进入到打磨工序。

②如果涂层表面有针孔、轻微划痕等,则使用单组分幼滑原子灰(填眼灰)进行填补,如图 5-20 所示。

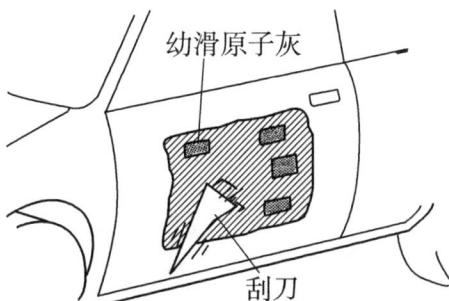

图 5-20　刮涂幼滑原子灰

③如果有较大的缺陷,单组分幼滑原子灰不能填充起来的,则最好使用双组分的幼滑原子灰或双组分原子灰进行填补。

引导问题 9　怎样打磨中涂底漆?

由于中涂底漆一般有较好的封闭性,能防止水分渗透,所以中涂底漆既可干磨,也可湿磨。

1 干磨

中涂底漆干磨的一般方法如下。

(1)穿戴好劳动保护用品。

(2)在中涂底漆上面涂炭粉指示层,如图 5-21 所示。

(3)使用手工打磨块配合 P320 砂纸将刮涂幼滑原子灰的地方打磨平整,如图 5-22 所示。

(4)涂指示层,使用手工打磨块配合 P360 砂纸将中涂底漆不平整的地方打磨平整,如图 5-23 所示。

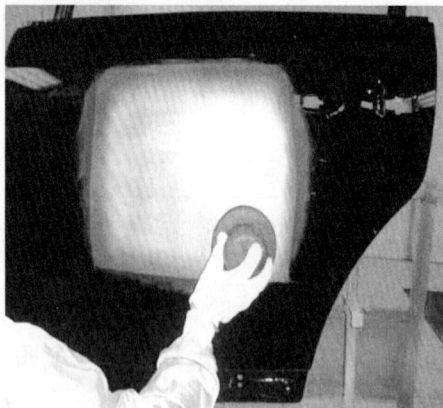

图 5-21　涂炭粉指示层　　　　图 5-22　打磨幼滑原子灰

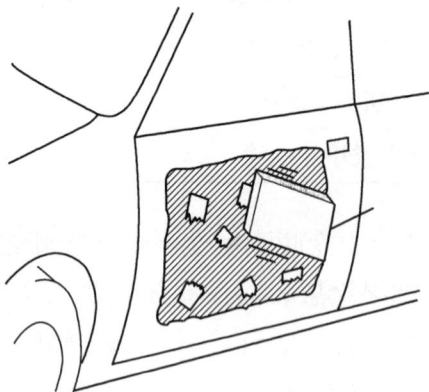

(5)涂指示层,使用 5mm 双作用打磨机配合 P400 砂纸磨光中涂底漆,并同时将中涂底漆边缘磨薄,如图 5-24 所示。

图 5-23　手工打磨中涂底漆　　　　图 5-24　机械打磨中涂底漆

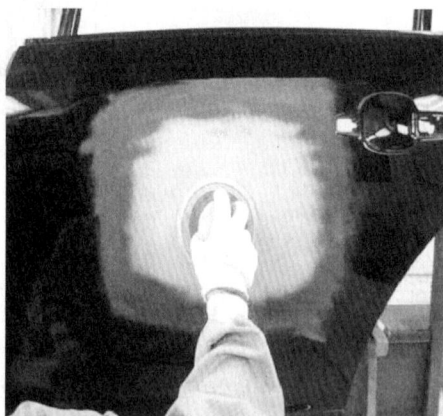

> **注意**
>
> 尽量不要磨穿中涂底漆,否则就达不到封闭及填充的效果。

(6)使用 3mm 双作用打磨机配合 P400 或 P500 砂纸打磨中涂底漆及其周围需要喷涂面漆的部位,如图 5-25 所示。

周围的旧涂层如果状况较好,一般只需要打磨到没有光泽、没有橘皮、平整光滑即可,尽量不要磨穿旧涂层,否则容易出现咬底、起皱等毛病。对于工件边缘或机械不好打磨的位置,应该采用手工打磨的方法打磨彻底,如图 5-26 所示。

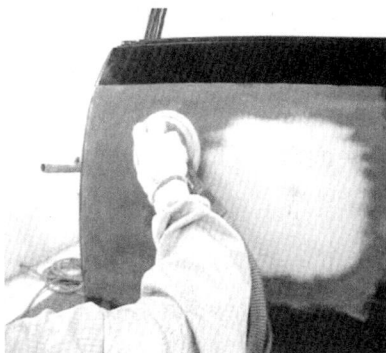

图 5-25　机械打磨旧涂层　　　　图 5-26　手工打磨凹陷部位

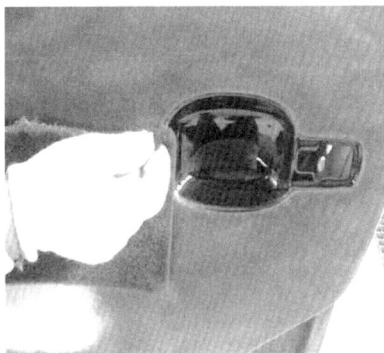

（7）清洁工件,如图 5-27 所示。

（8）检查需要喷涂面漆的部位。

①如果表面打磨彻底、光滑平整、纹理一致、没有露底等则可以进入下一道工序。

②如果表面有针孔及轻微划痕或细小缺陷,则需要重新刮涂幼滑原子灰并打磨,如图 5-28 所示。

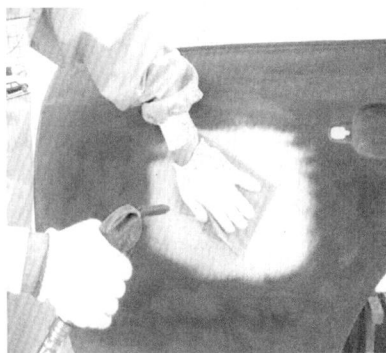

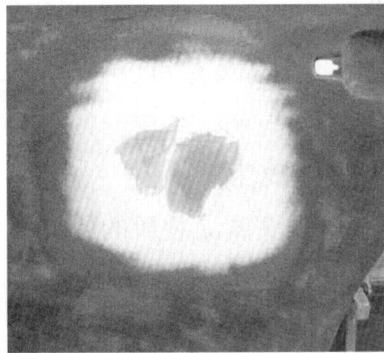

图 5-27　清洁工件　　　　图 5-28　补刮幼滑原子灰

③如果有较大面积的磨穿或露底,则需要重新喷涂中涂底漆。

④如果工件表面不平整,达不到平面度要求,则最好在喷涂面漆之前重新刮涂原子灰,进行修整。

2 湿磨

中涂底漆的湿磨方法如下。

（1）在中涂底漆上面薄薄喷涂一层深色单组分的快干涂料作为指示层。

（2）用海绵蘸水淋湿工件,同时使用手工打磨块配合 P400 水磨砂纸将幼滑原子灰打磨平整,如图 5-29 所示。

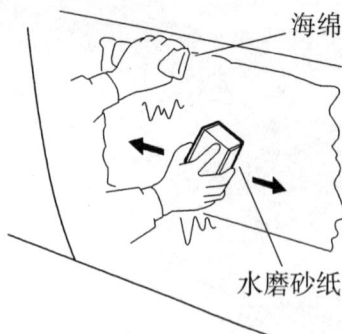
海绵

水磨砂纸

图 5-29　水磨

（3）用手工打磨块配合 P500 水磨砂纸蘸水将中涂底漆打磨平整。

（4）用海绵蘸水配合 P600 ~ P1000 水磨砂纸彻底打磨需要喷涂面漆的部位。

（5）用抹布擦净工件，并用风枪吹干。

（6）检查整个需要喷涂面漆的部位。如果表面有缺陷应进行适当的修补；如果没有问题则可以进入下一道工序。

三　学习记录与评价

1 理论知识记录

（1）汽车常用中涂底漆的种类有（　　　）。

　　A. 侵蚀底漆　　　B. 硝基底漆　　　C. 环氧底漆　　　D. 聚氨酯底漆

（2）环氧底漆既具有底漆的特点，也具有中涂底漆的特点，所以可以作为二合一的底漆使用。　　　　　　　　　　　　　　　　　　　　　　　　　（　　　）

（3）为保证安全，涂料可以存放在一个密闭性良好的房间里面。　（　　　）

（4）汽车维修厂的空气压缩及分配系统主要包括以下哪些设备设施（　　　）。

　　A. 空气压缩机　　B. 储气罐　　　　C. 供气管道　　　D. 油水分离器

（5）汽车中涂底漆涂装后的质量检验标准是：＿＿＿＿＿＿＿＿＿＿＿＿＿＿＿

＿＿＿＿＿＿＿＿＿＿＿＿＿＿＿＿＿＿＿＿＿＿＿＿＿＿＿＿＿＿＿＿＿＿＿。

2 实操数据记录

请根据中涂底漆的涂装实训操作情况，填写表 5-7 中的内容。

中涂底漆的涂装实训记录表　　　　　　　　表 5-7

主要施工工序	记录项
调配中涂底漆	选用的中涂底漆品牌： 选用的中涂底漆、固化剂、稀释剂型号： 调配比例：
喷涂中涂底漆	出漆量大小：　　　　　气压大小：　　　　　扇幅大小： 喷涂层数：　　　　　　最终完成质量：

主要施工工序	记录项		
干燥中涂底漆	干燥方法：	烘烤温度：	烘烤距离：
打磨中涂底漆	选用的打磨机品牌及型号： 选用的打磨材料种类及型号： 最终完成质量：		

3 评价

（1）自我评价。请根据自己对本节专业知识和技能掌握情况，完成表 5-8 中的相关内容。

自我评价表   表 5-8

评价内容	完全掌握	部分掌握
理论知识		
中涂底漆调配及喷涂		
中涂底漆干燥及打磨		

（2）小组评价。请组长根据组员实际表现，完成表 5-9 中的相关内容。

小组评价表   表 5-9

序号	评价项目	评价情况 （优秀/合格/不合格）	备注 （不合格原因）
1	着装符合要求		
2	能合理规范的使用仪器和设备		
3	能按照安全和规范的流程操作		
4	遵守学习、实训场地的规章制度		
5	能保持学习、实训场地整洁		
6	团结协作情况		

参与评价的同学签名：＿＿＿＿＿＿＿＿ 日期：＿＿＿＿＿＿

（3）教师评价与建议（针对学生学习记录完成情况、实训情况、学习态度等进行评价）：

＿＿＿＿＿＿＿＿＿＿＿＿＿＿＿＿＿＿＿＿＿＿＿＿＿＿＿＿＿＿＿＿＿＿＿

＿＿＿＿＿＿＿＿＿＿＿＿＿＿＿＿＿＿＿＿＿＿＿＿＿＿＿＿＿＿＿＿＿＿＿

教师签名：＿＿＿＿＿＿＿＿ 日期：＿＿＿＿＿＿

（四） 技能考核标准

本考核项目需独立完成，主要检验学员对中涂底漆调配、喷涂、打磨等技能的掌握情况，表5-10为技能考核标准表。

中涂底漆的涂装操作考核评价表 表5-10

序号	任务	配分	评分标准	得分
1	遮蔽、除油	10分	遮蔽范围或方法不当扣2分/次，遮蔽不牢固扣1分/处	
			未穿戴劳动保护用品禁止操作，未正确穿戴劳动保护用品扣2分/次，除油不彻底扣3分	
2	中涂底漆的调配	10分	未穿戴劳动保护用品禁止操作，未正确穿戴劳动保护用品扣2分/次	
			使用前未彻底搅拌中涂底漆和固化剂扣2分/项	
			用量估算过多扣3分，未正确添加固化剂、稀释剂扣3分/项	
			未充分搅拌均匀中涂底漆、固化剂、稀释剂扣2分	
			未及时整理工位扣1分/次	
3	中涂底漆的喷涂	35分	未用粘尘布正确粘尘扣2分，粘尘布使用前未展开扣1分	
			未正确调整喷枪漆流量、压力、扇幅大小及扇幅方向扣3分/项，未做涂料分布测试扣5分，测试不规范扣3分	
			喷涂过程中没有正确闪干扣1分/次	
			中涂底漆出现流挂、橘皮、涂层不均匀、未盖死、咬底等缺陷扣2~5分/处（视情况而定）	
			未及时整理工位扣1分/次	
4	中涂底漆的干燥	5分	闪干后未及时清除遮蔽纸扣1分	
			烤灯烘烤距离及温度不正确扣2分/项	
			未正确检查中涂底漆的干燥程度扣1分	
5	中涂底漆的打磨	40分	未穿戴劳动保护用品禁止操作，未正确穿戴劳动保护用品扣2分/次	

序号	任务	配分	评分标准	得分
5	中涂底漆的打磨	40 分	未正确涂抹炭粉扣 2 分/次,未正确选择使用砂纸扣 2 分/次	
			未正确选择打磨机型号扣 4 分,工具使用不规范扣 2 分/次	
			磨穿扣 1~5 分/处,橘皮扣 1~3 分/处,粗砂痕扣 1~3 分/处,漏磨扣 1~3 分/处	
			打磨后清洁不彻底扣 2 分,工具设备材料未及时清理扣 2 分/次	
总分	100 分		合计	
			考评员签字:	

思政小故事

兴趣坚持成就出彩人生

世界技能大赛汽车喷漆项目冠军、全国五一劳动奖章获得者、全国技术能手、全国爱岗敬业汽修工楷模……这一个个耀眼的荣誉和头衔都属于技校毕业的云南小伙杨金龙,年纪轻轻的他就已经是一名特级技师了。"不论是学知识还是学技术,只要感兴趣、能坚持、肯钻研,就一定能有出彩的人生。"聊到个人的"成功秘诀",杨金龙这样说。这种严谨、专注的精神成为他追寻成功的原动力。

想一想

请详细了解一下杨金龙的学习、成长经历,并结合二十大报告中"培养造就大批德才兼备的高素质人才,是国家和民族长远发展大计"的论述,思考一下如何将个人发展和国家发展结合起来?

学习任务六
面漆的调色

🏃 **学习目标**

1. 知识目标

（1）了解常见汽车面漆的种类及特点；

（2）了解和掌握调色的目的及调色方法；

（3）了解和掌握颜色的属性及表示方法。

2. 技能目标

（1）能正确使用和维护面漆调色相关的工具和设备；

（2）能正确选择和使用面漆调色相关的材料；

（3）能正确选择和穿戴个人劳保用品；

（4）能规范进行汽车面漆的调色。

3. 素养目标

（1）通过调色工具和调色软件学习，培养数字化思维、根植数字化创新发展理念；

（2）通过面漆调色规范流程学习，强化规范意识、质量意识，弘扬追求卓越的工匠精神；

（3）通过思政小故事，建立数字思维意识，培养良好的数字素养。

🕐 建议完成本学习任务的时间为 **12** 课时。

📚 **学习任务描述**

经过中涂处理好的车门，下一个涂层是面漆层，在进行面漆涂装之前，请根据车门原来的颜色调好面漆的颜色。

一 资 料 收 集

引导问题 1 汽车面漆的分类?

汽车面漆的种类很多,常用的汽车维修面漆分类方法如图6-1所示。

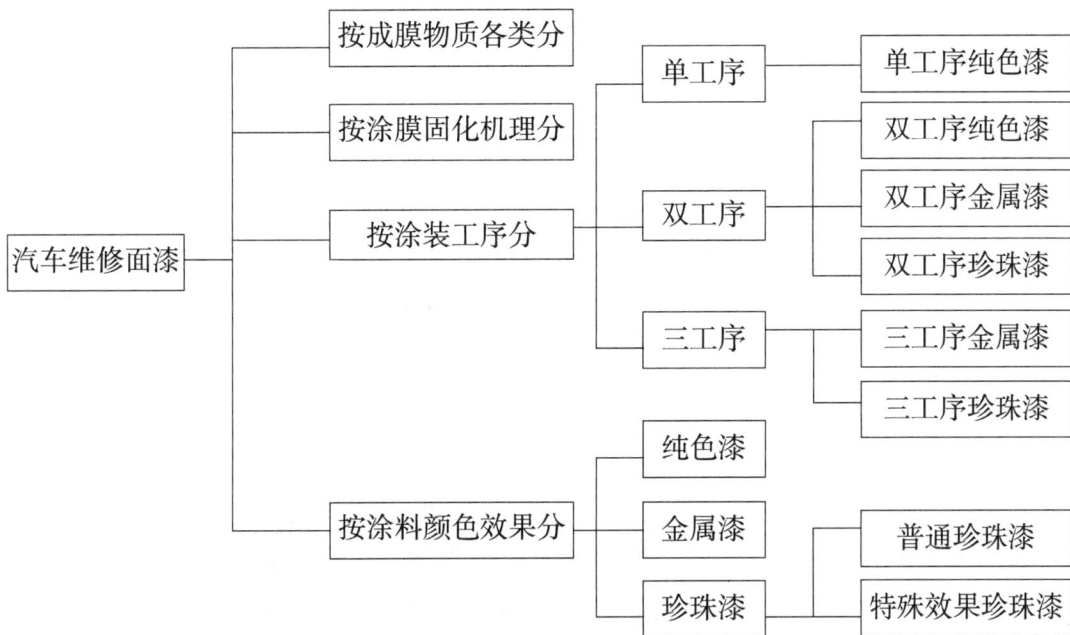

图 6-1 汽车维修面漆的分类

（1）面漆按涂装工序可分为单工序面漆、双工序面漆和三工序面漆。

单工序面漆是指喷涂同一种涂料即形成完整的面涂层的喷涂系统。采用单工序做法的一般是纯色漆,它可以简化涂装工艺,降低成本。

双工序面漆指喷涂两种不同的涂料才能形成完整的面涂层的喷涂系统,通常是先喷涂色漆,然后再喷涂罩光清漆,两种涂层结合在一起才能形成有质量保证的完整的面涂层。可以采用双工序做法的有纯色漆、金属漆及遮盖力较好的珍珠漆,通过罩光清漆可以增强颜色效果,提高光泽。

三工序则更为复杂,如三工序珍珠漆通常是先喷一层打底色漆,然后再喷一层珍珠漆,最后喷罩光清漆,三个涂层结合才能形成完整的面涂层。一般珍珠漆及遮盖力较差的金属漆应该采用三工序方法施工。

一般单工序面漆的颜色比较单调,但容易调色;而双工序面漆、三工序面漆的颜色效果比较丰富,但施工及维修复杂,调色较难。

(2)面漆按颜色效果可分为纯色漆、金属漆和珍珠漆。

纯色漆又称素色漆,是将各种颜色的颜料研磨得非常细小,均匀地分散在树脂基料中而制成的各种颜色的涂料,纯色漆涂层效果如图6-2所示。纯色漆可以制成单工序或双工序的涂料。

金属漆是以金属粉颗粒和普通着色颜料混合加到树脂基料中而制成,金属漆涂层效果如图6-3所示。经过金属漆涂装后的工件表面看起来更加晶莹闪亮,而且在不同的角度下,由于光线的折射,颜色看起来更丰富、更有层次感。目前在汽车面漆上大量应用,特别是在轿车面漆中已占主导地位。一般采用双工序作业,对于遮盖力较差的金属漆也有采用三工序的作业方法的。

珍珠漆是根据天然珍珠的原理,在片状的云母片上加上不同厚度的钛白粉或氧化铁等无机氧化物,做成细薄片状,加入油漆中,当光线照在这些人造珍珠片上时,就可以产生类似珍珠的彩虹效果,珍珠漆涂层效果如图6-4所示。珍珠漆一般遮盖力较差,在喷涂之前需要先喷涂一道底色,用来衬托珍珠的颜色效果,所以一般采用三工序的做法。

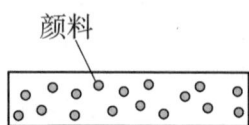

图6-2　纯色漆涂层效果　　　图6-3　金属漆涂层效果　　　图6-4　珍珠漆涂层效果

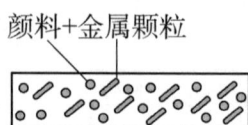

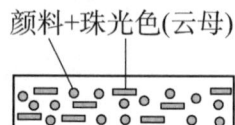

在调色之前一定要判断清楚原来面漆的类型,是什么颜色,采用的是几工序的做法,在调色时尽量采用与原漆相同的工艺,这样可以使我们维修出来的效果更接近原漆原色。

引导问题2　为什么要进行调色?常见的调色方法有哪些?

随着汽车工业的不断发展,汽车漆的颜色种类及颜色效果也层出不穷,人们不可能把每一种颜色都做成涂料并储存起来以备随时使用。唯一的解决办法是提高调色人员的配色技能,利用涂料制造商提供的几十种基本色素或色母,按照一定的用量比例及颜色配方,对现有颜色进行调配,以达到我们所期望的理想色彩。

汽车漆调色的方法主要有2种:人工经验调色法和借助仪器进行调色法(如计算机调漆、全自动计算机调漆等)。

1 人工经验调色法

人工经验调色法是依据色漆样板,凭借经验、配色原理来识别其中各单色漆的色种和比例,然后进行试配、调色,如图6-5所示。经验法调色的关键在于对原车色漆中的主色和几种副色的判断上。在调色过程中,色漆的添加量也是以估计为主。

人工凭借经验调配色漆的方法是在配制色漆的容器中,先加入主色漆(用量大、着色力小的色漆),再以着色力较强的色漆为副色,慢慢地加入,并不断搅拌,随时观察颜色的变化,直至达到要求为止。

人工经验调色法在调配素色漆时较简便易行,但随着金属漆、珍珠漆的大量使用,完全靠人工经验来调色已经越来越难,所以,现在人工经验调色一般是用在仪器调色之后的微调上。

2 仪器调色法

仪器调色法就是利用测色仪、计算机、调漆机、电子秤等设备,以色卡代号或色漆代码为依据,从计算机颜色配方数据库内找出该颜色的配方,再用电子秤精确量出各组分(色母)的数量,经过混合而得到所需的涂料颜色的调色方法,如图6-6所示。

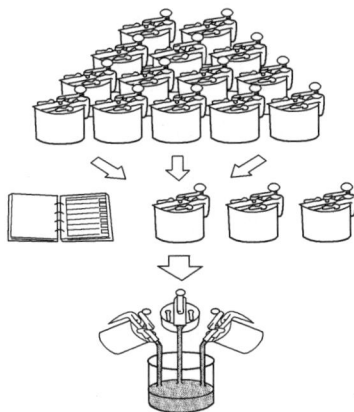

图6-5 人工经验调色　　　　图6-6 仪器调色

通常,汽车维修涂料生产厂家生产出几十种,乃至上百种专门用于调色的色母涂料,并都有各自独立的色母工具和调色系统,在产品销售地设立调漆中心,按汽车维修厂的要求调出所需涂料的颜色。借助仪器进行调色,既省时又准确,提高了涂装的质量和效果。

用仪器调色法调出来的颜色有时与我们想要的颜色不一致,这时还需要借助人工经验进行调整。

引导问题 3 颜色有哪些属性及如何表示？

物体颜色的属性

颜色是光线刺激人的眼睛所产生的一种视感觉。也可以说，颜色是光线和感觉器官作用后所引起的一种生理感觉。既然是一种感觉，由于每个人生理结构、认知、理解、表达的不同，对颜色感觉描述的结果也会不同，那么在调色时如何统一汽车用户、维修人员、调色人员的感觉呢？这就需要对颜色进行定性、定量的描述。

1 颜色的属性

尽管颜色有很多，但纵观所有颜色，都有三个共同点，即一定的色彩相貌、一定的明亮程度和一定的浓淡程度。我们把颜色的这三个共同点称为颜色的三个属性或特性，分别称为色调、明度和彩度。无论什么颜色，都可以用这三种特性来定性、定量地描述。颜色的这三种特性可以用仪器测定，也可以用目测比较评定。目测比较评定颜色分类和说明颜色变化规律是最简练、最易接受的一种方法。

❶ 色调

色调又称色相或色别，是色彩最显著的特征，是不同色彩之间彼此相互区分最明显的特征，色调表示一定波长的单色光的颜色相貌，是能够比较确切地表示某种颜色类别的名称，如红、橙、黄、绿、青、蓝、紫，每一个名称都代表一类具体的色调，如图6-7所示（彩色图见彩插）。紫红、红、红黄等都是红色类中各个不同的色调，这三种颜色之间的差别就属于色调的差别。描述色调时一般用偏什么来表述，如偏红、偏黄、偏蓝等。

❷ 明度

明度又称亮度、深浅度或黑白度等。明度是表示一个物体反射光线多少的颜色属性，是人们所看到的颜色引起的视觉上明暗程度的感觉。同一色调可以有不同的明度，比如图6-8中（彩色图见彩插）的颜色色调都为绿色，它们之间的差别主要是明度之间的差别，也就是颜色深浅度之间的差别。不同色调也可以有不同的明度，如在太阳光谱中，紫色明度最低，红色和绿色明度中等，黄色明度最高，所以人们感到黄色最亮。描述明度时一般用偏暗、偏亮或偏深、偏浅来表述。

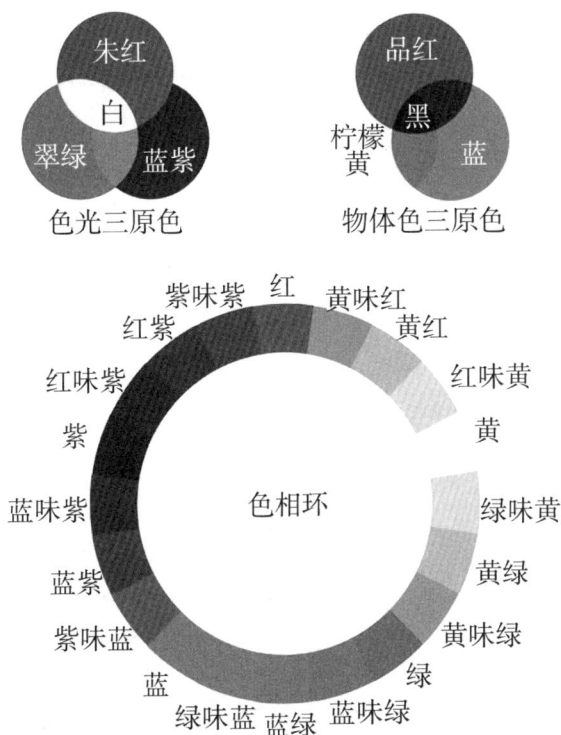

色光三原色　　　物体色三原色

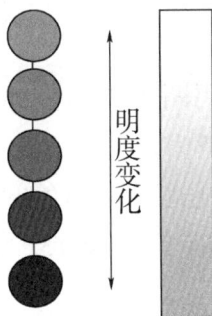

图 6-7　色调

❸ 彩度

彩度又称纯度或饱和度,是指反射或透射光线接近光谱色的程度。也可以说是表示颜色偏离具有相同明度的灰色的程度,如图 6-9 所示(彩色图见彩插)。彩度可分为 0~20 档,一般彩度小于 0.5 时就成为无彩色,彩度接近 20 时就接近饱和。彩度是颜色在心理上的纯度感觉。在可见光谱中各种单色光是最纯的颜色,为极限纯度。描述彩度时一般用偏鲜艳、偏浑浊来表述。

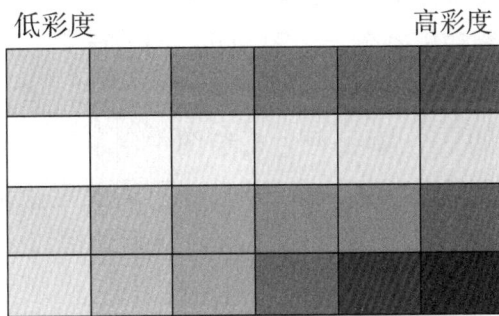

图 6-8　明度　　　　　　图 6-9　彩度

2 颜色的表示方法

用一个三维空间的立体枣核形可以把颜色的三个属性(色调、明度、彩度)全部表示出来,如图6-10所示,一般称其为色立体。在色立体中,垂直轴代表黑白系列明度的变化,顶端是白色,下端是黑色,中间是各种灰色;中间最大的圆周代表色调,圆周上的各点代表光谱上各种颜色的色调,如红、橙、黄、绿、青、蓝、紫等(圆心是垂直轴的中心为中灰色,中灰色的明度和圆周上各色调的明度相同);从圆周向圆心过渡表示颜色彩度逐渐降低,颜色色调和彩度的改变不一定伴随明度的变化,颜色在色立体同一平面上变化时,只改变色调和彩度而不改变明度。只要颜色离开周围,它就不是彩度饱和的颜色了。

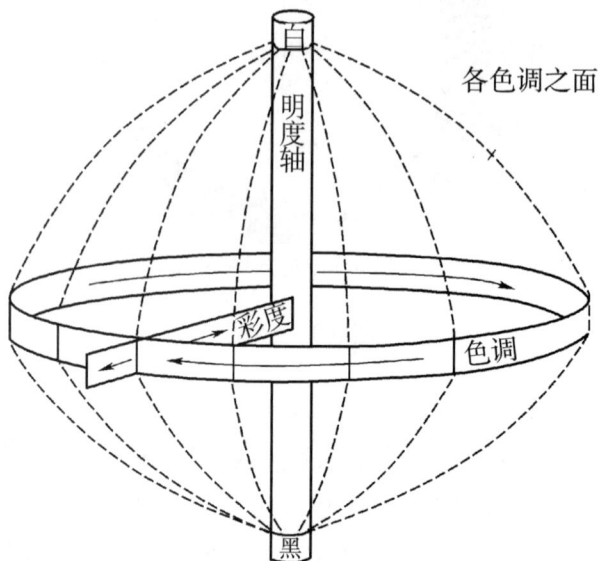

图6-10 色立体图

色立体是理想化了的示意模型,目的是使人们更容易理解颜色三属性的相互关系。在汽车维修漆调色练习中,人们以蒙塞尔颜色系统(图6-11,彩色图见彩插)为理论基础制作出颜色标绘图,如图6-12所示。

理论上,要在平面表示一个三维的空间,至少要用两个平面坐标,为了清楚地表达颜色的三个属性,颜色标绘图中用了三个平面坐标。

通常在调色比较两块色板时,并不需要定量地描述这两块颜色的三个参数,只要分析这两块色板或颜色之间的差别就可以。例如比较图6-13(彩色图见彩插)中的两块红色样板,我们经过对比发现:

A板显得蓝些,B板显得黄些;A板显得深些,B板显得浅些;A板显得灰暗些,B板显得鲜艳些。

a) 蒙塞尔明度轴　　　b) 蒙塞尔色相轴

c) 蒙塞尔纯度轴

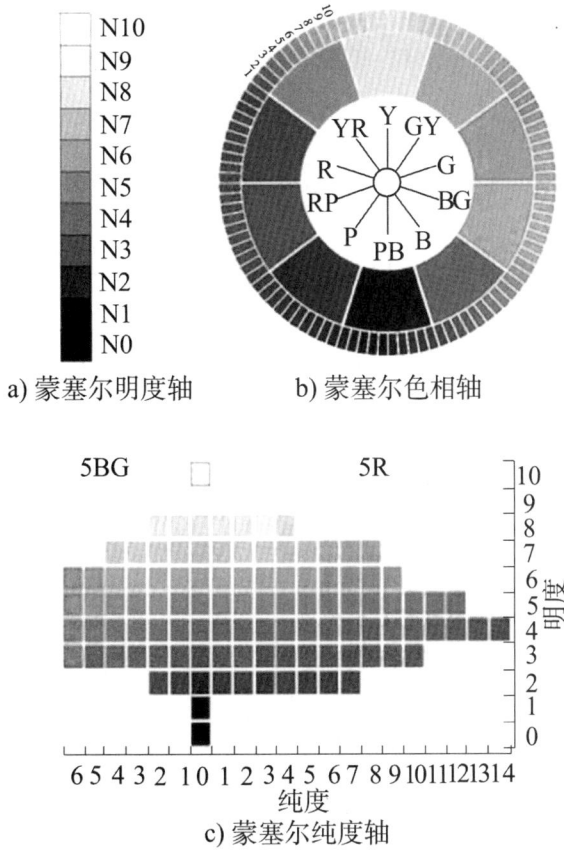

图 6-11　蒙塞尔颜色系统

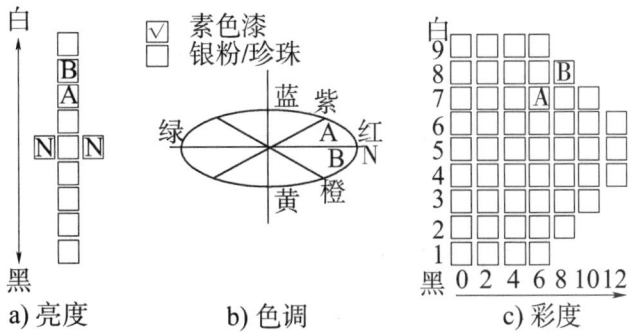

a) 亮度　　　b) 色调　　　c) 彩度

图 6-12　颜色标绘图

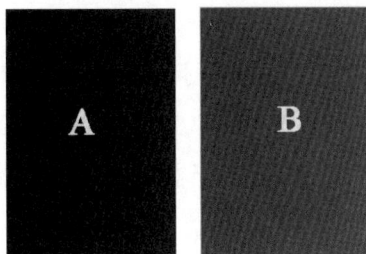

图 6-13　色板

这样我们可以在平面标绘图上简单、明了地表示两个或两个以上的颜色之间的差别（图6-12）。只有把颜色的差别明确无误地标绘出来，才能通过正确的调色程序缩小颜色的差别。

引导问题4　调色的工艺流程是怎样的？

调色的工艺流程如图6-14所示。

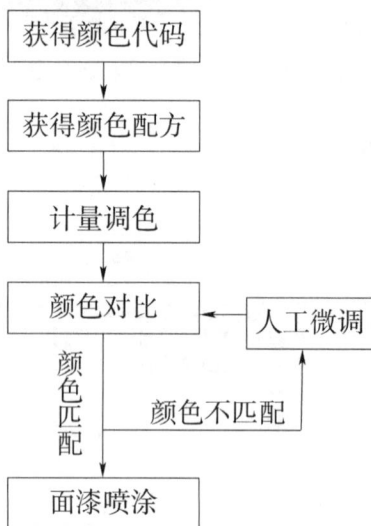

```
获得颜色代码
    ↓
获得颜色配方
    ↓
计量调色
    ↓
颜色对比  ←  人工微调
  颜色         ↑
  匹         颜色不匹配
  配
    ↓
面漆喷涂
```

图6-14　调色工艺流程

二　任务实施

引导问题5　作业前的准备工作有哪些？

1 工具、设备的准备

1 调漆机和保温柜

调漆机又称油漆搅拌机，如图6-15所示，因为一般涂料中的树脂、溶剂及颜料的密度不同，经过一段时间就会分离，在使用前需要充分混合，调漆机就是起搅拌作用的。同时利用配套的油漆搅拌器，可以方便地倾倒出油漆。

适当维护调漆设备对于正确调漆是至关重要的，调漆设备在平时使用时应做到以下几点。

（1）调漆机安装时应放在平整、坚实的水平地面上，用螺栓固定好，防止搅拌时不稳，涂料罐掉下来。

（2）涂料上调漆机之前，一定要先将其搅拌均匀再装上搅拌浆盖。如果直接利用调漆机进行搅拌，很有可能因为涂料沉淀太厉害而导致底部的涂料搅拌不起来。为了避免涂料在调漆机上沉淀，应该每天上午和下午各开动调色架一次，每次搅拌15～30min。

图 6-15　调漆机

（3）油漆搅拌器在使用过程中应保持清洁无尘，及时清除浆盖出漆口处的涂料，否则浆盖的出漆口或通气孔关闭不严，溶剂蒸气放出，成为安全隐患。同时由于涂料中的溶剂挥发，色母逐渐浓缩，影响调色的准确性。浆盖出口附着干涸的涂料会影响色母倾倒和滴加的可控性，甚至还会掉进容器内，影响色母称量的精确性。

（4）放置调漆机的房间要通风，避免阳光直射，温度要适中，一般为 10～30℃，最好保持在 20℃左右。

（5）色母上架后保持期一般不超过一年，时间太长质量下降，还会影响调色精确度。

保温柜主要是用来存放水性漆涂料的，如图 6-16 所示。水性漆主要溶剂为去离子水，在环境温度低于 5℃时容易结晶，结晶颗粒影响涂料的正常使用和颜色效果，而环境温度较高时也不利于长期储存。水性漆保温柜配备有加热器和温度控制器，可进行温度设定，在环境温度低于设定值时，保温柜会自动启动加热器，保证柜内温度在合理范围内。保温柜温度通常设定为 20℃左右。

❷ 颜色配方软件

目前一些规范的汽车涂料公司都有自己完善的颜色配方系统，用户通过安装计算机客户端、手机 App，或者登录颜色查询网站、微信公众号等方式，如图 6-17 所示，将颜色代码或相关信息输入颜色查询界面，就可以查到所需要的颜色配方及色母数量。

❸ 色卡

色卡是根据不同的颜色配方做出来的颜色卡片。通过色卡，可以直观地反映出颜色的属性。现在色卡的分类方法一般采用两种方式：一种是按照色系来分，如红色系、蓝色系、黄色系等，如图 6-18 所示；还有一种是按汽车厂商来分，如大众、通用、丰田等等，如图 6-19 所示。当汽车品牌不清，或颜色资料不全时可以选择按色系法查找。

图 6-16　保温柜　　　图 6-17　各种颜色配方查询界面

图 6-18　按色系分类的色卡　　　图 6-19　按汽车厂商分类的色卡

色卡是很重要的调色工具，一套完整、齐全的色卡会对我们的调漆工作起到事半功倍的效果。我们在调色中应该正确掌握和利用这些资源。

❹ 色母挂图

色母挂图是表现色母特性的颜色资料，如图 6-20 所示，是为了让调色人员能直观地了解色母的特性，方便调色而制作的。

各个涂料公司的色母挂图的样式虽然各有不同，但一般包括以下方面：色母的属性、色母的正侧面色调、颗粒大小、在色相环中的位置、与白色母或银色色母按一定比例混合后的颜色等。

❺ 电子秤

电子秤是在计量调色中用来称重涂料的，如图 6-21 所示。调色所用的电子秤精确度不小于 0.1g。

图 6-20 色母挂图

电子秤的使用方法

图 6-21 电子秤

6 测色仪

测色仪全称多角度分光光度仪/色差仪,它主要根据 CIE $L^*a^*b^*$ 原理(国际光线标准组织推荐的色彩管理标准),测量显示出样品与被测样品的色差 ΔE 以及 ΔLab 值、反射率等数据。汽车调色使用的最新式便携测色仪兼具色彩成像和多角度测量功能,能对物体的色彩、闪烁度和颗粒度进行特性表述,大大提高了颜色测量的精度,如图 6-22 所示。测色完成后除能直接读取数据外,还能连接计算机,通过涂料厂家提供的颜色配方查询软件,搜索出最接近的颜色及相关信息。

7 配色灯箱

配色灯箱的主要作用是在光线不好的情况下调色时模拟自然光的环境,用于比色和调色,如图 6-23 所示。现在常用的比较接近日光的光源为 D65 光源。由于不同光源下看到的颜色有所不同,所以在配色灯箱中一般还配备了其他几种不同的光源,用于不同的作用。如用类似于白炽灯的红光光源来鉴别颜色;用紫外光光源来观察涂料中颜色的某些特性等。

图 6-22 测色仪

图 6-23 配色灯箱

⑧ 烘箱

烘箱是一种强制烘干实验试板的烘干设备,在人工调色烘干试板时使用。

⑨ 其他工具及设备

还需要用到的其他工具有涂料罐、调漆尺、喷涂试板等。

2 主要材料的准备

① 各类色母

色母顾名思义就是各种颜色之母,用其可以调配出各种需要的颜色。一般规范的涂料公司都有一套齐全的色母,用它可以调出市场上大多数的颜色。由于各个涂料公司的涂料性质和色母颜色有所不同,所以不同品牌的色母或同一品牌不同型号的色母不宜掺和使用。汽车维修厂一旦选择了某一品牌的汽车维修涂料,不宜频繁更换,因为改换品牌,不但会浪费剩余的色母和涂料,而且还会损失自己多年积累的调色经验和资料。

② 其他材料

还需要使用到的其他材料包括除油剂、稀释剂、固化剂、擦拭布等。

3 劳动保护措施

在本次作业中需要用到劳动保护用品,请根据前面学习的劳动保护用品知识,完成表6-1的内容,在相关的操作中需要用到的劳动保护用品在栏里打"√"。

调色作业中的劳动保护用品　　　　　　　　　　　　表6-1

工序	推荐的涂装工劳动保护用品							
计量调色								
比色								
喷涂试板								

引导问题6　如何获得颜色代码?

获得颜色代码的方法有以下4种。

颜色代码的获取方法

1 **查询车辆维修手册**

通过车辆维修手册上的相关内容,找到颜色代码。

2 **在车身上查找相应的汽车颜色代码铭牌**

通过查找颜色代码铭牌获得颜色代码的方法分为以下两步。

1 **查找颜色代码铭牌**

不同型号的汽车,颜色代码铭牌所在位置有所不同,如图 6-24 和表 6-2
所示。

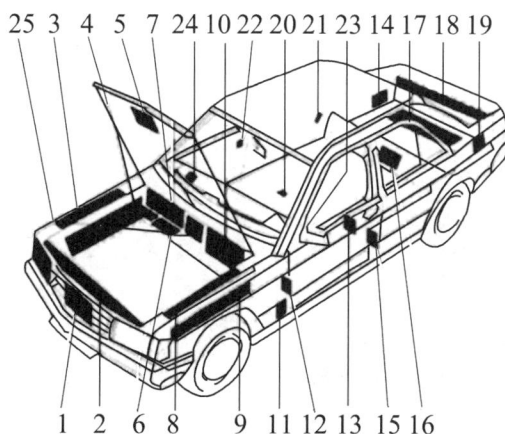

图 6-24　常见汽车颜色代码铭牌所在位置

汽车颜色代码铭牌位置表　　　　　　　　表 6-2

车厂车牌	对应中文	漆码位置	车厂车牌	对应中文	漆码位置
BMW	宝马	3,4,8	GM	通用	19
Mazda	马自达	2,3,5,7,10,15,21	Honda	本田	3,10,15,18
Mercedes Benz	奔驰	2,3,8,10,12	Hyundai	现代	7
Chrysler	克莱斯勒	4,7	Kia	起亚	10
Citroen	雪铁龙	3,4,7,8,10	Land Rover	陆虎	2
Daewoo	大宇	2	Lexus	雷克萨斯	10
Daihatsu	大发	1,2,7,10	Mitsubishi	三菱	2,3,7,8
Ferrari	法拉利	2,5,8,14,18,19	Nissan	尼桑	2,4,5,7,8,10,15
Fiat	菲亚特	2,3,4,5,10,18,19	Peugeot	标志	2,3,4,7,8,9
Lancia	兰西亚	2,4,5,7,10,12,18	Porsche	保时捷	5,7,10,12,14,15
Ford	福特	2,3,7,8,10,15,22	Renault	雷诺	3,4,5,7,8,10,19

续上表

车厂车牌	对应中文	漆码位置	车厂车牌	对应中文	漆码位置
Rolls Royce	劳斯莱斯	8	Toyota	丰田	3,4,7,10,19
Skoda	斯柯达	8,10,17	Volkswagen	大众	1,2,11
Subaru	斯巴鲁	1,2,3,8,10	Audi	奥迪	14,17,18,19
Suzuki	铃木	3,4,7,8,10,21	Volvo	沃尔沃	2,3,4,6,7,10

❷ 查找颜色代码铭牌上的颜色代码

不同品牌的汽车，颜色代码的表示方法各有不同，如图6-25中圆圈所示为丰田汽车的颜色代码，图6-26中圆圈所示为大众汽车的颜色代码。

图6-25　丰田汽车颜色代码
铭牌上的颜色代码

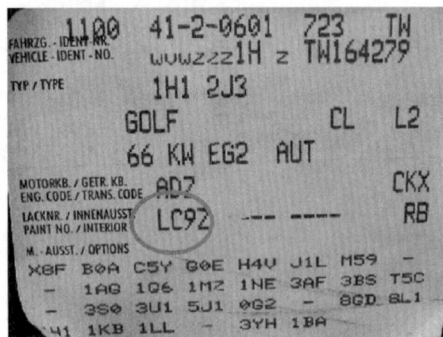

图6-26　大众汽车颜色代码
铭牌上的颜色代码

❸ 利用色卡与车身待涂表面的颜色进行比较，找出最接近的色卡

当找不到颜色代码铭牌或车身颜色与代码颜色不符时，可以直接利用色卡与车身表面的颜色进行对比，找出颜色最接近的色卡，如图6-27所示，再查看色卡上的颜色代码，如图6-28所示。

图6-27　色卡对比

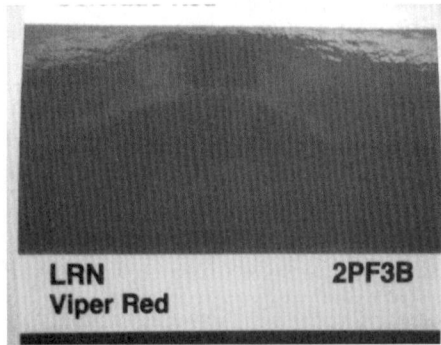

图6-28　色卡上的颜色代码

如果没有十分匹配的色卡,当调配纯色漆时,应该选择彩度和亮度比车身颜色高的色卡,在这个色卡的基础上进行微调,因为纯色漆很容易从鲜艳、明亮向灰暗方向调整;当调配金属漆时,最好选择一个侧面稍暗的色卡或一个正面偏亮、侧视偏暗的色卡,在这个色卡的配方基础上调色,很容易通过加大控色剂或白色把颜色校正过来。

4 利用测色仪和颜色配方软件,找出最接近的颜色

利用测色仪和配套的颜色配方软件,可以快速地查找出最接近的颜色和相关信息,能把复杂烦琐的调色工作变为一种快速、方便而又准确的工作方式。具体方法如下。

(1)将测色仪平放到测色部位后,按下按钮开始测量。

(2)测量完成后将测色仪与装有颜色配方软件的计算机连接,打开软件连接测色仪的界面,将测色仪里面的数据导入。

(3)根据提供的选项,选择 ΔE 值最小、颗粒最接近的颜色选项,找到其颜色代码或配方。

引导问题 7 如何获得颜色配方?

颜色配方获取的方法

获得颜色配方的方法有以下 2 种。

1 利用色卡获得颜色配方

有的涂料厂家会将一些常用的颜色配方直接印在色卡背面,如图 6-29 所示,这样可以更方便、快捷地获得颜色配方。但是受制于色卡大小的原因,一般能提供的信息量不是很大,如一般只提供 1L 的配方量,需要其他量的时候要先计算好再来调配。

2 利用配方软件获得颜色配方

利用配方软件获得颜色配方的方法由于更新方便、查找迅速、信息量大等特点,目前使用较多。下面我们以某品牌的颜色配方软件为例,介绍利用软件获得颜色配方的方法。

东风雪铁龙

色号:KXD		
车色:草绿		
车型:出租车		
色母	1L单独量	1L累计量
SC01	94.5	94.5
SC61	342.0	436.5
SC54	256.7	693.2
SC56	161.5	854.7
SC10	149.7	1004.4
SC90	66.5	1070.9
SC29	45.4	1116.3

图 6-29　色卡及颜色配方

（1）运行程序，打开颜色配方软件初始界面，如图6-30所示。

（2）单击"查找"按钮，弹出颜色查询界面，如图6-31所示。

图6-30　颜色配方软件初始界面

图6-31　颜色查询界面

（3）单击"标准查询"按钮，弹出颜色代码输入界面，如图6-32所示。

（4）在颜色代码输入界面输入"颜色代码""油漆品牌"（指准备使用的油漆品牌）"汽车生产厂家""使用部位""颜色色系""年份"（指这种颜色的配方使用的时间）"车型"等信息，如图6-33所示。输入的信息越多，得到的结果会越接近，不知道的信息不要输入，避免出现错误的结果。

图6-32　颜色代码输入界面

图6-33　颜色代码查询界面

（5）输入完成后，单击"查找"，弹出颜色选择界面，如图6-34所示。根据界面里面提示的"颜色名称""年份""厂商""颜色代码""外观效果""车型"等信息选择最接近的颜色。

（6）双击选定的颜色栏，弹出最终的颜色配方界面，如图6-35所示。在此界面可以看到颜色的相关信息，同时可以根据需要调整涂料的数量。

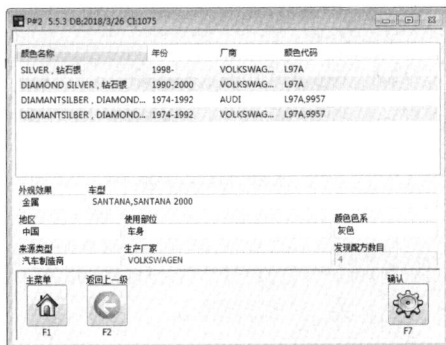

图 6-34　颜色选择界面

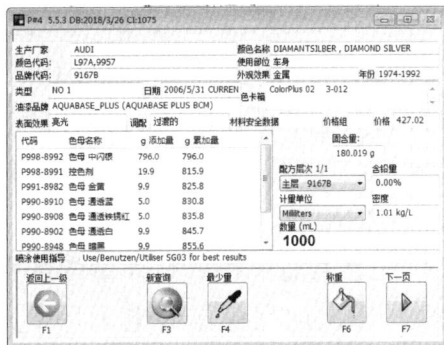

图 6-35　颜色配方界面

引导问题 8　如何计量调色?

获得颜色配方之后,就需要按照我们需要的量依次称重计量色母,具体步骤如下。

(1)穿戴好劳动保护用品。

(2)先根据配方确认色母的品种及数量是否足够,再将调漆机打开进行充分搅拌,保证所有色母搅拌均匀。

(3)将电子秤放平、放稳,然后打开电源开关进行预热。

(4)准备好盛放涂料的容器并放置在电子秤上,同时将电子秤清零,如图 6-36 所示。

(5)按配方所示的量,依次加入色母,如图 6-37 所示,完成计量调色。

图 6-36　电子秤清零

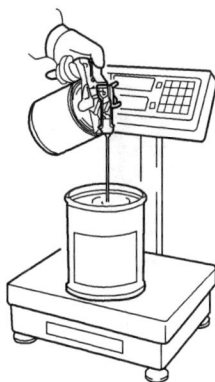

图 6-37　计量调色

在计量调色时应注意以下几点。

(1)对颜色有把握时可以需要多少调多少,没有把握时先根据配方调出小样。

（2）电子秤的精度是0.1g，第二位的小数部分看不到，需要在心里估算。一般而言，滴加一小滴色母的质量在0.02~0.05g。电子秤是不具备四舍五入功能的，如0.19g，电子秤显示0.1g，所以实际的质量一般比显示的质量大。因此，在理论上要准确调配一个配方，每个色母的最小加入量应该在0.5g以上，当配方量放大到1L的配方时，颜色也是准的。

（3）注意累加量和单独计量的区别。很多调漆人员习惯使用累加量的方法来调漆，即每次加完色母后电子秤不归零，直接在其上面添加第二个色母的方式，正如上面所讲那样，当每次的误差不断积累起来后，后面所加的色母会偏少。如涂料的质量是6.19g，显示是6.1g，这时只要滴加一小滴色母，电子秤立即显示6.2g。这种差量虽然不大，但在加入少量对颜色影响较大的色母时，误差就会很大。实际选择使用哪种称量方式要灵活掌握，重要的是要知道有哪些误差会影响调色精度。

引导问题9 如何进行颜色对比？

按照配方调配出来的颜色不一定跟我们需要的颜色完全匹配，所以在喷涂之前需要进行颜色对比。颜色对比的一般程序如下。

（1）将计量调色调好的油漆搅拌均匀。

（2）将油漆施涂在试板上。

如果是纯色漆建议采用试杆施涂法，将涂料用试杆涂抹在试板上，如图6-38所示；如果是金属漆、珍珠漆或水性漆，应该采用喷涂试板的方法将涂料按工件喷涂的工艺要求喷涂在试板上，如图6-39所示。

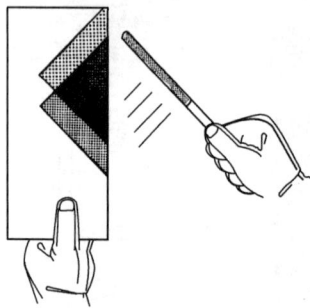

图6-38　试杆施涂　　　　图6-39　喷涂试板

小提示

①如果施涂试板的面积太小，将影响对颜色的判断，所以一般要求施涂试板

的最小尺寸为 $30mm \times 30mm$，喷涂试板的最小尺寸为 $100mm \times 150mm$。

②喷涂试板时，要求喷涂涂料的调配、喷枪的调整、喷涂方法等，必须与正常工件上的喷涂参数完全一致，这样才能保证喷涂出来的颜色一致。

③不管是试杆施涂还是喷涂，都要保证涂膜均匀，颜色一致，能准确地反映实际的颜色。

（3）经过一段时间静置后，将试板置入烘箱中烤干。

如果在施涂后直接将试板放入烘箱中烘烤，会导致涂料表面产生小孔，影响颜色的判断，所以一般需静置 $5 \sim 10min$ 再进行烘烤。

（4）将颜色试板放在标准色板旁边进行对比，如图 6-40 所示。

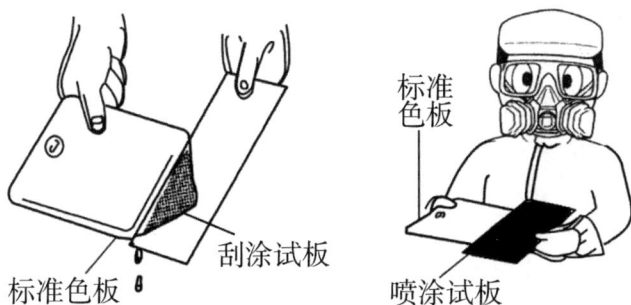

图 6-40　颜色对比

进行颜色对比时要注意以下几点。

①放置时将试板和标准色板或工件放在同一平面，采用同时对比的方法进行比较。

②标准色板比色的部位应该光泽度高，颜色准确。如果表面已氧化或有细微缺陷，应先用抛光剂处理好之后，再进行比较。

③最好选择自然光或接近日光光源的场所比色。

④注意不要受周围环境色的影响。

⑤比较时为了能准确判断颜色，至少要从三个不同的角度观察，即直接观察、间接观察、正面观察，如图 6-41 所示。

⑥观察时视距的远近要随物体的大小而改变。一般在观察车身时站在 $3 \sim 5m$ 处，观察小试板时距离 $1m$ 左右。

（5）根据颜色的三个属性，分别从明度、色调和彩度三个方面进行比较，并把比较结果标注在颜色

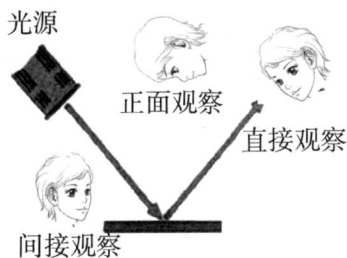

图 6-41　色板的观察角度

151

标绘图中。

如果试板颜色与标准色板颜色相差较大，则需要对颜色进行人工微调；如果颜色比较接近，能通过喷涂技巧或过渡的方法来达到颜色基本一致的，则不需要微调。两个颜色完全一致的情况几乎是不可能的。

💬 引导问题 10　如何进行人工微调？

通过涂料配方调出来的油漆，一般与标准色板颜色是比较接近的，它们之间的主要差异可能是明度或色相上的，所以，在微调时可以按照下面的思路进行。

1　明度的调整

查看色母挂图和配方：当试板颜色比标准色板颜色深时，可以通过添加白色、银色或其他浅色色母来调整。当试板颜色比标准色板颜色浅时，可以通过添加黑色或其他深色色母来调整。

2　色相的调整

通过色母挂图上的色环图，分析标准色板的颜色相对于试板颜色偏向什么色调，然后再分析看通过添加哪种色母能达到标准色板偏向的色调。每种颜色的色调可以向两个方向调整。如红色可以向橙色或紫色方向调整；黄色可以向橙色或绿色方向调整；蓝色可以向紫色或绿色方向调整等。

3　彩度的调整

当试板颜色比标准色板颜色鲜艳时，可以加入少量黑色或白色使颜色变浑浊（黑色的加入同时会使颜色变深，加入白色母同时会使颜色变浅）；当试板颜色比标准色板颜色浑浊时，可以加入适量的饱和度较高的色母来改变彩度，但是有时从成本上来考虑的话，建议最好选择一个颜色较鲜艳的色卡配方重新调配。

上面介绍的人工微调只是很简单的调整思考方法，在具体调配时还应注意以下几点。

（1）加入任何一个色母都可能会引起颜色的其他两个属性的变化，所以添加色母时需要综合考虑。如加入黑白色调整明度时会把彩度变浑浊，调整色调也会同时改变明度和彩度等。

（2）每次添加色母时，应先小量试加，观察颜色的变化，看颜色走向是否正确，如果颜色走向是对的，再来判断添加的量；如果颜色走向是错的，就需要重新分析添加什么颜色的色母合适。一定要避免在不确定的情况下添加太多的色母,导致整个油漆报废。

(3)在没有确切把握的情况下,每次调整时最好只针对颜色的一个属性进行调整。

(4)每次调整完后,一定要制作试板进行颜色对比。

(5)颜料有不同的沉降效果。由于白色颜料、黄色颜料等一些颜色较浅的颜料的密度较大,在刚刚喷涂时,颜料颗粒被均匀分散,颜色会显得较浅,当涂膜慢慢干燥的过程中,重的颜料会沉到下面,轻的颜料留在上面,所以颜色会由浅变深。所以在调漆时一般要求湿漆调配的颜色比标准色板的颜色浅、淡一些。这也是为什么刚喷涂完的漆面和干涸后的漆面颜色有所不同的原因。

(6)尽量不选用遮盖力比较差的色母作为主色,即使不得不选用,也要尽量搭配使用高遮盖力的色母。如在调配红色、黄色等颜色时。

(7)调配白色时尽量选用低强度的色母,就是透明的色母。强度高的色母其浓度一般是低强度色母的好几倍,即使1L里面只用一滴,在白色中也能明显地反映出来,因为人眼对白色的分辨能力比别的颜色强。所以选用低强度色母的好处是微调时容易控制变化范围。

(8)黑色的表面光泽对判断其色差起着决定性的作用。新喷涂的黑色由于表面光泽太高而容易给人造成新修理漆面过黑的误解,可以先打蜡抛光再进行比较。甚至在喷涂前加入少量的白色母使原黑色配方稍微浑浊一点。

(9)当调配因长时间暴露而褪色的颜色时,可以添加少量的白色或黄色色母。

(10)颜色异构。颜色异构就是在不同的光源(例如阳光和灯光)反射下颜色的偏差有所不同。在室内看着比较准确的颜色,到了室外再看颜色就走了样,如图6-42所示。

维修站内光源　　　　　　　　　　日光

图6-42　颜色异构

常用来判断的方法就是在日光和荧光灯下进行比较。一般在日光下调出的颜色，不一定能通过荧光灯的考验；而在荧光灯下调出的颜色，在日光下往往是比较准确的。在工作中可以采用透过车间顶棚的光下和车间外充足的光线下作比较、烤漆房的内外做比较等方法来进行检验。

颜色异构在颜色调配中是相当常见的现象，所造成的色差也较小，如果出现了严重的颜色异构现象，基本上都与色母选用不当有关。这时候仅在原配方基础上增减色母数量已经不能很好地解决问题了，这时一定要改变所用的色母。

三 学习记录与评价

1 理论知识记录

（1）涂层里面有肉眼可见颗粒的一定是珍珠漆。　　　　　　　　（　　）

（2）所有颜色都具有的共同属性是（　　　）。

  A. 色调　　　　　B. 明度　　　　　C. 彩度　　　　　D. 反光率

（3）水性漆和溶剂型漆的储存及搅拌方法都一样。　　　　　　　（　　）

（4）如果没有十分匹配的色卡，调色时应该选择彩度和明度都高一点的颜色进行微调。　　　　　　　　　　　　　　　　　　　　　　　（　　）

（5）要确保汽车面漆调色准确，需要做好以下方面：_____

_____。

2 实操数据记录

（1）请根据面漆调色实训情况，完成表6-3（纯色漆填写）或表6-4（金属漆填写）中的相关内容。

纯色漆调色记录表 表6-3

颜色效果：	颜色代码：		选用的色母品牌及系列：	
目标板比配方板：				
色相	更红□　更黄□　更蓝□　更绿□　更紫□　更橙□　无明显差异□			
明度	更深□　更浅□　无明显差异□			
彩度	更鲜艳□　更浑浊□　无明显差异□			

续上表

色母代号	净含量（g）	第一次试加（g）	第二次试加（g）	第三次试加（g）	最终配方（g）

金属漆调色记录表　　　　　　　　　　　　　　　　　　表6-4

颜色效果：	颜色代码：	选用的色母品牌及系列：

目标板比配方板：

	正面观察		侧面观察
色相	更红□　更黄□　更蓝□　更绿□ 更紫□　更橙□　无明显差异□	色相	更红□　更黄□　更蓝□　更绿□ 更紫□　更橙□　无明显差异□
明度	更深□　更浅□　无明显差异□	明度	更深□　更浅□　无明显差异□
彩度	更鲜艳□　更浑浊□　无明显差异□	彩度	更鲜艳□　更浑浊□　无明显差异□
颗粒	更粗□　更细□　无明显差异□ 更多□　更少□　无明显差异□	颗粒	更粗□　更细□　无明显差异□ 更多□　更少□　无明显差异□

色母代号	净含量（g）	第一次试加（g）	第二次试加（g）	第三次试加（g）	最终配方（g）

（2）请根据喷涂样板时的涂料调配及喷涂方法，完成表6-5中的相关内容。

涂料调配及喷涂实训记录表   表6-5

涂料调配	底色漆和配套辅料型号及调配比例（体积比）：		清漆和配套辅料型号及调配比例（体积比）：	
喷枪选用	底色漆喷枪型号及口径：		清漆喷枪型号及口径：	
喷枪调整	喷幅：	出漆量：	气压：	
喷涂方法	距离：	喷枪角度：	喷幅重叠：	
	底色漆喷涂层数及每层目的和要点：		清漆的喷涂层数及每层目的和要点：	

3 评价

（1）自我评价。请根据自己对本节专业知识和技能掌握情况，完成表6-6中的相关内容。

自我评价表   表6-6

评价内容	完全掌握	部分掌握
理论知识		
查找代码及配方		
计量调色		
比对颜色及人工微调		

（2）小组评价。请组长根据组员实际表现，完成表6-7中的相关内容。

小组评价表   表6-7

序号	评价项目	评价情况（优秀/合格/不合格）	备注（不合格原因）
1	着装符合要求		
2	能合理规范的使用仪器和设备		

续上表

序号	评价项目	评价情况 （优秀/合格/不合格）	备注 （不合格原因）
3	能按照安全和规范的流程操作		
4	遵守学习、实训场地的规章制度		
5	能保持学习、实训场地整洁		
6	团结协作情况		

参与评价的同学签名：_____ 日期：_____

（3）教师评价与建议（针对学生学习记录完成情况、实训情况、学习态度等进行评价）：

_____

_____

教师签名：_____ 日期：_____

四 技能考核标准

本考核项目需独立完成，主要检验学员查找颜色代码及配方、计量调色、比对颜色、人工微调等技能的掌握情况，面漆的调色操作考核评价表见表6-8。

面漆的调色操作考核评价表 表6-8

序号	任务	配分	评分标准	得分
1	查找颜色代码	15分	能正确快速的使用一种方法查询到颜色代码得5分，否则扣5分	
2	查找颜色配方	20分	能正确快速使用一种方法查询到颜色配方得10分，否则扣10分	
3	计量调色	35分	未穿戴劳动保护用品禁止操作，未正确穿戴劳动保护用品扣2分/次	
			未正确充分搅拌色母扣5分，未正确使用电子秤扣5分/次	
			未及时清洁搅拌浆盖出漆口扣1分/次	
			未准确倾倒色母数量扣5分/次	

续上表

序号	任务	配分	评分标准	得分
4	比对颜色	30分	未穿戴劳动保护用品禁止操作,未正确穿戴劳动保护用品扣2分/次	
			未充分搅拌涂料扣2分/次	
			未正确施涂试板扣5~10分/次	
			比对方法及角度不正确扣1~3分/次	
			颜色属性判断不正确扣5分/项	
5	人工微调	50分	未穿戴劳动保护用品禁止操作,未正确穿戴劳动保护用品扣2分/次	
			判断添加色母不正确扣5~10分/次	
			添加色母数量误差太大扣1~5分/次	
			未及时清洁整理工位扣2分/次	
总分		150分	合计	
			考评员签字:	

思政小故事

未来汽车维修涂装

某知名企业发布的未来汽车维修涂装场景:车主发现爱车油漆损伤后,利用手机App发送车辆定位进行报修,服务中心派出无人机拍照收集相关信息,后台工作人员利用在线维修管理系统安排维修任务,车辆接收到维修指令后自动驶入附近维修店,接车员与涂装技师通过MR眼镜交流确认维修流程,自动配色系统利用颜色配方数据库进行调漆,智能喷涂机器人对损伤部位进行喷涂并烘烤,车辆维修好后自动驶回停车位。

想一想

本文所描述的场景里面应用到了哪些技术?有哪些技术已经广泛应用于我们的实际工作当中?作为一名未来的技能大师,在数字化、网络化、智能化时代需要具备什么样的数字素养?

学习任务七
面漆的涂装

学习目标

1. 知识目标

（1）了解面漆的作用及汽车用面漆的要求；

（2）了解和掌握常用汽车修补面漆的种类及特点；

（3）了解和掌握汽车涂装的基本要点和涂料选配要考虑的因素。

2. 技能目标

（1）能正确使用和维护面漆涂装相关的工具和设备；

（2）能正确选择和使用面漆涂装相关的材料；

（3）能正确选择和穿戴个人劳保用品；

（4）能规范进行汽车面漆的涂装。

3. 素养目标

（1）通过环保涂料知识学习，根植节能减排、绿色维修意识，弘扬健康、环保、节约理念；

（2）通过面漆涂装规范流程学习，强化安全、文明生产意识，弘扬精益求精、追求卓越的工匠精神；

（3）通过思政小故事，根植创业意识，培养创业精神和创新能力。

🕐 **建议完成本学习任务的时间为 8 课时。**

学习任务描述

经过清洁与除油、表面前处理、底漆、原子灰、中涂底漆处理的车门，其表面已经恢复了原来的形状，那么我们就可以进行最后一道涂层的制作——面漆的涂装了。面漆涂装前的效果如图 7-1 所示,面漆涂装后的效果如图 7-2 所示。

图 7-1　面漆涂装前的效果

图 7-2　面漆涂装后的效果

一　资 料 收 集

引导问题1　面漆的作用是什么? 汽车用面漆要具备哪些性能?

面漆即表面的油漆,它是喷涂在整个涂层最外面的一层涂料,是涂层组合中唯一可见的部分,起着装饰、标识和保护底材的作用。

由于面漆直接与各种气候条件(如阳光、雨雪、大气、严寒酷暑等)及有害物质(如工业大气、酸雨、各种化学物质等)接触,又要满足装饰美观的需要,所以相对于底漆和中涂层,面漆有着更严格的要求。一般汽车用面漆要考虑的性能要求见表 7-1。

汽车用面漆的性能要求　　　　　　　　　　　　　　　表 7-1

项目	性能要求
外观	涂膜丰满、光滑、平整,色彩鲜艳,光泽醒目,鲜艳性好,色差小
力学性能	涂膜应具有良好的附着力、坚韧耐磨、耐冲击、耐弯曲、耐划伤、耐摩擦等
耐候性及耐老化性能	耐候性及耐老化性能是选择面漆时的重要指标之一。如果汽车用面漆的耐候性及耐老化性能不好,则使用不久面漆涂层就会失光、变色及粉化,直接影响汽车的装饰性,新车变成旧车。因此要求涂料能适应各种自然环境及气候环境

项目	性能要求
耐湿热和防腐蚀性	面漆涂层在湿热条件下,应不起泡、不变色和不失光。对面漆涂层的防腐蚀性要求虽然没有像对底漆涂层那样高,但与底漆涂层配套后,应能增强整个涂膜的防腐蚀性
耐化学药品性	面漆涂层使用过程中,如与蓄电池酸液、润滑油、制动液、汽油及各种清洗剂等直接接触,擦净后接触面不应有变色、起泡或失光等现象
施工性能	用于汽车制造的面漆必须能很好地适应流水线作业,在高温条件下迅速干燥,具有较好的重涂性(即不打磨情况下再涂面漆,结合力良好)和维修性。对装饰性要求高的车辆,还应具有优良的抛光性能。汽车维修用面漆必须与原厂漆相匹配,在低温或自然环境下能较快地干燥,适应手工维修涂装
配套性与成本	面漆选择时除了考虑涂料的保护性、装饰性外,还必须考虑与下面涂层的配套性问题,我们的目的是使用不同的涂层及涂料组合来确保油漆质量最佳化、生产成本最小化

引导问题2 现在常用的汽车维修面漆有哪些?各有什么特点?

现在常用的汽车维修面漆的分类如图7-3所示。

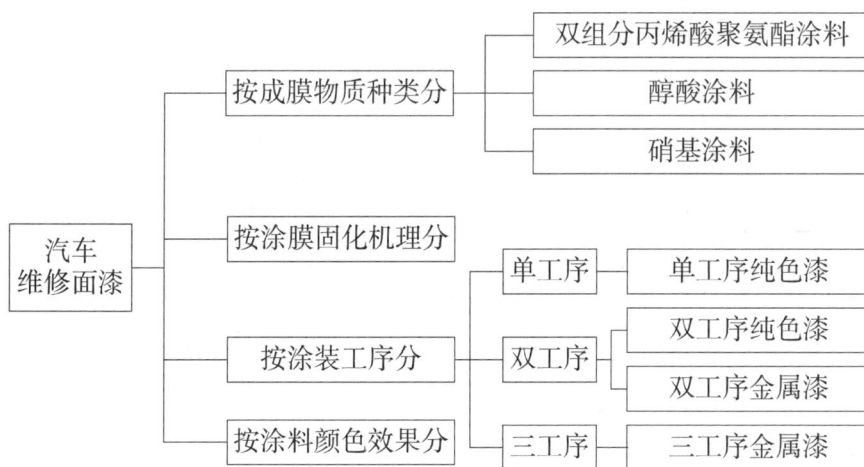

图7-3 汽车维修面漆的分类

常用的汽车维修面漆的特点如下。

1 双组分丙烯酸聚氨酯涂料

双组分丙烯酸聚氨酯涂料是目前汽车维修涂装行业使用最多的一种类型涂料。经严格施工控制的此类面漆系统一般最少可以提供 3 ~ 5 年的性能质量保证。双组分丙烯酸聚氨酯涂料的主要特点见表7-2。

双组分丙烯酸聚氨酯涂料的特点　　　　　　表 7-2

优点	缺点
耐候性好	施工较复杂,使用条件要求较高
光泽度高,涂料保光性较好	干燥较慢
黏度较低,容易施工,涂料流平性较好	成本较高
涂膜的力学性能及耐化学品性能好	—

🔔 注意

由于双组分涂料中的固化剂内含有异氰酸酯成分,对人体的呼吸道有较大不良影响,因此在使用此类涂料时一定要注意劳动保护,最好使用供气式面罩。

2 醇酸树脂涂料

醇酸树脂类涂料的主要特点见表7-3。

醇酸树脂涂料的特点　　　　　　表 7-3

优点	缺点
成膜较厚	干燥时间长
光泽度高(与以前的硝基类涂料比)	重涂时间长
流动性好	对施工环境要求高
温和的溶剂	打磨性差
成本低	用作清漆可能黄变

同双组分产品比较,醇酸涂料的干燥性、光泽度、耐候性等性能都比较差,因此在中高档汽车维修涂装中很少使用,但在货车、低档客车及一些要求不是很高的涂装上还在使用。

3 硝基树脂涂料

硝基树脂涂料的主要特点见表7-4。

硝基树脂涂料的特点　　　　　　　　　　　表 7-4

优点	缺点
干燥较快	喷涂时固体含量低,成膜较薄,光泽度不高
对重涂时间要求低	使用强溶剂、低闪点溶剂,溶剂用量大
抛光性能好	耐候性较差,容易失光、粉化、变色
施工方便	—

由于硝基类涂料的各方面性能不是很理想,现在使用的一般是经过改性的热塑性丙烯酸硝基漆,其各方面性能有所提升,现在主要用作一些快干产品当中。

引导问题3 汽车涂装的基本要点是什么?

为保证汽车的涂装质量,获得最佳的经济效益,涂装时必须注意以下几个方面。

1 涂装材料

涂装材料的质量和作业配套性是获得优质涂层的基本保障。涂料的种类很多,在选用涂料时要根据实际情况,从被涂件的质量要求、涂料的特点、涂膜的性能、施工性能、经济效益等方面进行综合考虑。如果忽视涂膜性能,单纯考虑涂料的价格,有时会明显地影响涂膜质量,缩短涂层的使用寿命,从而造成更大的经济损失;如果涂料选用不当,涂层间不配套,即使再好的涂料也难保证质量效果。

2 涂装工艺

涂装工艺的合理性、先进性,是充分发挥涂装材料的性能、获得优质涂层的必要条件,是降低生产成本、提高经济效益的先决条件。涂装工艺的合理性、先进性包括涂装技术的合理性和先进性,涂装设备的先进性和可靠性,涂装环境条件和工作人员的技能、素质等。

3 涂装管理

涂装管理是确保所制定的涂装工艺得以认真实施、确保涂装质量的稳定、达到涂装目的和最佳经济效益的重要条件。涂装管理包括:工艺管理、设备管理、工艺纪律管理、质量管理、现场环境管理、人员管理等。在同等条件下企业之间的竞争就是人才和管理的竞争,企业应从管理中要质量、要效益。先进的涂装工艺、涂装设备,如果缺乏科学的、严格的管理制度和措施,要想达到满意的涂装效果和最佳的经济效益是不可能的。

上述三个方面是保证涂装效果的基本要素,它们之间相互依存、相互制约,忽视哪一个环节的管理,都不可能达到预想的效果。

引导问题4 涂料选配时应考虑哪些方面?

选择涂料时要从下面几个因素考虑。

1 被涂物的材质

由于各种物面材质的特性和吸附能力不同,因而需合理选用与物面材料性质相适应的涂料。常用汽车涂料与被涂材质的适应性见表7-5。

常用汽车涂料与被涂材质的适应性 表7-5

涂料品种	被涂材质						
	钢铁	轻金属	塑料	木材	皮革	玻璃	织纤维
油脂漆	5	4	3	4	3	2	3
醇酸树脂漆	5	4	4	5	5	4	5
氨基树脂漆	5	4	4	4	2	4	4
硝基漆	5	4	4	5	5	4	5
酚醛漆	5	5	4	4	2	4	4
环氧树脂漆	5	5	4	4	3	5	—
氯化橡胶漆	5	3	3	5	4	1	4
丙烯酸酯漆	4	5	4	4	4	1	4
有机硅漆	5	5	4	3	3	5	5
聚氨酯漆	5	5	5	5	5	5	5

注:5表示最好,1表示最差。

2 被涂物的使用环境

不同的地区和不同的气候,对汽车的适应性有不同的要求。如南方湿热地区使用的汽车,要求涂料对湿热、盐雾、霉菌有良好的三防性能;在北方干寒地区使用的汽车,要求其涂料有一定的耐寒性能。另外,在不同的环境下,对涂料的耐候、耐磨、耐冲击和耐汽油等性能都有不同的要求。各种涂料适应的环境条件见表7-6。

各种涂料适应的环境条件　　　　　　　　　　表 7-6

环境条件	涂料品种									
	酚醛漆	沥青漆	醇酸漆	氨基漆	硝基漆	过氯乙烯漆	丙烯酸漆	环氧漆	聚氨酯漆	有机硅漆
一般条件下使用,但要求耐候性及装饰性好			☺		☺		☺		☺	
一般条件下使用,但要求防潮性及耐水性好	☺	☺					☺	☺	☺	
化工大气条件下使用或要求耐化学腐蚀性较好	☺	☺				☺		☺	☺	
在湿热条件下使用,要求三防性能好	☺			☺		☺	☺	☺	☺	
在高温条件下使用										☺

注:标有"☺"标志的,说明适应性较好。

3 涂料的施工方法

不同涂料由于性能上的差异,所要求的施工方法不同,因此选用涂料要根据现有的涂装设备和涂料所适应的涂装方法进行选择。常用的施工方法和适用涂料见表 7-7。

常用的施工方法和适用涂料　　　　　　　　表 7-7

施工方法	涂料品种
刷涂	油性漆、酚醛漆、醇酸漆
浸涂	各种合成树脂涂料
电泳	各种水溶性电沉积涂料
压缩空气喷涂	各种硝基漆、氨基漆、过氯乙烯漆等
高压无气喷涂	各种类型涂料特别是厚浆料、高固体份涂料,但不宜于粒度大的颜料涂料
静电喷涂	合成树脂涂料、高固体份涂料
静电粉末喷涂	粉末涂料

4 涂料间的配套性

在汽车涂装中有各种底漆、中涂、面漆,由于其性能不相同,并不是都能搭配。如果配套不当,会产生涂膜间附着力差、起层脱落、咬底泛色等现象,严重影响施工质量。各种金属与常用底漆、面漆的合理配套见表7-8。

各种金属与常用底漆、面漆的合理配套　　　　　　表7-8

面漆类型	黑色金属	铝、镁及铝镁合金	锌及锌合金	铜及铜合金
酚醛漆	酚醛底漆 醇酸底漆	锌黄纯酚醛底漆 磷化底漆	锌黄环氧底漆 锌黄环氧醇酸底漆	酚醛底漆 磷化底漆
沥青漆	沥青底漆 酚醛底漆	沥青底漆	沥青底漆	沥青底漆
醇酸漆	醇酸底漆 环氧底漆	锌黄酚醛底漆 锌黄醇酸底漆	醇酸底漆	酚醛底漆 磷化底漆
氨基漆	醇酸底漆 氨基底漆 环氧底漆	锌黄环氧底漆	酚醛底漆 磷化底漆	环氧底漆
硝基漆	酚醛底漆 硝基底漆 环氧底漆 醇酸底漆	锌黄酚醛底漆 锌黄醇酸底漆 锌黄环氧底漆	酚醛底漆 醇酸底漆 环氧底漆	酚醛底漆 环氧底漆
过氯乙烯漆	酚醛底漆 醇酸底漆 过氯乙烯底漆 丙烯酸底漆 磷化底漆	锌黄酚醛底漆 锌黄醇酸底漆 锶黄、锌黄丙烯酸底漆 磷化底漆	酚醛底漆 醇酸底漆 环氧底漆 磷化底漆	酚醛底漆 过氯乙烯底漆 丙烯酸底漆 磷化底漆
丙烯酸漆	酚醛底漆 醇酸底漆 环氧底漆 丙烯酸底漆 磷化底漆	锌黄酚醛底漆 锶黄、锌黄丙烯酸底漆 磷化底漆	酚醛底漆 环氧底漆	酚醛底漆 环氧醇酸底漆
环氧漆	环氧底漆	锌黄环氧底漆	环氧底漆	环氧底漆
聚氨酯漆	聚氨酯底漆 硝基二道底漆	锌黄聚氨酯底漆	聚氨酯底漆	聚氨酯底漆

5 涂层的厚度

涂膜的保护力一般是随涂膜厚度的增加而提高的。在不同使用条件下,涂层的厚度应控制在一定的范围内。若涂层低于厚度的下限,就不能有满意的保护作用,还会出现露底或肉眼看不见的针孔,外界的水分、化学腐蚀介质等容易侵蚀到涂层内部,降低涂层的寿命。但涂层过厚就会增加成本,还会引起回粘、起泡、皱纹等质量问题。通常涂层控制厚度见表7-9。

通常涂层的控制厚度   表7-9

环境条件	控制厚度范围(μm)	环境条件	控制厚度范围(μm)
一般性涂层	80 ~ 100	有侵蚀液体冲击的涂层	250 ~ 350
装饰性涂层	100 ~ 150	耐磨损涂层	250 ~ 350
保护性涂层	150 ~ 200	厚浆涂层	350 ~ 1000
有盐雾的海洋环境用涂层	200 ~ 250		

引导问题5 面漆维修涂装的工艺流程是怎样的?

汽车面漆维修涂装的工艺流程根据施工工艺不同一般分为两种:单工序和双工序。至于三工序涂装,与双工序涂装大致相似,施工时可以参照双工序的涂装工艺流程,如图7-4所示。

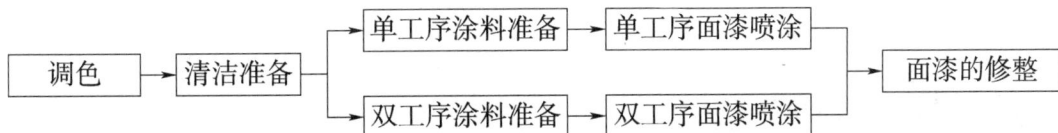

图 7-4 面漆维修涂装的工艺流程

(二) 任 务 实 施

引导问题6 作业前的准备工作有哪些?

1 工具、设备的准备

面漆涂装主要用到的工具和设备有:喷漆房、空气压缩机及空气分配管道、油水过滤器、喷枪、喷涂支架、调漆比例尺、风枪、毛刷等。

2 主要材料的准备

面漆涂装主要用到的材料有：单工序面漆及配套固化剂、稀释剂；双工序底色漆、罩光清漆及配套固化剂、稀释剂；过滤网、粘尘布、擦拭布、除油剂等。

3 劳动保护措施

在本次作业中需要用到劳动保护用品，请根据前面学习的劳动保护用品知识，完成表7-10的内容，在相关的操作中需要用到的劳动保护用品在栏里打"√"。

面漆涂装作业中的劳动保护用品　　　　　　表7-10

工序	推荐的涂装工劳动保护用品								
清洁									
除油									
准备涂料									
面漆喷涂									

引导问题 7　喷涂前要做好哪些清洁工作？

喷涂前的清洁工作将会直接影响喷涂后的涂膜质量，所以在正式进行喷涂前必须做好以下3个方面的清洁工作。

面漆涂装前的准备清洁工作

1 喷漆房的清洁

（1）检查喷漆房的换气系统、照明装置工作是否正常（详细操作方法参见学习任务三中关于喷漆房的介绍）。

（2）检查喷漆房的密封性是否良好。喷漆房在长期使用时容易导致房门边的密封条老化和破损，如果不及时更换处理，会导致灰尘进入，污染喷漆房。同时在喷漆时，漆雾也会从缝隙吹出，污染周围环境。

（3）检查喷漆房的过滤系统是否干净。如果过滤棉较脏，就会在喷涂时产生灰尘。同时也会对过滤棉产生堵塞作用，影响正常的进气、换气及排气工作，从而对喷涂产生不良的影响。

（4）检查喷漆房内墙体及地面是否干净。如果里面灰尘较多，最好是用吸尘器清洁一遍。

2 工件的清洁除油

（1）用干净的湿毛巾将车门内外擦拭干净。如果车门较脏或油脂较多，建议用兑过清洁剂的水来擦洗。

（2）用压缩空气将车门从内至外的顺序多吹几遍，吹干表面的水分，同时除去表面的浮尘。

（3）用粘贴胶带和遮蔽纸将工件上不需要喷涂的部位保护起来。

（4）使用除油剂对需要喷涂的表面进行彻底的除油。因为是喷涂面漆前的最后一次除油，所以必须对整个需要喷涂的表面，包括缝隙、边角、夹层等进行彻底的除油，一般建议除油 2~3 遍。如果除油不彻底，最后都会反映到面漆涂层上，造成涂膜缺陷，严重的会导致整个涂层的返工。

（5）使用粘尘布对整个需要喷涂的表面进行粘尘处理。

> 🔔 **注意**
>
> 为了保证喷漆房的清洁和涂装质量，前面（1）、（2）工序要在喷漆房外进行，后面（3）、（4）、（5）工序要在喷漆房内进行。

3 施工人员的清洁

（1）更换专门的喷漆服。因为平常穿的工作服上灰尘较大，而且由于静电的原因很难清除干净，所以喷涂时最好换用专门用于喷涂工作时的防静电喷漆服。

（2）用压缩空气将自己从头至脚吹一遍，以除去身上的浮尘。

引导问题 8　单工序涂料怎样准备？

单工序面漆的
调配方法

现在常用的汽车涂装维修面漆按照施工工艺一般有单工序和双工序两种做法，两种工艺使用的是不同类型的涂料，它们的调配方法是不一样的。现在采用单工序涂装的面漆一般使用的是双组分型涂料，如双组分的丙烯酸聚氨酯涂料，它的调配方法如下。

（1）穿戴好劳动保护用品。

（2）用搅拌尺将之前调好颜色的涂料搅拌均匀。

（3）按照喷涂的面积所需要的量，将涂料倒入合适的容器或量杯当中。

> 🔔 **注意**
>
> 每次调漆时必须按照用多少调多少的原则进行，杜绝浪费。

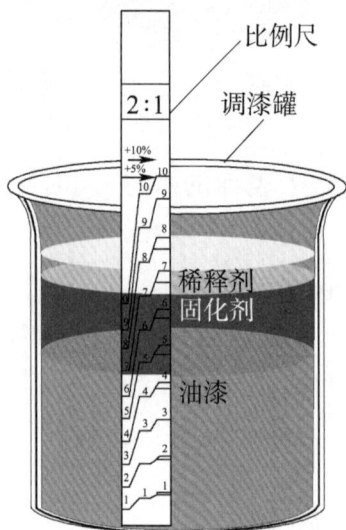

图 7-5　涂料比例示意图

（4）查看产品技术说明，按照厂家所给的比例添加适量的固化剂、稀释剂，涂料比例示意图如图 7-5 所示。

虽然都是属于双组分丙烯酸聚氨酯类涂料，可是不同厂家或同一厂家生产的不同型号的产品，其比例都会不一样。所以在使用具体产品前，一定要查看产品手册，免得出错，影响最终的涂膜质量或造成浪费。

表 7-11 所示是本次使用的某品牌涂料单工序纯色漆的产品技术说明，通过表 7-11 可以看出，单工序双组分纯色漆的调配比例及施工时的各项参数。

单工序双组分纯色漆系统使用说明　　　　　　表 7-11

单工序纯色漆系统施工工艺	
工艺	要求
	P420-单工序纯色漆系列　2 份 P210-938/939 固化剂　1 份 P850-2K 稀释剂　5%～15%
	20℃时： DIN4 杯　18～19s BSB4 杯　23～25s 混合后使用寿命：3h
	传统喷枪喷嘴口径： 重力式喷枪　1.3～1.6mm 吸上式喷枪　1.4～1.8mm 传统喷枪喷涂压力：330～370kPa

续上表

工艺	要求
	环保喷枪喷嘴口径： 重力式喷枪　1.3~1.6mm 吸上式喷枪　1.4~1.8mm 环保喷枪喷涂压力：最大为70kPa(风帽)
	2个单层
	层间闪干约5min,烘烤前无须闪干
	烘烤时金属温度： 70℃　20min 60℃　30min 可投入使用　完全冷却后 20℃时风干： 不粘尘　15min 指触干　6h 可投入使用　16h

注:1. P420-单工序纯色漆系列是某品牌涂料调色系统里的纯色漆色母系列,这里特指加了P190-376(2K调和清漆)的单工序双组分类型的纯色漆。

　2. 此表采用的比例是体积比。今后如果不作特别说明,本书所指均为体积比。

　3. 特别要注意的是固化剂和稀释剂有不同的型号,它们分别是对应不同的温度和条件的,如表7-11所示,在具体施工时应根据具体的情况来选择。

(5)用搅拌尺对添加好的涂料进行彻底搅拌。

单工序纯色漆系统施工工艺	
工艺	要求
 ⊡	P420-单工序纯色漆系列　2份 P210-938/939固化剂　1份 P850-2K 稀释剂　5%~15%
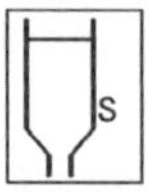 S	20℃时： DIN4杯　18~19s BSB4杯　23~25s 混合后使用寿命:3h
	传统喷枪喷嘴口径：

图 7-6　涂料的混合使用寿命

混合均匀后的双组分涂料有一个可以使用的最长时间，在这个时间里面使用可以保证涂料的各项性能，超出这个时间可能会出现涂料变质及涂膜性能下降，这个最长的可以使用时间称为活化期，又称可使用期。如图 7-6 圆圈部分所示"混合后使用寿命3h"就表示此产品混合后要在 3h 内施工完毕，超过 3h，就算涂料没有固化，也不能再使用。

（6）根据涂料特点和产品技术说明，选择合适口径的面漆喷枪，如图 7-7 圆圈部分所示。

单工序纯色漆系统施工工艺	
工艺	要求
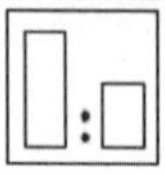 ⊡	P420-单工序纯色漆系列　2份 P210-938/939　1份 P850-2K 稀释剂　5%~15%
 S	20℃时： DIN4杯　18~19s BSB4杯　23~25s 混合后使用寿命:3h
	传统喷枪喷嘴口径： 重力式喷枪　1.3~1.6mm 吸上式喷枪　1.4~1.8mm 传统喷枪喷涂压力：330~370kPa
 HVLP	环保喷枪喷嘴口径： 重力式喷枪　1.3~1.6mm 吸上式喷枪　1.4~1.8mm 环保喷枪喷涂压力：最大为70kPa(风帽)
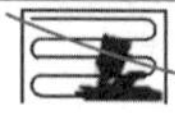	

图 7-7　喷枪选择及相关技术参数

一般为了节约涂料，可以选用环保喷枪；小面积维修或单件喷涂可以选用重力式喷枪；大面积喷涂可以选用吸上式喷枪。

（7）用过滤网将调配好的涂料过滤到喷枪里。

如果需要检测及调整黏度，还应在过滤之前做好涂料的黏度调整工作（参见学习任务三中黏度计的知识）。一般严格按照配方调配的涂料，其黏度可以达到最好的喷涂效果。面漆过滤时要选择 150μm 左右网眼的尼龙过滤网过滤。

引导问题9 单工序面漆怎样进行喷涂?

面漆的喷涂根据涂料的特点、喷涂面积大小等因素,喷涂方法各有不同,一般的面漆喷涂方法建议如下。

(1)穿戴好劳动保护用品。

(2)连接进气管,并调整好喷枪。

调整喷枪时主要是调整油漆的出漆量、喷涂幅度及喷涂压力。在调整油漆出漆量和喷涂幅度时一般建议将旋钮开到最大;调整喷涂压力时,传统喷枪喷涂压力一般在0.35~0.5MPa,环保喷枪喷涂压力一般在0.2~0.25MPa,具体的参数还应该参考具体涂料的产品说明进行调整。

(3)在喷涂试板上做雾形测试,调整喷枪,确保喷枪雾形及雾化达到最好效果。

(4)喷涂面漆。

①第一遍预喷涂。将工件表面从上往下薄薄地干喷一层。此次喷涂一定不能过厚,只要达到均匀的薄薄一层,有轻微的光泽即可,如图7-8所示。

干喷的目的,一是提高涂料与旧涂膜的亲和力,二是确认有无排斥的现象,防止出现鱼眼、咬底或渗色等涂膜缺陷。

第一遍干喷后,仔细检查涂层,如果涂膜出现了轻微的鱼眼,可以等涂膜稍干之后在鱼眼部位薄薄地干喷1~2遍盖住鱼眼。如果鱼眼较严重、面积较大或出现的是咬底、渗色等缺陷就必须等涂层彻底干燥之后再进行相应的处理。如果涂膜没有出现缺陷,可以静置3~5min后喷涂第二遍。

②第二遍喷涂。将工件按照先内后外、先边后面、先上后下的顺序正常湿喷涂一层,如图7-9所示。

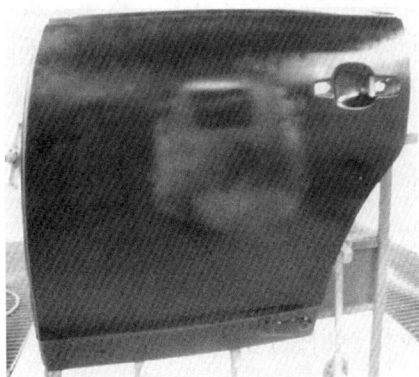

图7-8 第一遍预喷涂　　图7-9 第二遍喷涂

　　此次喷涂的目的是要基本形成厚度一致、颜色均匀、平整光滑的涂膜层，所以要求涂层要达到一定的厚度，既不能太厚，也不能太薄，太厚容易流挂，太薄可能影响遮盖力和最终的涂膜厚度。如果是面漆遮盖力比较差的涂料，正常喷涂第二遍之后还有明显的没有盖住底层的情况的，应该在静置 5～10min 后，再重新喷涂第二遍，确保在此次喷涂时基本上盖住底层。

　　喷涂过程中除了要注意喷涂的基本操作要领之外，还应该做到边喷边观察，看成膜的效果，适当调整喷枪。

　　喷涂车门表面时建议按照图 7-10 所示的顺序喷涂。

　　第二遍喷涂后，涂膜还比较湿润，涂料还在流平过程中，同时涂料中还存有很多等待挥发的溶剂，所以，后一涂层不能马上施工，应该静置片刻，静置时间视环境温度、涂料品种和厚度等各有不同。如我们此次使用的产品建议的静置时间为图 7-11 圆圈部位所示。

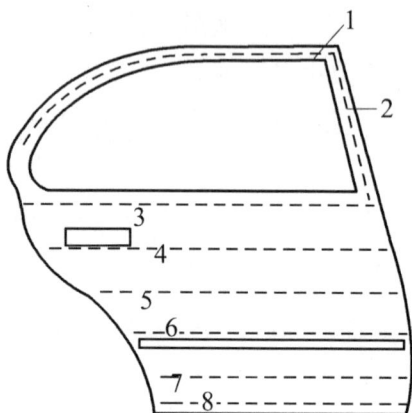

图 7-10　车门正面的喷涂顺序

HVLP	吸上式喷枪　1.4~1.6mm 环保喷枪喷涂压力：最大为70kPa(风帽)
	2个单层
	层间闪干约5min，烘烤前 无须闪干
	烘烤时金属温度： 70℃　　20min 60℃　　30min 可投入使用　完全冷却后

图 7-11　涂层静置时间

图 7-12　第三遍喷涂

　　在实际施工时我们一般会通过用手指触摸的方法检查涂料的干燥情况，如用手指轻轻触摸车门上不重要位置或车门边缘的胶带，若湿涂膜已不粘手即可喷涂第三层。

　　③第三遍喷涂。按照第二遍的喷涂顺序及喷涂方法正常湿喷涂一层。

　　此层喷涂的目的是要达到最终的面漆装饰效果，如图 7-12 所示，如涂膜厚度均匀丰满、纹理平整光滑、颜色一致、光泽度高、无流痕、无明显缺陷等。

为了达到雾化更细腻光滑的效果,在喷涂之前可以适当地将涂料黏度调稀一点,将压力调高一点。

最后一遍喷涂完后应该马上检查整个涂面的效果,如果存在橘皮较重、涂膜不均匀或漏喷等现象,还可以立即进行回喷补救。

引导问题10 双工序涂料怎样准备?

双工序涂层是由底色漆层和罩光清漆层所组成的,双工序涂料的调配包含底色漆调配和罩光清漆的调配两个方面。底色漆的调配根据使用的涂料类型不一样,又分为溶剂型底色漆和水性底色漆的调配。

1 溶剂型底色漆的调配

(1)穿戴好劳动保护用品。

(2)将之前调好颜色的涂料用搅拌尺搅拌均匀。

(3)按照喷涂的面积所需要的量,将涂料倒入合适的容器或量杯当中。

(4)按照具体产品的比例添加合适量的稀释剂。

双工序涂层中的底色漆使用的是单组分产品,在施工时直接添加合适量的稀释剂,调整好黏度就可以了。不同品牌及同一品牌不同型号的涂料添加的稀释剂比例有所不同,在施工时要查看具体产品的技术说明。同时在选择稀释剂时要根据施工温度及面积选择合适的型号产品。

如本次施工使用的某品牌底色漆与稀释剂的比例为1∶1,稀释剂的选择如图7-13圆圈部位所示。

稀释剂的选择应考虑施工温度、空气流通和维修面积大小等因素。一下推荐仅供参考:

稀释剂类型		适用温度范围
P850-1491	低气温稀释剂	15℃以下
P850-1492	标准气温稀释剂	15~25℃
P850-1493	高气温稀释剂	25~35℃
P850-1494	极炎热气温稀释剂	35℃以上

在空气流通速度快的喷房以及大面积维修时,一般使用较慢干的稀释剂和HVLP喷枪。在空气流通速度慢和小面积维修时,则使用较快干的稀释剂

图7-13 稀释剂的选择

(5)对添加好的涂料进行彻底搅拌。

(6)根据涂料特点和产品技术说明,选择合适口径的面漆喷枪。

(7)用过滤网将调配好的涂料过滤到喷枪里。

2 水性底色漆的调配

水性底色漆与溶剂型底色漆的调配步骤基本相同。但不同品牌的水性漆使用的技术有很大差异，在调配时要根据具体产品的技术说明进行施工。某品牌的水性底色漆系统使用说明见表7-12。

水性底色漆系统使用说明　　　　　　　表7-12

工艺	Aquabase Plus 水性底色漆系统施工工艺		
	类型	色漆	P980-5000 稀释剂(质量比)
	双工序纯色漆或三工序珍珠漆的纯色层	1	10%
	配方中银粉和珍珠含量远少于纯色色母用量的	1	10%
	配方中含大量珍珠色母的双工序银粉漆/珍珠漆	1	10%
	普通双工序银粉漆/珍珠漆	1	12% ~ 15%
	三工序珍珠漆的珍珠层	1	15%(小面积),30%(大面积)
	色漆的黏度会因添加的稀释剂量的不同而变化,理想喷涂黏度为20℃时DIN杯18 ~ 22s。推荐125μm网眼尼龙过滤器。 调配好但未加稀释剂的色漆密封后可保存12个月,添加过稀释剂的色漆密封后只能保证3 ~ 6个月		
	推荐使用HVLP喷枪,喷枪口径:1.25 ~ 1.3mm。 标准工艺:喷涂单层直到达足够的遮盖力。层间充分闪干。喷涂闪烁效果颜色时,在干膜上喷涂一薄单层,控制银粉排列		
	闪干直到得到均匀干燥的涂膜。 如必要,使用助空气流通设备来加速涂膜干燥,如气流促进机、地轴架和专用手持吹风枪。 喷涂清漆或珍珠前,静置至涂膜完全干燥		

3 罩光清漆的调配

罩光清漆一般使用的也是双组分丙烯酸聚氨酯类型的涂料,所以它的调配方法和单工序双组分涂料的调配方法相同,详细步骤请参考本学习任务引导问题7。

在调配时需要注意每种产品都有配套的固化剂及稀释剂,在不确定的情况下,最好不要混用。固化剂与稀释剂要根据施工工艺、施工温度及具体条件来选用。某品牌的 P190-6850 清漆施工工艺的技术说明见表 7-13。某品牌涂料固化剂的使用说明见表 7-14。

清漆使用说明   表 7-13

P190-6850 2K 极品清漆 施工工艺			
工艺	高温工艺	快干工艺	标准工艺
固化剂	P210-845 慢干高固固化剂	P210-842 快干高固固化剂 小-中面积维修	P210-8430/844 标准高固固化剂 各种类型维修
	P190-6850　2 份 P210-845　1 份 P850-2K 稀释剂 0 ~ 5%	P190-6850　2 份 P210-842　1 份 P850-2K 稀释剂 0 ~ 5%	P190-6850　2 份 P210-8430/844　1 份 P850-2K 稀释剂 0 ~ 5%
	20℃时： DIN4 杯　18 ~ 20s （23 ~ 26s　BSB4） 混合后使用寿命:2 ~ 4h	20℃时： DIN4 杯　17 ~ 18s （21 ~ 24s　BSB4） 混合后使用寿命：2 ~ 1.5h	20℃时： DIN4 杯　17 ~ 18s （21 ~ 24s　BSB4） 混合后使用寿命:2 ~ 4h
	喷嘴： 重力式　1.3 ~ 1.6mm 吸上式　1.4 ~ 1.8mm 压力:350 ~ 400kPa	喷嘴： 重力式　1.3 ~ 1.5mm 吸上式　1.4 ~ 1.6mm 压力:350 ~ 400kPa	喷嘴： 重力式　1.3 ~ 1.5mm 吸上式　1.4 ~ 1.6mm 压力:350 ~ 400kPa
	喷嘴： 重力式　1.2 ~ 1.4mm 吸上式　1.4 ~ 1.6mm 压力:（风帽）最大 70kPa	喷嘴： 重力式　1.2 ~ 1.4mm 吸上式　1.4 ~ 1.6mm 压力:（风帽）最大 70kPa	喷嘴： 重力式　1.2 ~ 1.4mm 吸上式　1.4 ~ 1.6mm 压力:（风帽）最大 70kPa
	2 个单层	2 个单层	2 个单层

续上表

P190-6850　2K 极品清漆　施工工艺			
工艺	高温工艺	快干工艺	标准工艺
	涂层间闪干 5～10min 烘烤前无须闪干	涂层间闪干 5～10min 烘烤前无须闪干	涂层间闪干 5～10min 烘烤前无须闪干
	金属温度 60℃ 烘烤 40min，完全冷却后可使用	金属温度 60℃ 烘烤 40min，完全冷却后可使用	金属温度 60℃ 烘烤 40min，完全冷却后可使用

固化剂的使用说明　　　　　　　　　　　　　　　表 7-14

施工环境温度	固化剂类型	适用的产品及说明
<15℃	P210-790 2K 超快干固化剂	低气温及板块维修用，可用于 P420 纯色漆、P190-6060 超劲皇牌清漆、P190-538 标准清漆等面漆，适用于气温 15℃ 以下的板块内维修。不可用于中涂底漆和大面积喷涂
<15℃	P210-842 2K 快干高固固化剂	可用于 P565-895 无铬环氧底漆、P565-777 超能免磨底漆、P565-510/511 高固含量厚膜底漆、P420 系列纯色漆、P190-6850 极品清漆等，适用于气温 15℃ 以下
15～25℃	P210-938 2K 固化剂（中低气温用）	可用于 P565-895 无铬环氧底漆、P565-777 超能免磨底漆、P565-510/511 高固含量厚膜底漆、P565-668 透明底漆、P420 系列纯色漆、P190-6060 超劲皇牌清漆等，适用于气温 15～25℃
15～25℃	P210-760 2K 中浓度固化剂	P190-538 标准清漆配套固化剂，适用于气温 15～25℃
20～25℃	P210-8430 2K 高固固化剂（标准快干）	可用于 P565-895 无铬环氧底漆、P565-777 超能免磨底漆、P565-510/511 高固含量厚膜底漆、P420 系列纯色漆、P190-6850 极品清漆等，适用于气温 20～25℃

施工环境温度	固化剂类型	适用的产品及说明
25~30℃	P210-844 2K 高固固化剂 （标准）	可用于 P565-777 超能免磨底漆、P565-510/511 高固含量厚膜底漆、P420 系列纯色漆、P190-6850 极品清漆等,适用于气温 25~30℃
25~30℃	P210-939 2K 固化剂（高气温用）	可用于 P565-895 无铬环氧底漆、P565-777 超能免磨底漆、P565-510/511 高固含量厚膜底漆、P565-668 透明底漆、P420 系列纯色漆、P190-6060 超劲皇牌清漆等,适用于气温 25~30℃
大于 30℃	P210-845 2K 高固固化剂 （慢干）	可用于 P565-777 超能免磨底漆,P565-510/511 高固含量厚膜底漆、P190-6850 极品清漆等,适用于气温 30℃ 以上

引导问题 11 双工序面漆怎样进行喷涂?

双工序面漆在喷涂时分为两部分:一是底色漆的施工;二是罩光清漆的施工。底色漆的施工根据涂料类型的不同又分为溶剂型底色漆的喷涂和水性底色漆的喷涂。

1 溶剂型底色漆的喷涂

（1）穿戴好劳动保护用品。

（2）连接进气管,并调整好喷枪。

具体的调整参数应参考具体涂料的产品说明进行调整。

（3）在喷涂试板上做雾形测试,调整喷枪,确保喷枪雾形及雾化达到最好效果。

（4）将工件上面有中涂底漆的地方、面漆磨穿的地方、颜色与面漆颜色不一致的地方薄薄的干喷一次。此层喷涂的目的是:防止出现咬底,提高亲和力;提高遮盖能力。

（5）第一遍整个工件喷涂。

此次喷涂也是将整个工件表面薄薄的、均匀的半湿程度喷涂一层,提高新喷涂料与旧涂层的亲和力,同时确认有无排斥涂料的部位。然后按涂料技术说明静置几分钟,待涂层没有光泽之后就可喷涂下一层。

对于底材比较好的工件,如固化较好的旧涂层、整块喷涂过封闭底漆的表面,也可以不用雾喷,直接进入下步的喷涂工作中。

（6）第二遍整个工件喷涂。

按照合适的喷涂顺序将工件正常均匀的半湿喷涂一遍,喷完后要求涂层要有一定的湿润性,但是也不能太厚,因为底色漆里面的溶剂含量较多,太厚涂料容易流淌,形成色差及流挂。如果太薄,涂层表面容易变粗糙,影响色漆纹理及颜色效果。

第二遍喷涂完之后,也要静置合适的时间,待涂膜表面没有光泽之后再检查涂膜的遮盖效果,如果没有盖住底材,应该按照第二遍的方法再将工件整个喷涂1～2遍,直至彻底盖住底层为止。

（7）第三遍喷涂。

按照适当的顺序再将工件均匀的干喷涂一遍,但是此层喷涂的目的是消除斑纹,所以要保证涂层干燥之后形成颜色、纹理一致的效果。

第三遍喷涂也就是最后一遍喷涂底色漆完成后,等涂层表面完全失去光泽即完成底色漆的喷涂。

2 水性底色漆的喷涂

水性底色漆与溶剂型底色漆的喷涂步骤基本类似,但水性漆最终的颜色效果跟喷枪的参数调节、喷涂层数、喷涂方法有很大的关系,所以在喷涂水性漆时,一般涂料厂家要求喷漆工要严格按照技术说明进行施工。某品牌的水性底色漆施工说明见表7-15。

水性底色漆系统喷涂施工说明　　　　　　　　表7-15

Aquabase Plus 水性底色漆喷涂施工工艺					
常规喷涂方法(遮盖力需要时,增加双层或半湿层喷涂)					
喷涂方法		纯底色漆(除红/黄)		珍珠或银粉漆	
喷涂	每次喷涂层数	双层		双层	单层
	方式	半干	半湿	半干	半湿	雾喷
是否需要吹干		不需要	需吹干	不需要	需吹干	需吹干
调枪 (以 SATA jet 4000/5000 HVLP 喷枪为例)	出漆量	打开 2 圈		打开 2 圈		打开 1 圈
	扇面	打开 3/4		打开 3/4		全部打开
	气压	130～150kPa		130～150kPa		110～120kPa

续上表

Aquabase Plus 水性底色漆喷涂施工工艺		
最佳喷涂环境		
温度	相对湿度	风速
25℃	<70%	0.2～0.6m/s

喷涂方法说明:

(1)为了减少色漆喷涂遍数,提高效率,降低成本,建议喷涂色漆之前按颜色配方中灰度数值喷涂可调灰度水性底色漆,或可调灰度自流平底漆,或可调灰度高固底漆;塑料保险杠(无塑料底漆新保险杠应先喷涂塑料底漆)应喷涂自流平底漆,再喷涂水性底色漆、清漆。

(2)半干喷涂方式:喷涂到半哑光(较哑光稍亮一点),半湿喷涂方式:带一点湿润但不能全湿(表现出半湿润光泽,但不能达到全亮光的湿度),否则会导致银粉、珍珠排列不均匀,吹干时间也会加长。

(3)双层喷法是指用半干喷法喷完一层后接着用半湿喷法喷涂一层,遮盖力较好颜色,一个双层即可遮盖。如果习惯于采用单层喷法,可以直接用半湿喷法喷涂一层,吹干,再根据遮盖力需要喷涂下一层。过于湿喷会增加吹干时间,且增加不必要色漆用量,浪费成本。

(4)水性漆遮盖力好于溶剂型油漆,喷涂膜厚应低于油性底色漆,建议使用1.25mm口径喷枪及以上喷枪调整方法,以保证低用量、高效率。

(5)吹干时要注意边角、轮廓部位,及不小心喷厚部位,喷涂过厚时,虽然表面吹至哑光,但是漆层内部水分有可能没有完全挥发,会导致喷涂清漆后起痱子、失光、变色。高效率的吹干方式是把一个区域吹至哑光后,移动吹风筒吹下一个区域,前一个区域如果喷涂较厚,水分会再渗透上来,再移回吹风枪去吹一次。不必像移动喷枪一样频繁移动吹风筒。

(6)银粉漆、珍珠漆最后一层喷涂雾喷层,参照以上喷枪调整方法,枪距拉远到20cm,枪速40cm/s左右,以调整银粉、珍珠排列,达到原厂漆颗粒较粗、较闪烁的颜色效果。

(7)三工序珍珠应使用正确灰度底漆,底色喷涂2～3层,珍珠喷涂2～3层,每层之间确保吹干。

(8)喷涂水性漆前,需先用水性表面清洁剂P980-8252清洁待喷涂表面,再用溶剂型除油剂P850-14/1402清洁

3 罩光清漆的喷涂

罩光清漆是喷涂在最后一层的面漆,主要用于保护底色漆、银粉漆、珍珠漆等,可以提高涂膜光泽度,使车体显出饱满、艳丽的色泽。罩光清漆的喷涂手法

与单工序面漆基本相同,它的一般喷涂的方法如下。

(1)调整好喷枪,确保雾化效果及雾形最好。

(2)用粘尘布轻轻擦拭底色漆,除掉浮在表面的漆尘。

(3)按照合适的顺序、正常湿喷涂的方法喷涂第一遍清漆层。

(4)静置合适的时间,待表面不粘手之后适当调高喷涂压力湿喷涂第二遍清漆层。

清漆一般喷涂两遍即可,喷涂完后也要达到最终的面漆效果,如涂膜厚度均匀丰满、纹理平整光滑、颜色一致、光泽度高、无流痕、无明显缺陷等。

三 学习记录与评价

1 理论知识记录

(1)面漆的性能要求主要包括( )方法。

    A.外观　　　　B.物理性能　　C.化学性能　　D.施工性与配套性

(2)双组份丙烯酸聚氨酯涂料的主要特点有( )。

    A.光泽度高　　B.耐候性好　　C.耐磨性好　　D.成膜薄

(3)选用涂料时应该考虑的方面有( )。

    A.底材材质　　B.使用环境　　C.施工方法　　D.涂层间的配套性

(4)汽车面漆在调配、喷涂时为什么强调要按照技术资料上的使用说明来操作:

_____。

(5)汽车面漆涂装后的质量检验标准是:_____

_____。

2 实操数据记录

请根据面漆的涂装实训操作情况,填写表7-16中的内容。

面漆的涂装实训记录表　　　　　表7-16

主要施工工序	记录项	
准备面漆	底色漆和配套辅料型号及调配比例:	清漆和配套辅料型号及调配比例:
	底色漆喷枪品牌、型号及口径:	清漆喷枪品牌、型号及口径:

主要施工工序	记录项		
喷涂面漆	喷幅大小:	出漆量大小:	气压大小:
	喷涂距离:	喷枪角度:	喷幅重叠幅度:
	底色漆喷涂层数及每层目的和要点:		清漆的喷涂层数及每层目的和要点:
	最终完成质量:		最终完成质量:

3 评价

（1）自我评价。请根据自己对本节专业知识和技能掌握情况，完成表7-17中的相关内容。

自我评价表　　　　　　　　　　表7-17

评价内容	完全掌握	部分掌握
理论知识		
面漆的调配		
面漆的喷涂		

（2）小组评价。请组长根据组员实际表现，完成表7-18中的相关内容。

小组评价表　　　　　　　　　　表7-18

序号	评价项目	评价情况 （优秀/合格/不合格）	备注 （不合格原因）
1	着装符合要求		
2	能合理规范的使用仪器和设备		
3	能按照安全和规范的流程操作		
4	遵守学习、实训场地的规章制度		
5	能保持学习、实训场地整洁		
6	团结协作情况		

参与评价的同学签名：＿＿＿＿＿＿＿＿　日期：＿＿＿＿＿＿

（3）教师评价与建议（针对学生学习记录完成情况、实训情况、学习态度等进行评价）：

_____

_____

教师签名：_____　　　日期：_____

四 技能考核标准

本考核项目需独立完成，主要检验学员对面漆的调配、喷涂等技能的掌握情况，面漆的涂装操作考核评价表见表7-19。

面漆的涂装操作考核评价表　　　　　　　　　表7-19

序号	任务	配分	评分标准	得分
1	单工序面漆的调配及喷涂	45分	未穿戴劳动保护用品禁止操作，未正确穿戴劳动保护用品扣2分/次	
			未正确清洁喷漆房、工件扣2分/项，未正确粘尘扣1分	
			产品选择、比例不正确扣5分/项，未搅拌均匀扣2分/项	
			涂料未过滤扣1分/次，未调整、测试喷枪扣5分/项	
			喷涂层数及每层厚度明显不合理扣5分/项，未闪干或闪干方式不正确扣1分/次	
			流挂、橘皮、露底、咬底等涂膜缺陷扣1~5分/处（视情况而定）	
			涂料用量估算过多扣2~5分（视情况而定），工具设备材料未及时清理扣2分/次	
2	双工序面漆的调配及喷涂	55分	未穿戴劳动保护用品禁止操作，未正确穿戴劳动保护用品扣2分/次	
			未正确清洁喷漆房、工件扣2分/项，未正确粘尘扣1分	
			产品选择、比例不正确扣5分/项，未搅拌均匀扣2分/项	
			涂料未过滤扣1分/次，未调整、测试喷枪扣5分/项	

序号	任务	配分	评分标准	得分
2	双工序面漆的调配及喷涂	55分	底色漆喷涂:喷涂层数及每层厚度明显不合理扣5分/项,未闪干或闪干方式不正确扣1分/次	
			清漆喷涂:喷涂层数及每层厚度明显不合理扣5分/项,未闪干或闪干方式不正确扣1分/次	
			颜色发花、起云、露底、流挂、橘皮等涂膜缺陷扣2~5分/处(视情况而定)	
			涂料用量估算过多扣2~5分(视情况而定),工具设备材料未及时清理扣2分/次	
总分		100分	合计	
			考评员签字:	

🧍 思政小故事

一名油漆匠的创业路

刘某新在一家汽车修理厂当油漆学徒工时,为了学到配色技能,他一不怕苦,二不怕累,工作都抢着干,每次操作都不放过任何一个细节,通过多年经验积累,最后总结梳理出一套独创的汽车油漆调色技术。后来他回到老家开了一家汽车油漆配色店,在管理中,他不但各项工作以身作则,而且要求所有员工做到诚实守信、待人真诚,通过经济质优、便捷周到的服务,迅速赢得了顾客的信任。

想一想

请根据本案例,结合汽车维修行业行为规范公约要求,总结一下创业所必须具备的能力和素养?培养创新能力和创业精神对我们今后的学习和工作有什么意义?

学习任务八

面漆的修整

学习目标

1. 知识目标

（1）了解和掌握常见涂料及涂膜缺陷的种类、现象及预防与处理方法；

（2）熟悉抛光打蜡的作用。

2. 技能目标

（1）能正确使用和维护面漆修整相关的工具和设备；

（2）能正确选择和使用面漆修整相关的材料；

（3）能正确选择和穿戴个人劳保用品；

（4）能规范进行常见面漆缺陷的修整。

3. 素养目标

（1）通过面漆缺陷种类及预防处理知识学习，根植执着专注、刻苦钻研意识，培养爱岗敬业、争创一流的劳模精神；

（2）通过面漆修整规范流程学习，强化质量意识，弘扬一丝不苟、追求卓越的工匠精神；

（3）通过思政小故事，弘扬和践行社会主义核心价值观。

建议完成本学习任务的时间为 **10** 课时。

学习任务描述

经过面漆涂装后的车门，出现了流挂、麻点、橘皮等缺陷，影响了面漆的装饰和保护效果，请按照面漆涂层的质量要求，对车门进行适当的处理。面漆修整前的效果如图 8-1 所示，面漆修整后的效果如图 8-2 所示。

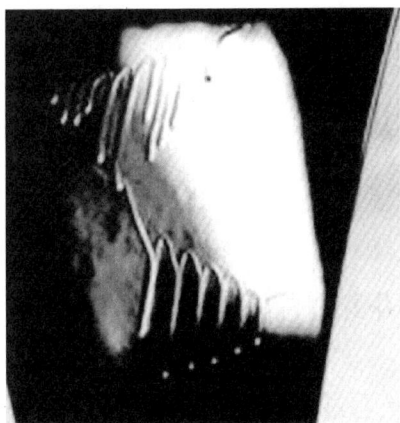

图 8-1　面漆修整前的效果

图 8-2　面漆修整后的效果

（一）资 料 收 集

引导问题1　常见的涂料及涂膜缺陷如何预防与处理？

在涂装工作中,涂料或漆面会产生各种涂膜缺陷,它们一般与涂料的性质、底材的表面处理、涂料选用、涂装工艺、涂装设备、涂装环境、涂装技术等因素有关。在施工中只有严格按照规范的储存保管要求及施工工艺来进行操作,才能预防和避免出现各种问题,而一旦出现问题,要及时分析原因,制订合理的补救措施。涂料和涂膜缺陷的种类很多,产生的原因及预防、处理方法也不一样,常见的涂料及涂膜缺陷如下。

1 涂料储运过程中常见的涂料缺陷

1 增稠、肝化、结块、干涸

（1）现象:罐内涂料在储运过程中变浓厚,黏度增高,超过技术条件规定的原涂料许可黏度上限的现象称为增稠,如图 8-3 所示。增稠严重时,涂料呈豆腐脑状或块状的现象称为肝化、结块或干涸。

（2）可能产生的原因:

①涂料容器密封不严或其未装满桶,造成溶剂挥发,使涂料的黏度上升、增稠;

②空气中的氧气促进漆基氧化和聚合,使涂料

图 8-3　增稠后的涂料

胶凝；

③运输过程中遇到高温或储存场所温度过高；

④储存期过长，漆基的活性基团发生反应，引起黏度上升。

（3）预防的方法：

①保证涂料罐盖紧，确保密封，隔绝空气，容器中的涂料应装满；

②存放在阴凉的场所；

③尽可能缩短储运期，尤其是活性基团多的高档合成树脂涂料，不宜长期储存；

④涂料厂需改进配方，克服涂料在储运过程中颜料和基料之间的化学反应。

（4）处理的方法：增稠的涂料再加入稀释剂后通常可再度使用。而对肝化、结块或干涸的涂料，因是不可逆的，所以只能报废。

❷ 沉淀、沉积、结块

（1）现象：涂料在储运过程中产生沉淀，经搅拌之后，能完全分散开，涂料细度也合格的为沉淀，如图 8-4 所示；如果沉淀结块搅拌不起来，不能再完全分散的属于沉积和结块。

（2）可能产生的原因：

①涂料中所含的颜料或体质颜料磨得不细、分散不良、所占比例大等；

②颜料与漆基发生反应或相互吸附，生成固态沉淀物；

③储存时间过长，尤其是长期静放的涂料；

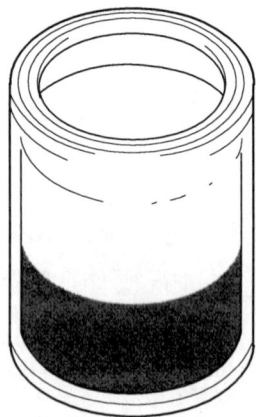

图 8-4　沉淀

④颜料粒子处于不稳定状态结块。

（3）预防的方法：

①在设计配方时注意颜料与漆基的适应性；

②减少库存，缩短储存时间，存货先用；

③存放在阴凉的地方；

④要定期倒转漆罐；

⑤不要储存稀释过的漆料，稀释过的涂料黏度较低，比原漆更容易沉淀。

（4）处理的方法：若使用前能搅拌分散开，且涂料细度检查合格的，则可以继续使用。若出现沉淀结块搅拌不起来、不能再分散或分散之后涂料细度不合格的只能报废。

❸ 结皮

（1）现象：涂料在储运过程中与空气接触的涂料表面氧化固化的现象称为结皮，如图 8-5 所示。自干型涂料和氧化固化型涂料最容易产生结皮。

（2）可能产生的原因：

①表面干料添加过多或用桐油制的涂料易结皮；

②容器不密封或桶内未装满，使涂料面与空气接触；

③储存场所温度过高或有阳光照射；

④储存期过长。

（3）预防的方法：

①涂料中不预先加入促进表面干燥的干燥剂，在使用时按比例加入；

②容器内应尽量装满并密封好；

③加入防结皮剂；

④缩短涂料的储存期。

图 8-5　结皮

（4）处理的方法：已经有结皮的涂料则应除掉，剩下的搅拌并过滤后才可使用。

2 涂装过程中常见的涂膜缺陷

❶ 渗色

（1）现象：下面涂层的颜色渗入到新喷涂层而导致颜色发生改变的现象。

（2）可能产生的原因：

①被维修表面（底层）被有渗色倾向颜色的涂料所污染（如落上漆雾）；

②设备未清洗干净；

③底涂层涂料中的颜料被上层涂料中的溶剂溶解发生渗透；

④聚酯涂料中的过量氧化物被溶剂溶解，发生穿透性渗色。

（3）预防的方法：

①不要让易产生渗色的颜色的漆雾落在要涂装的漆面上；

②彻底清洗所有设备；

③先选择一小块地方进行试喷，如有渗色现象，用防渗透封闭底涂层进行封固；

④尽量采用与面漆配套的中涂层；

⑤原子灰使用的固化剂不应过量。

（4）处理的方法：打磨掉原涂膜，喷涂封闭底漆将原涂膜封闭，然后重新喷涂面漆。

❷ 鱼眼

（1）现象：涂膜表面形成像火山口一样的空洞或凹痕的现象，如图8-6所示。

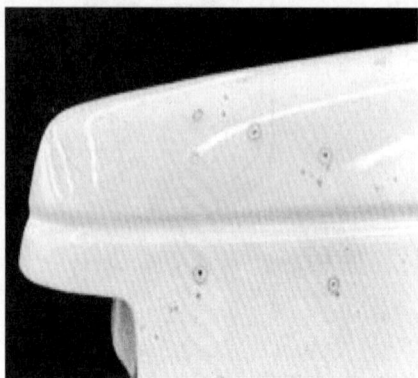

图8-6　鱼眼

（2）可能产生的原因：

①喷漆环境中或基材表面上存在含硅的有机化合物；

②其他污染源，如油脂、洗涤剂、尘土、蜡等；

③底漆中含有不匹配的成分；

④压缩空气管线中会有水、油等；

⑤喷漆室内蒸气饱和。

（3）预防的方法：

①用除蜡脱脂剂彻底清洁基材表面，禁止在喷漆室内使用含硅类的抛光剂；

②底漆或中涂底漆层与面漆层一定要匹配；

③注意喷漆室的蒸气饱和程度；

④添加鱼眼防止剂；

⑤每日对压缩空气管线进行清洁。

（4）处理的方法：将缺陷区域的涂膜彻底清除，按要求处理基材表面，重新喷漆。必要时，还需要在油漆中使用抗鱼眼添加剂。

❸ 颗粒、尘点

（1）现象：涂膜中的凸起物呈颗粒状分布在整个或局部表面上的现象。由混入涂料中的异物或涂料变质而引起的疙瘩称为颗粒；金属闪光涂料中铝粉在涂面造成的凸起异物称为金属颗粒；在涂装时或刚涂装完的湿涂膜上附着的灰尘或异物称为尘点，如图8-7所示。

（2）可能产生的原因：

①涂装环境中的空气清洁度差；

②被涂物表面不干净，在喷涂前未用黏性纱布擦净；

③喷涂尘屑积存于喷漆室内的表面上；

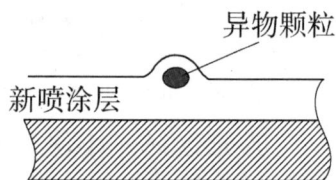

图8-7　尘点

④车辆缝隙、沟槽的灰尘未吹净;

⑤压缩空气未过滤或过滤不当;

⑥涂料罐未盖紧使灰尘进入,使用锈或脏的容器装漆料和稀释剂,在使用前未经过滤;

⑦涂装场地的水泥或其他会产生灰尘的地面未曾封固或未予以润湿;在喷涂区域内进行干打磨、研磨、抛光等;使用品质不佳的遮蔽纸,如报纸等;

⑧涂料变质,如漆基析出或反粗、颜料分散不佳或产生凝聚、有机颜料析出、闪光色漆中铝粉分散不良等;

⑨操作人员带来的灰尘,如工作服上的灰尘、污土及纤维。

(3)预防的方法:

①确保工作环境的干净。对涂装场地、涂装设备及过滤系统进行定期的清理;

②确保工件的干净。在喷涂前确保工件表面及内部没有灰尘颗粒;

③严把涂料的质量关,使用前必须过滤;

④不让新喷涂的涂膜暴露在任何可能导致脏污的环境中;

⑤穿着干净的专业喷漆服;

⑥不使用过期涂料。

(4)处理的方法:

①若是缺陷较轻,等涂料完全干透之后先打磨平整,再通过抛光打磨使光泽重现;

②若是粒子深陷,应整平并重喷。

❹ 流挂

(1)现象:涂膜局部变厚,形状如同波浪线、浅滩或圆形的山脊,通常出现在倾斜角度大或竖直的表面上,如图8-8所示。

(2)可能产生的原因:

①喷涂操作不当,喷枪距喷涂面太近,移动太慢,一次喷涂得过厚;

②喷枪设定不当,出漆量较大、喷幅较窄、喷涂气压过低等;

③所用稀释剂与涂料不配套,挥发过慢或使用防潮剂过量,涂料黏度过低;

④喷涂环境不佳,缺乏适当的空气流动和温

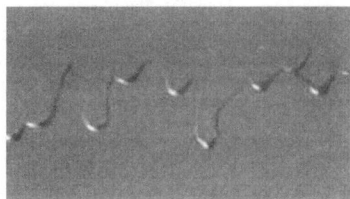

—— 新喷涂层

图8-8　流挂

度。环境温度过低或周围空气中溶剂蒸气含量过高;

⑤涂层间隔干燥时间不足;

⑥喷涂不均匀,厚处表干慢,如其下部薄极易形成流挂;

⑦涂料喷涂于被污染或有油污的表面上,或光滑的旧涂膜上,也易发生垂流。

(3)预防的方法:

①应用正确的喷涂技术;

②正确设定喷枪,检查喷枪以确保其功能正常;

③检查涂料的黏度及喷涂气压;

④提高喷气室的温度,确保风速正常;

⑤使用正确的稀释剂;

⑥在喷涂前确保被涂表面彻底清洁,光滑的漆面应进行适当粗化。

(4)处理的方法:等涂膜完全干透后,除掉凸起点,将表面磨平,然后抛光,情况严重时,可以将表面磨平后重新喷漆。

⑤ 橘皮

(1)现象:涂膜表面呈疙瘩状、不平整,类似橘皮的外观,如图8-9所示。

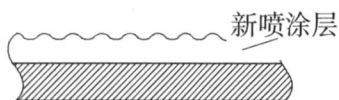

新喷涂层

图8-9 橘皮

(2)可能产生的原因:

①涂料的黏度太高,流平性差,稀释剂选用不当;

②喷涂技术不良,喷涂距离太远或太近;涂层喷得过厚或过薄;

③喷涂气压低,出漆量过大和喷涂工具不佳,导致漆料雾化不良;

④被涂物和空气的温度偏高,喷漆室内风速过大,稀释剂挥发太快;

⑤晾干时间偏短。

(3)预防的方法:

①选用合适的溶剂,添加流平剂或挥发较慢的高沸点有机溶剂,确保黏度的正确,以改善涂料的流平性;

②调整喷涂气压与出漆量、喷涂距离与走枪速度。选用雾化性能良好的喷枪,使涂料达到良好的雾化;

③一次喷涂到规定厚度(宜控制到不流挂的限度)。适当延长晾干时间,不

宜过早进入高温烘干；

④被涂物温度应冷却到50℃以下,喷涂室内气温应维持在20℃左右。

(4)处理的方法:橘皮缺陷较轻微的可以先用砂纸打磨平整,再通过抛光打蜡恢复表面光泽;橘皮情况较严重的,用砂纸打磨平整之后重新喷漆。

6 咬底、起皱

(1)现象:涂膜表面隆起或起皱,严重程度不同,常见于羽状边缘周围,下面的涂层可能破裂至最外层,如图8-10所示。

(2)可能产生的原因:

①涂层未干透就涂下一道工序的涂料;

②涂料不配套、底漆层的耐溶剂性差或面漆含有能溶胀底涂层的强溶剂;

③涂层涂得太厚。

(3)预防的方法:

①底涂层干透后再涂面漆;

②改变涂料体系,另选用合适的底漆;

③在容易产生咬底的配套涂层场合,应先在底涂层上进行雾喷。

图8-10 咬底起皱

(4)处理的方法:将缺陷区域的涂膜打磨掉,喷涂封闭底漆后重新喷漆。缺陷特别严重时则需要将有问题的涂层全部打磨掉,然后重新喷漆。

7 气泡

(1)现象:涂膜表面呈泡状鼓起,或在涂膜中有产生气泡的现象。

(2)可能产生的原因:

①溶剂挥发快,涂料的黏度偏高;

②涂层烘干时加热过急,晾干时间过短;

③底材、底涂层或被涂面含有溶剂、水分或气体;

④搅拌时混入涂料的气体未释放完全就涂装,或在涂装时涂层混入空气。

(3)预防的方法:

①使用指定稀释剂,黏度应按涂装方法选择,不宜偏高;

②按规定的时间晾干,涂层烘干时升温不宜过急;

③底材、底涂层或被涂面应干燥清洁,不含有溶剂、水分和气体;

④待涂料中的气泡释放尽后再涂装。

(4)处理的方法:可将气泡区域打磨掉,露出完好的漆层后,再重新喷漆。

⑧ 针孔

（1）现象：涂膜上出现众多细小孔洞，通常其直径小于1mm，常见于幼滑原子灰、原子灰或玻璃钢表面，如图8-11所示。

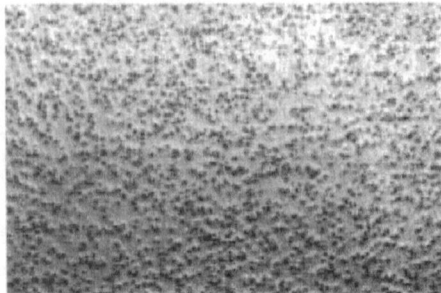

（2）可能产生的原因：

①玻璃钢表面有气孔；

②基材表面处理或封闭不当；

③原子灰或幼滑原子灰质量太差；

④原子灰混合不均匀，或者是原子灰、幼滑原子灰的施工方法不正确；

图8-11　针孔　　　⑤不当的喷枪调整或喷漆技术使涂层过湿，或喷枪距离被涂物面过近，使夹杂的空气或过量溶剂挥发产生针孔；

⑥用喷枪快速干燥涂膜。

（3）预防的方法：

①喷漆前将基材的温度升高至高于喷涂温度，以排除基材气孔中的空气，为了防止发生变形，基材表面的温度不得超过80℃；

②仔细检查玻璃钢表面，用原子灰或幼滑原子灰填补基材表面上的针孔，再用中涂底漆进行封闭；

③使用配套的材料；

④原子灰要调配均匀，分多次施工，每层要薄而均匀，每次要充分硬化后再涂新的一层或进行最后的打磨处理；

⑤清洁压缩空气系统；

⑥正确调整喷枪；

⑦留有足够的闪干时间，不要强制干燥；

⑧喷涂的涂膜不能过湿或过厚。

（4）处理的方法：对轻微针孔通过打磨和抛光处理可以消除；对于较严重的针孔，将涂膜磨至底漆层，填补针孔，喷涂底漆，打磨平滑后，重新喷涂面漆。

⑨ 光泽不良、光泽低

（1）现象：涂膜表面虽平整光滑，但缺少光泽，如图8-12所示，在显微镜下观察涂膜表面粗糙。

图8-12　光泽低

（2）可能产生的原因：

①底涂层涂料未彻底固化就在其上喷涂了面漆；

②使用的稀释剂质量太差或型号不对，或使用了不配套的添加剂；

③涂料调配或喷涂方法不当；

④基材表面质量太差；

⑤由于湿度太大或温度太低，涂层干燥速度太慢；

⑥溶剂蒸气或汽车尾气侵入了涂膜表面；

⑦涂膜表面受到蜡、油、水等的污染；

⑧在新喷涂的涂膜上使用了太强的洗涤剂或清洁剂，或喷完面漆后过早地进行抛光，或使用的抛光膏太粗。

（3）预防的方法：

①使用合格的底漆，要等底漆层充分干燥后再在上面喷面漆；

②只使用推荐的稀释剂和添加剂；

③要充分搅拌涂料，保证喷漆环境符合要求，按正确的方法进行喷涂；

④彻底地清理基材表面；

⑤保证涂膜在温暖干燥的条件下进行干燥；

⑥禁止在新喷涂的涂膜表面使用强力洗涤剂，在涂膜未充分固化之前不得对其进行抛光，抛光时一定要使用规格正确的抛光膏。

（4）处理的方法：通常用粗蜡研磨表面然后进行抛光，即可恢复正常的光泽。如果失光严重，用以上方法仍得不到满意的效果，应将面漆层磨平，然后重新喷漆。

⑩ 遮盖不良、露底

（1）现象：因涂得薄或涂料遮盖力差未盖住底面（底色）的现象称为盖底不良，由于漏涂而使被涂面未涂上涂料的现象称为露底，如图8-13所示。

（2）可能产生的原因：

①所用涂料的遮盖力差或涂料在使用前未搅拌均匀；

②涂料的施工黏度偏低，涂得过薄；

③喷涂不仔细或被涂物外形复杂，发生漏涂现象；

④底漆、面漆的色差太大，如在深色漆面上涂亮度高的浅色涂料。

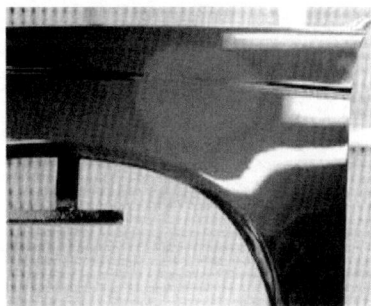

图8-13 遮盖不良

195

（3）预防的方法：

①选用遮盖力强的涂料，增加涂层厚度或增加喷涂道数，涂料在使用前和涂装过程中应充分搅拌；

②适当提高涂料的施工黏度或选用固体分高的涂料，每道喷涂应达到规定的喷涂厚度；

③提高喷涂操作的熟练程度，谨慎操作；

④底涂层的颜色尽可能与面漆颜色接近。

（4）处理的方法：将缺陷区域打磨平，然后重新喷漆。

11 色不匀、色发花

（1）现象：涂膜的颜色局部不均匀，出现斑印、条纹和色相杂乱的现象，如图8-14所示。

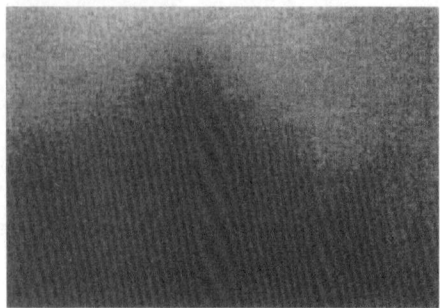

图8-14 色不匀、色发花

（2）可能产生的原因：

①涂料中的颜料分散不良或两种以上的色漆相互混合时混合不充分；

②所用溶剂的溶解力不足或施工黏度不适当；

③涂得太厚，使涂膜中的颜料产生里表对流；

④在涂装场所附近有能与涂膜发生反应的气体（如氨气、二氧化硫等）。

（3）预防的方法：

①选用分散性和互溶性良好的颜料；

②选择适当的溶剂，采用符合工艺要求的涂装黏度和膜厚；

③调配复色漆时使用同一类型的涂料，最好用同一厂家生产的同一类型涂料。

（4）处理的方法：将缺陷区域打磨平，然后重新喷漆。

12 砂纸痕

（1）现象：透过面漆会出现打磨的痕迹、线砂痕、打磨痕等，如图8-15所示。

（2）可能产生的原因：

图8-15 砂纸痕

①底漆表面处理不当;

②底漆没有充分硬化就喷涂了色漆层;

③涂膜厚度不够或干燥速度太慢;

④涂料混合不均匀,使用的稀释剂型号不对或质量太差,特别是缓干剂、白化水等使用不当。

(3)预防的方法:

①对所用面漆依序使用适当的砂纸型号;

②视情况用封底漆消除擦痕扩大,选择适合于喷漆房条件的稀料;

③不要将底漆喷涂过厚,要确认完全干燥后再喷面漆;

④使用匹配的漆料系统。

(4)处理的方法:打磨到平滑表面,喷涂适合的底漆,然后重新喷涂面漆。

⒀ 原子灰印痕

(1)现象:涂膜上出现一片外观和光泽不同、有清晰的边界或轮廓线的地图状区域,如图8-16所示。

(2)可能产生的原因:

①刮原子灰部位打磨不好;

②刮原子灰部位未喷涂封底漆,原子灰层的吸漆量大,或其颜色与底涂层不同;

③所用原子灰的收缩性大,固化后继续变形。

(3)预防的方法:

①对刮原子灰部位应充分打磨,边缘应平滑;

图8-16 原子灰印痕

②在刮原子灰部位涂封闭底漆或先喷涂一道面漆以封固边缘;

③选用收缩性小的原子灰。如硝基原子灰收缩性大,只适宜于填平砂眼、划痕之类缺陷。

(4)处理的方法:将缺陷区域的涂膜打磨至完整平滑的表面,必要时重新施工原子灰或幼滑原子灰,喷底漆进行封闭。

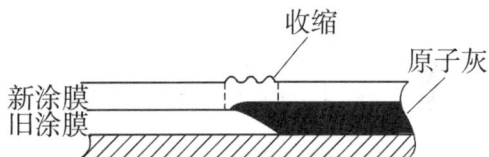

⒁ 起雾、发白

(1)现象:涂装过程中和刚涂装完毕的涂层表面呈乳白色,产生像云那样的变白失光现象,如图 8-17 所示。

凝结的水分

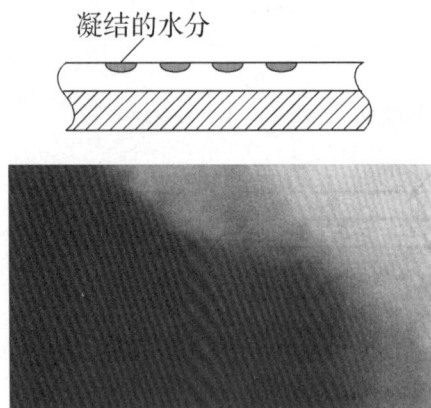

图 8-17 起雾、发白

(2)可能产生的原因:

①施工场所的空气湿度过高;

②所用溶剂的熔沸点偏低,挥发太快;

③被涂物表面的温度低于室温;

④涂料或稀释剂中含有水分,或压缩空气带入水分;

⑤溶剂和稀释剂的选用及配比不恰当,造成树脂在涂层中析出而变白。

(3)预防的方法:

①涂装场地的环境温度最好在 15 ~ 25℃ ,相对湿度不高于70% ;

②选用熔沸点较高和挥发速度适中的有机溶剂,还可添加防潮剂;

③涂装前先将被涂物加热,使其比环境温度略高;

④增加油水过滤器,防止水分进入压缩空气。

(4)处理的方法:打磨至表面平滑,然后重新喷涂面漆。

15 干喷

(1)现象:涂膜表面呈颗粒状或纤维状粗糙结构、无光泽。

(2)可能产生的原因:

①漆料黏度太高,稀释剂不足或型号不对;

②喷涂方法不当,压缩空气压力过高、喷枪脏污、喷涂时喷枪离工件表面距离太远或喷涂太快;

③喷涂时有穿堂风或空气流动速度太快。

(3)预防的方法:

①按比例使用推荐的稀释剂;

②采用正确的喷涂方法,保持喷枪清洁,在保证漆料充分雾化的前提下,尽量将压缩空气的压力调低,喷枪与构件表面的距离要适当;

③在喷漆室内喷涂,喷漆室内的空气流动速度适当;

④按喷涂要求调整喷枪。

(4)处理的方法:将缺陷区域打磨平,然后抛光。若涂膜表面太粗糙,用上述方法不能修复时,应磨平面漆表面,然后重新喷漆。

3 涂装后及使用过程中常见的涂膜缺陷

1 起泡、起痱子

（1）现象：涂膜的一部分从被涂面或底层上鼓起，其内部含有水分或空气，直径为 1~5mm 或更小，呈"痱子"状，称为起痱子；涂膜内部含有水分和空气，而产生粒状起泡称为起泡。由于被涂面被污染，造成涂层面大块浮起的现象称为污染起泡，如图 8-18 所示。

（2）可能产生的原因：

①涂漆前表面已被污染，尤其在被涂面残存汗液、指纹、盐碱、打磨灰等亲水物质；

②清洗被涂面的最后一道用水的水质差，含有杂质离子；

③所用涂料的涂膜耐水性或耐潮湿性差；

图 8-18　起痱子、起泡

④涂层固化不充分。漆面真正干燥前即暴露于潮湿气候或高温环境中；

⑤底漆和面漆涂层厚度都不足，稀释剂使用不正确；

⑥持续暴露于严重的潮湿气候及高湿环境，如在梅雨季节涂膜易起泡。

（3）预防的方法：

①所有表面均需清洁无污染，绝不允许有亲水物质残存；

②打磨时用水需勤更换，且所有打磨污物均已除净，最后一道水洗应该用去离子水或蒸馏水。如果使用自来水冲洗，则一定要擦干、吹干、烘干；

③未戴手套时，裸手不要接触被涂面；

④涂装场地保持在正确温度之下。在涂装前，车辆必须达到喷漆室内的温度；

⑤压缩空气应清洁而未被污染；

⑥喷涂底漆及面漆均应达到规定的足够厚度；

⑦各层间应留有足够的干燥时间，涂膜应干透；

⑧涂层必须让其充分的干燥后，方可暴露于潮湿和高温环境中。

（4）处理的方法：如果缺陷仅在涂层表面，可以将有缺陷的涂层打磨掉之后再重新喷涂面漆。如果缺陷深至底层，则需要将所有涂层清除干净，再重新进行涂装。

2 粉化

（1）现象：涂膜表面出现白垩状的尘土或粉末，通常发生在老化、旧的涂膜表

图8-19 粉化

面,如图8-19所示。

(2)可能产生的原因:

①长时间强日光照射;

②油漆中添加剂使用不当。不符合要求的添加剂会降低涂膜的抵抗力,使其对日光等有害影响更为敏感;

③油漆中的树脂或颜料老化;

④长期暴露于工业区附近,因其大气环境不良,来自工业区污染物或化学物对漆表面侵蚀,使涂膜抵抗力减弱;

⑤稀释比率不当或不良稀释剂。使用不合规定的稀释剂或使用过量的稀释剂,均会使涂膜中残留有害的溶剂,当其暴露于日光中时,此种有害的溶剂会加速漆料的分解而产生粉化。

(3)预防的方法:

①使用推荐的材料;

②避免紫外线(强光)照射涂膜,不用强力洗涤剂清洗涂膜。

(4)处理的方法:将涂膜磨平并抛光即可恢复光泽。严重时,需重新喷涂面漆。

❸ 开裂、龟裂

(1)现象:肉眼看上去涂膜表面失去光泽,用低倍放大镜观察时可发现大量细微裂纹,像干池塘中的泥土裂开一样,如图8-20所示。

(2)可能产生的原因:

①油漆混合不均匀、稀释剂不足或所使用的稀释剂型号不对;

②涂膜太厚或在未完全固化或过厚的底层漆上喷涂色漆;

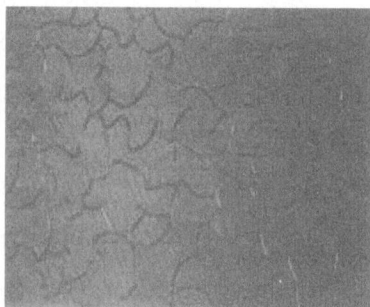

图8-20 开裂、龟裂

③被涂物面太热或太冷;

④漆层不匹配;

⑤使用需要添加固化剂的涂料时没有加固化剂。

(3)预防的方法:

①将油漆混合均匀,按规定的比例和型号使用稀释剂;

②采用正确的喷涂方法,每层涂膜要薄而湿,要保证各层之间的流平时间;

③按照油漆使用说明,添加规定的添加剂。

(4)处理的方法:打磨产生裂纹区域的涂膜直至露出完整、平滑的表面甚至直到金属层,然后重新喷涂。

❹ 变色、褪色

(1)现象:在使用过程中涂膜的颜色发生变化,其色相、明度、彩度明显偏离标准色板或原色板的现象称为变色。如果涂膜颜色变浅则称为褪色,如图8-21所示。

(2)可能产生的原因:

①受阳光照射、潮湿、高温和空气中的腐蚀性气体(如二氧化硫)等作用所致。当车辆长时间暴露在有化学物的大气中涂层会受影响,如发现颜色有不正常变化时,即应予以检视,找出暴露环境中的不寻常之处;

图 8-21　变色、褪色

②未遵行规定的配方调色;

③由于环境,使表面变黄;

④所用涂料耐候性差或不适用于户外。在涂膜老化、增塑剂析出等过程中有机颜料通过涂膜迁移;

⑤汽车维修面漆误用了易变黄的室内用固化剂。

(3)预防的方法:

①使用正确的调色配方;

②经常清洗车辆;

③选用耐候性优良的汽车维修面漆和固化剂。

(4)处理的方法:

①若损伤较小,使用抛光作业去除缺陷层;

②若抛光仍无法修复缺陷或修复不久后又再度发生时,则将缺陷层磨除并重新喷涂该区域。

❺ 失光

(1)现象:由于涂料不良导致所得涂膜的光泽低于标准光泽的现象,以及在使用过程中最初有光泽的涂膜表面上出现光泽减小现象。

(2)可能产生的原因:

①涂装不良,未按工艺执行,涂膜涂得过薄、过度烘烤和被涂面粗糙等;

②所选用涂料的耐候性差;

③涂膜干燥收缩造成;

④阳光照射、水汽作用和腐蚀气体的玷污。

（3）预防的方法:

①严格按工艺要求或按涂料厂推荐的涂料施工条件进行涂装;

②按被涂物的使用条件,选用耐候性优良的涂料;

③如所用涂料有抛光性,则进行抛光即可恢复光泽。

（4）处理的方法:

①若失光程度较小,可使用抛光作业去除缺陷层;

②若抛光仍无法修复缺陷或失光程度严重,则将缺陷层磨除并重新喷涂该区域。

⑥ 玷污、斑点

（1）现象:在涂膜表面上发生与大部分表面颜色不相同的色斑或黏附尘埃和脏物等异物的现象。

（2）可能产生的原因:

①涂膜在使用过程中受热软化或回黏;

②涂膜中析出异物;

③受环境空气中的污物的侵入、玷污;

④所用颜料不耐酸碱或长霉所致。

（3）预防的方法:

①选用在使用中不受热回黏不软化、不析出异物的涂料;

②选用耐玷污性好的涂料;

③不把被涂物放置在污染源附近。

（4）处理的方法:将玷污或斑点区域打磨平滑,再重新喷漆。

⑦ 脱落

（1）现象:涂膜表面出现鳞片状脱落。这些脱落的漆片易碎,其边缘呈上卷状脱离基材表面,如图8-22所示。

图8-22　脱落

（2）可能产生的原因:

①下层表面处理不好,受到蜡、油脂、水、铁锈等的污染;

②在钢或铝材表面未使用金属表面处理剂,或使用的处理剂型号不对;

③喷漆时,基材表面温度太高或太低;

④喷涂底漆的方法不当,底漆未充分干燥;

⑤涂料的黏度不当,使用的稀释剂型号不对或质量差;

⑥压缩空气的压力太高;

⑦涂料没有混合均匀;

⑧底漆选用不对;

⑨涂膜过厚;

⑩干喷。

(3)预防的方法:

①彻底处理好准备喷涂的基材表面;

②在钢或铝材表面一定要用正确的金属表面处理剂,处理好后,30min 内应开始喷涂,以防基材表面生锈;

③喷涂和干燥时,要保证在推荐的温度范围内;

④使用正确的工艺喷涂底漆,保证底漆充分固化后再喷涂面漆;

⑤使用推荐的稀释剂将涂料稀释到要求的黏度范围;

⑥每次喷涂的涂层要薄而湿;

⑦使用同一油漆生产商生产的配套产品;

⑧正确调整喷涂压力;

⑨喷涂封闭底漆。

(4)处理的方法:将剥落的涂膜清除,按要求的涂装方法、材料,重新喷漆。

❽ 锈蚀、生锈

(1)现象:在涂膜下出现红丝或透过涂膜的锈点,前者称为丝状腐蚀,后者称为疤状腐蚀。

(2)可能产生的原因:

①水分穿过涂膜的裂缝或碰伤部位到达钢板表面而锈蚀;

②在涂装前锈垢未完全彻底清除,对有锈点锈疤和点焊缝隙部位应特别注意;

③涂层不完整,有针孔、漏涂等缺陷,如有些缝隙和点焊缝中未涂到涂料;

④所用涂料的耐腐蚀性差;

⑤在维修部位露出金属底材后,未喷涂防锈漆;

⑥使用环境差，如高温、高湿、有腐蚀介质的侵蚀。

（3）预防的方法：

①涂装前被涂面一定要清洁，绝不允许带锈涂装；

②黑色金属件在涂底漆前应进行磷化处理，并与所用涂层具有良好的配套性；

③应确保被涂物的所有表面都应涂到涂料；

④根据被涂物的使用环境选用耐腐蚀性和耐潮湿优良的涂料。

（4）处理的方法：将锈蚀区域打磨平整，然后喷涂防锈底漆，再喷涂面漆。

❾ 干燥不良、慢干

（1）现象：漆层很久不干，如图 8-23 所示。

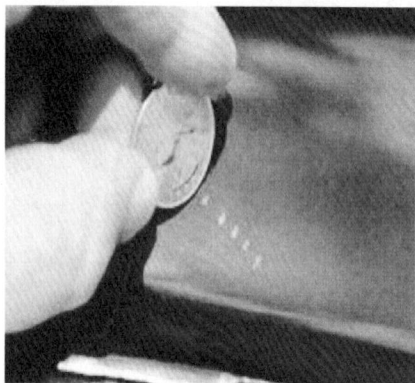

图 8-23　干燥不良、慢干

（2）可能产生的原因：

①硬化剂不当（太少或太多）；

②喷涂过厚；

③稀释剂太慢干或太低劣廉价；

④干燥条件不好，空气太潮湿；

⑤涂层之间干燥时间不够。

（3）预防的方法：

①使用推荐的稀释剂；

②按推荐的膜厚喷涂；

③留有足够的挥发时间；

④改进喷涂和干燥条件。

（4）处理的方法：将汽车置于通风或温暖的环境，加热以加速干燥过程。

引导问题2　抛光打蜡的作用是什么？

1 抛光的作用

抛光主要是为了增加涂膜的光泽度与平滑度，消除涂面的粗粒、轻微流痕、泛白、橘皮、细微砂纸痕迹、划痕、泛色层等涂膜表面细小的缺陷，如图 8-24 所示。抛光处理既适用于旧涂面翻新，也适用于新喷涂面及维修施工。

（1）旧漆面翻新抛光。汽车作为一种室外交通工

图 8-24　抛光

具,长年受到阳光、风沙、雨雪、温差、大气污染物、化学品等不良环境影响,涂面受到的侵蚀程度既复杂又严重。光靠简单的水洗不能将其消除,而要进行翻新抛光处理,通过摩擦和抛光的作用来消除涂面的缺陷。抛光盘配合抛光剂与涂面摩擦,去除涂面的老化层和细微擦痕,抛光剂中的部分成分渗入涂膜,使涂面变得光滑、靓丽。

(2)新喷漆面抛光。全车喷涂面漆或部分喷涂面漆过程中可能产生各种缺陷,如流痕、粗粒、橘皮、发白、失光、丰满度差,以及局部喷涂时飞溅于旧涂面的漆尘和新旧涂膜交界处的痕迹均可通过抛光处理得到及时的纠正。

2 打蜡的作用

汽车涂膜经过抛光后,一般均需在其表面打蜡,如图 8-25 所示,蜡质在涂膜表面干燥后会形成一层薄的保护膜,该保护膜可以反射阳光中的紫外线,降低对涂膜的破坏。蜡质的光滑度能有效防止水分子对涂膜的渗透并具有抗污能力,蜡膜有一定的硬度,可减轻划伤涂膜的程度,蜡膜的光泽能提高涂膜的光泽度、丰满度,弥补抛光处理后的不足。

图 8-25　打蜡

引导问题3　面漆修整的工艺流程是怎样的?

汽车面漆的修整工艺要根据缺陷的类型来确定。一般对于需要重新喷涂的涂膜缺陷,应该按照前面介绍的维修方法进行重新涂装处理。对于一般的轻微缺陷可以采用图 8-26 所示的工艺流程来进行。

面漆的涂装 → 准备相关的工具设备材料 → 面漆的干燥及研磨 → 漆面势光打蜡 → 交车

图 8-26　面漆修整工艺流程图

(二) 任 务 实 施

引导问题4　作业前的准备工作有哪些?

1 工具、设备的准备

❶ 抛光机及抛光垫

抛光机是利用抛光垫旋转对涂层表面进行修饰的工具。按照抛光机的动力来分,有电动如图 8-27 所示和气动如图 8-28 所示两种。它的转速一般可以调整,操作简单。

图 8-27　电动抛光机　　　　　图 8-28　气动抛光机

抛光垫是用在抛光机上,并与相应的抛光剂配合使用,用于抛光涂料表面的。常用的抛光垫按抛光的粗糙度可分为供粗抛光用的粗抛光垫和供精抛光用的精抛光垫两种。

粗抛光垫用于清除打磨划痕和调整纹理,摩擦效果大,抛光痕迹明显,通常粗抛光垫与摩擦效果比较大的粗抛光剂配合使用。相反,精抛光垫摩擦效果小,抛光痕迹不明显,它与摩擦效果较小的精抛光剂配合使用,可以清除粗抛光形成的涡旋痕迹,使漆面产生光泽。

按抛光垫的材料分类,有纯羊毛、人造纤维和海绵三类。纯羊毛为传统的抛光材料,其研磨力强,一般用于普通漆面的抛光;人造纤维和海绵较羊毛软,一般用于普通面漆和清漆层的抛光。各种类型的抛光垫见表 8-1。

各种类型的抛光垫　　　　　　　　　　　　表 8-1

名称	图形	名称	图形
粗抛光海绵垫		精抛光海绵垫	
波浪海绵垫		羊毛抛光垫	

续上表

名称	图形	名称	图形
硬毡抛光垫		软毡抛光垫	

❷ 其他工具设备

还需要使用到的其他工具有打磨块、喷壶、风枪等。

② 主要材料的准备

❶ 抛光剂

汽车维修涂装用抛光剂,由有机溶剂与加有水和油的研磨剂制成,按研磨剂颗粒的大小不一样,分为粗粒度、中粒度和细粒度三种;按研磨方式的不同,分为手工研磨用抛光剂和机械研磨用抛光剂;按黏度不同,有膏状和液体状两种,如图 8-29 所示。

抛光剂有两种作用:研磨开始时,磨料颗粒起研磨作用,将涂膜表面磨平;到研磨后期,磨料颗粒被粉碎成极细粉末,可起抛光作用。

❷ 汽车蜡

车蜡主要是起保护作用的。打蜡除了能降低漆面的粗糙度值外,其在车表面形成的蜡膜还能有效地防止产生静电、防止紫外线的照射,起到抗高温、防氧化、防水、防划伤等作用。车蜡品种很多,不同的车蜡所起的作用有所不同。选用时要根据车蜡的特点及需要防护的方面进行选择,各种不同类型的保护蜡,如图 8-30 所示。

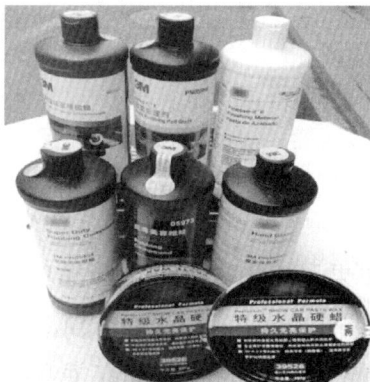

图 8-29　抛光剂

图 8-30　保护蜡

3 其他材料

还需要使用到的其他材料包括清洁剂、漆面研磨砂纸（图8-31）、抛光及打蜡用海绵（图8-32）、无纺布、抹布等。

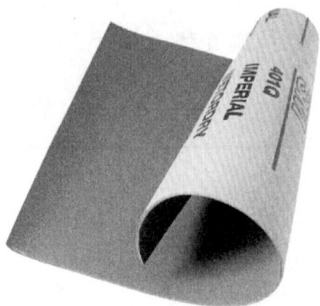

图8-31　漆面研磨砂纸　　　　图8-32　海绵

3 劳动保护措施

在本次作业中需要用到劳动保护用品,请根据前面学习的劳动保护用品知识,完成表8-2的内容,在相关的操作中需要用到的劳动保护用品在栏里打"√"。

面漆修整作业中的劳动保护用品　　　　　　表8-2

工序	推荐的涂装工劳动保护用品							
车表清洁								
研磨								
抛光								
打蜡								

引导问题5 怎样进行面漆的干燥及研磨?

（1）面漆涂装完成后,在保持喷漆房正常抽风的情况下,静置15～20min。

在涂料刚刚施涂之后,溶剂蒸发很快,如果马上加热,那么会加速溶剂的挥发,从而让溶剂在涂膜表面造成陷坑和针孔等缺陷。涂膜的静置时间与所用的涂料类型、涂层厚度、溶剂的种类及周围的环境温度有关,在施工过程中一定按照规范的调配及施工工艺进行,这样可以避免很多涂膜缺陷的产生。

面漆的干燥及研磨方法

（2）清除贴护。在涂膜静置适当的时间，表面稍稍干燥之后，清除掉工件周围的遮蔽纸及遮蔽胶带。如果后面需要抛光打蜡处理的，为了防止抛光剂及车蜡污染其他部件，也可以只拆除靠近涂料边缘的胶带，留下遮蔽纸。

（3）对涂料进行干燥。汽车维修用的溶剂挥发型、氧化固化型或双组分聚合型涂料都可以采用自然干燥或利用加热设备进行烘烤干燥。烘烤干燥除了可以使用红外线烤灯之外，也可以用燃油型烤漆房进行干燥。一般涂装面积较小时，宜选用红外线烤灯进行烘烤；涂装面积较大或涂装部位较多时，可以选用烤漆房进行烘烤。

（4）检查涂料的干燥程度。涂料的干燥程度大致可以分为以下几种。

①不粘尘：涂料表面已经干燥，灰尘不再附着于涂料表面。

②不粘手：涂料基本干燥，用手轻轻施加压力不会留下明显印痕，但是用力施压会有较浅的痕迹。

③干得可以装卸：涂料基本固化，用力施压不会有明显痕迹，干得可以允许进行零件安装。

④干透：涂料完全固化，用力施压不会有任何痕迹，可以允许进行其他作业，如抛光、重涂等。

需要抛光或重涂作业的一定要等涂料完全干透再进行，否则容易出现其他涂膜缺陷。

（5）用打磨块或点磨机配合 P1500～P2000 漆面研磨砂纸蘸水打磨缺陷，如图 8-33 所示。

（6）反复检查打磨效果。一般将缺陷部位打磨至与周围平面度、纹理基本一致即可，不可打磨过度。如果不慎磨穿面漆层则需要重新喷涂面漆；如果面漆层打磨太薄，在抛光时也容易磨穿面漆。

（7）清洁工件表面，并干燥，如图 8-34 所示。

图 8-33　打磨缺陷　　　　　　　图 8-34　清洁工件

引导问题6　怎样进行抛光及打蜡？

车门涂膜表面的缺陷经过研磨后，漆面平整，但打磨过的部位失去了光泽，因此需要通过抛光、打蜡来恢复面漆的光泽。抛光、打蜡的方法会根据选用的材料不同而有所不同，一般的施工工序如下。

（1）用海绵或擦拭布将粗抛光剂均匀涂抹于打磨部位，如图8-35所示。如果打磨部位太大，可以分多块操作，一次涂抹面积不宜超过$0.5m^2$。抛光剂也不宜一次涂得过厚，否则会堵塞抛光垫，影响抛光效果。

（2）将配有粗抛光垫的抛光机的转速调至1000～1500r/min，并轻轻地平放在漆面上，如图8-36所示。

图8-35　涂抹抛光剂

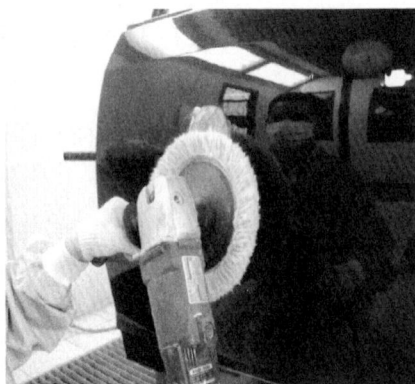

图8-36　平放抛光机

（3）起动抛光机，然后均衡地向下施加一定的压力，按照往复运动的方式慢慢移动进行抛光。抛光时要注意：

①如果抛光机先起动再接触漆面的话，掌握不好会对漆面造成损伤，在抛光过程中抛光机可以平放在工件表面，也可以以5°～15°的小角度放在工件上，如果角度太大，则抛光时抛光垫的边缘在摩擦漆面，容易对漆面造成损伤，如图8-37所示；

②向下施加的力如果太大，摩擦力也大，容易损伤漆面；如果力太小，摩擦力小，则抛光效果不好；

③抛光机的移动方向最好与车身流线型方向一致，做往复运动；

④粗抛光只要能去掉砂纸打磨的痕迹即可；

⑤对于工件边沿或不好使用抛光机的部位应该使用手工抛光，即用柔软的擦拭布或抛光海绵蘸上抛光剂之后，用手工往复来回摩擦，直至消除打磨痕迹，如图8-38所示。

a) 正确　　b) 正确

c) 不正确

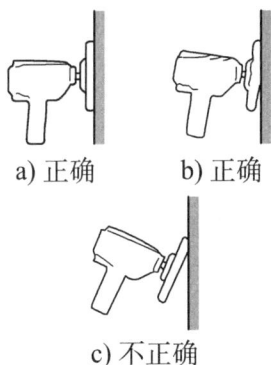

图 8-37　抛光机的角度　　　　图 8-38　手工抛光

（4）用干净的擦拭布将工件清理干净,对于表面还有打磨痕迹的,重复步骤
（1）～（3）,直至完全消除砂纸磨痕,基本恢复光泽。

（5）用海绵或柔软的擦拭布将细抛光剂均匀涂抹于工件表面。

（6）将抛光机转速调至1500～2000r/min,并选择精抛光垫进行抛光。

第二次抛光的主要目的是消除粗抛时所形成的抛光痕,以及提高涂层的光
泽度。抛光时可适当加一点点水进行润滑,这样抛光效果会更好。如果1遍处理
不到位,可以进行2～3遍,直至达到要求为止。

（7）用柔软的擦拭布将整个工件清理干净。

（8）用精细海绵或柔软的擦拭布蘸上上光保护蜡均匀涂抹在工件上面,如
图 8-39 所示,涂抹时面积也是不宜过大,每次以 0.5m² 为宜,力度均匀地按车身
流线型方向依次往返涂抹。

（9）待车蜡稍干之后,再用干净的软布将车蜡擦拭干净即可,如图 8-40 所示。

图 8-39　涂抹车蜡　　　　　图 8-40　擦拭车蜡

擦拭时也要注意用力均匀,力度适中,避免重新在涂层上留下擦拭的痕迹。
最后处理好的工件必须达到漆面光亮如镜、纹理一致、没有任何印痕。

（10）检查工件,将工件上面所有的抛光剂及车蜡清理干净。

抛光剂及车蜡里面含有溶剂,如果在工件或漆面上停留时间过长,容易在漆面上形成印痕。

三 学习记录与评价

1 理论知识记录

（1）涂料储运过程中常见的涂料缺陷有（　　　）。

  A. 结块   B. 鱼眼   C. 结皮   D. 沉淀

（2）涂装过程中常见的涂膜缺陷有（　　　）。

  A. 尘点   B. 流挂   C. 橘皮   D. 咬底

（3）所有的流挂都需要进行重新喷涂。   （　　　）

（4）橘皮产生的主要原因有（　　　）。

  A. 涂料黏度太高   B. 喷涂太厚

  C. 喷涂过薄   D. 环境温度过高

（5）喷涂时产生尘点的主要原因有哪些? 如何预防及处理? ＿＿＿＿＿＿＿

＿＿＿＿＿＿＿＿＿＿＿＿＿＿＿＿＿＿＿＿＿＿＿＿＿＿＿＿＿＿＿＿＿＿＿＿＿。

2 实操数据记录

请根据面漆的修整实训操作情况,填写表8-3中的内容。

面漆的修整实训记录表   表 8-3

主要施工工序	记录项
面漆的干燥	工件表面实际缺陷鉴别与分析 可通过打磨抛光处理的缺陷有: 不可通过打磨抛光处理的缺陷有:
面漆的打磨	选用的打磨工具: 选用的打磨材料:
面漆的抛光 及打蜡	选用的抛光工具品牌及型号: 选用的抛光材料品牌及型号: 抛光机转速: 抛光遍数: 最终完成质量:

3 评价

（1）自我评价。请根据自己对本节专业知识和技能掌握情况，完成表 8-4 中的相关内容。

自我评价表 表 8-4

评价内容	完全掌握	部分掌握
理论知识		
面漆的打磨		
面漆的抛光及打蜡		

（2）小组评价。请组长根据组员实际表现，完成表 8-5 中的相关内容。

小组评价表 表 8-5

序号	评价项目	评价情况 （优秀/合格/不合格）	备注 （不合格原因）
1	着装符合要求		
2	能合理规范的使用仪器和设备		
3	能按照安全和规范的流程操作		
4	遵守学习、实训场地的规章制度		
5	能保持学习、实训场地整洁		
6	团结协作情况		

参与评价的同学签名：_____ 日期：_____

（3）教师评价与建议（针对学生学习记录完成情况、实训情况、学习态度等进行评价）：

_____

_____

教师签名：_____ 日期：_____

（四） 技能考核标准

本考核项目需独立完成，主要检验学员对面漆的打磨、抛光及打蜡等技能的掌握情况，面漆的修整操作考核评价表见表 8-6。

面漆的修整操作考核评价表　　　　　　　　　表 8-6

序号	任务	配分	评分标准	得分
1	面漆的干燥	15 分	面漆喷涂后未静置合适的时间扣 5 分	
			未及时清除干净遮蔽纸扣 3 分	
			烘烤温度和距离不正确扣 5 分/项	
			未正确判断面漆的干燥程度扣 5 分	
2	面漆的打磨	30 分	未穿戴劳动保护用品禁止操作,未正确穿戴劳动保护用品扣 2 分/次	
			未正确选择和使用砂纸扣 5 分/次	
			未打磨平整缺陷扣 3 分/处,导致磨穿或粗划痕扣 10 分/处	
			未及时整理相关工具材料扣 2 分/次	
3	面漆的抛光及打蜡	55 分	未穿戴劳动保护用品禁止操作,未正确穿戴劳动保护用品扣 2 分/次	
			未正确涂抹抛光剂扣 2 分/次	
			未正确调整和使用抛光机扣 5 分/次	
			抛穿面漆扣 1 ~ 10 分/处(视情况而定)	
			未正确涂抹保护蜡扣 2 分/处	
			未完全恢复光泽、纹理扣 1 ~ 20 分(视情况而定)	
			未及时清洁工件表面扣 2 ~ 5 分(视情况而定)	
			未及时处理相关工具材料扣 2 分/次	
	总分	100 分	合计	

考评员签字:

思政小故事

点赞! 这位"诚实守信"的汽修老板

有这样一位汽修厂老板,10 多年来,他凭着过硬的汽车修理技术和"让客户开上最安全的车,不让客户多花一分冤枉钱"的经营理念,无偿为顾客进行车辆安全性能检测 5 万余台次,免收修理费合计 100 余万元,带动 200 余名农村贫困青年稳定就业,为灾区、特殊困难家庭、留守儿童和新冠肺炎疫情防控等捐款共计 50 余万元,深得广大客户信赖和好评。他就是中国好人榜"诚实守信"好人、某汽车修理厂厂长纪迁。

想一想

社会主义核心价值观是中国特色社会主义的主流意识形态,是公民思想道德建设的核心,是当代青年正确的价值取向,作为一名准汽修行业从业人员,我们如何在今后的学习和工作中践行社会主义核心价值观?

第二篇

综合篇

　　在实际维修工作中，汽车涂层出现损伤的部位、面积、程度都不尽相同，其底材材质有时也会不同，所以其维修方法不能直接套用基础涂装工艺。在维修时一定要根据实际情况进行综合考虑，选择合适的维修方案。我们在确保维修质量的前提下，既要强调安全、规范、环保、节约，同时也要守正创新，不断优化工艺、提高效率，共同推动汽车涂装行业朝着绿色化、规范化高质量发展。

　　在综合篇中，我们以常见的塑料保险杠、金属车门为例，介绍汽车涂层出现不同损伤时的维修方法。

学习任务九
保险杠的维修涂装

学习目标

1. 知识目标
(1)了解和熟悉塑料的组成、特点及涂装的目的;
(2)掌握常用的汽车塑料种类及鉴别方法。

2. 技能目标
(1)能正确使用和维护塑料保险杠涂装相关的工具和设备;
(2)能正确选择和使用塑料保险杠涂装相关的材料;
(3)能正确选择和穿戴个人劳保用品;
(4)能规范进行塑料保险杠的涂装。

3. 素养目标
(1)通过塑料保险杠涂装的学习,根植规范服务、便捷周到理念,培育现代汽修文化精神;
(2)通过塑料保险杠涂装规范流程学习,强化质量意识,弘扬一丝不苟的工匠精神;
(3)通过思政小故事,强化守正创新、追求卓越的精神。

建议完成本学习任务的时间为 **12** 课时。

学习任务描述

汽车保险杠一般为塑料材质,塑料的组成、特性与金属有很大的不同,所以其维修工艺也有所不同。本学习任务以常见的更换新塑料保险杠涂装和旧塑料保险杠维修涂装两个任务为例,介绍不同损伤情况下的涂层维修方法。

一辆汽车的前保险杠由于碰撞拐角处出现轻微开裂,车主有可能要求直接修复,也有可能要求更换新保险杠。请根据这两种情况,分别进行维修,以恢复和达到原来的涂膜质量要求。保险杠修复前的效果如图9-1所示,保险杠修复后的效果如图9-2所示。

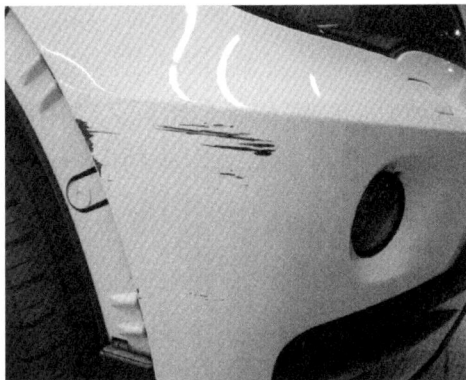

图 9-1 保险杠修复前的效果

图 9-2 保险杠修复后的效果

（一）资料收集

引导问题 1 塑料是由什么做成的? 塑料有哪些特性? 塑料涂装的目的是什么?

塑料在汽车上的应用发展很快,从最初的一些简单内饰件到现在替代金属制成的车身覆盖件,甚至全塑料车身也已问世。新材料的使用给汽车涂装带来了新的课题。我们只有充分地了解塑料的组成、塑料的特点、塑料涂装的目的,才能更好地进行塑料保险杠的涂装。

1 塑料的组成

塑料是以合成树脂为基体,并加入某些添加剂制成的高分子化合物。

❶ 合成树脂

在一定的温度和压力下,合成树脂能制成不同形状的塑料制品,各种合成树脂主要是从煤、石油和天然气中提炼的高分子化合物,在常温下呈固体或黏稠液体。合成树脂是塑料的主要成分,它的种类、性质及加入量的多少对塑料的性能起着很大的作用。大部分的塑料是以所加树脂的名称来命名。

❷ 添加剂

加入添加剂是为了改善塑料的性能,以扩大其使用范围,添加剂包括填料、增塑剂、稳定剂、固化剂、着色剂等。填料是起强化作用,同时也能改善或提高塑料的某些性能,如加入云母、石棉粉可以改善塑料的电绝缘性和耐热性,加入氧化硅可提高塑料的硬度和耐磨性等;增塑剂是用于提高塑料的可塑性与柔软性;稳定剂可以提高塑料在光和热作用下的稳定性,以延缓老化;固化剂可以促使塑料在加工过程中防止塑料硬化;着色剂可使塑料制品色彩美观,以适应不同的使用需要。

各类添加剂加入与否和加入量的多少,要视塑料制品的性能和用途而定。

2 塑料的特性

塑料相对于其他材质,有着自己明显的特性。

(1)质量轻。一般塑料的密度仅是钢铁的 1/8 ~ 1/4,是铝的 1/2 左右,用它来制作汽车零部件,可减轻汽车的质量,降低油耗。

(2)不导电,具有很好的绝缘性能,可以用来制作汽车电器的绝缘零件。

(3)不传热,可以用来制作汽车的隔热零件。

(4)防振动、耐磨性和隔声性能好,可以用来制作汽车的防振、耐磨、隔声降噪零件。

(5)容易着色,可以制成各种颜色的零部件。

(6)耐腐蚀性好。塑料对酸、碱、盐和有机溶剂有良好的耐腐蚀性能,可以用来制作在腐蚀介质中工作的零件,或者采用在其他材料表面喷塑的方法提高其耐腐蚀能力。

(7)比强度高。等质量的塑料与金属相比,其比强度要高。

(8)塑料的力学性能较差,受力容易变形。

(9)耐热性较差,其工作温度一般控制在 70℃ 以下,超过 80℃,塑料容易老化变形。

(10)塑料吸水或溶剂时,其性能和尺寸会发生变化(易受水、油、氧和溶剂的影响)。

3 塑料涂装的目的

塑料制品本身不会生锈、易于着色,本身就有抗腐蚀性及装饰性能,那么为什么还要进行塑料保险杠的涂装呢? 对塑料进行涂装主要有下面 3 个目的。

❶ 提高装饰性能

塑料虽然能够着色(整体着色),但颜料多采用有机颜料或珠光颜料,成本很高,且不易与钢铁件涂膜做成同样的效果。用装饰性涂料在塑料保险杠表面涂装一薄层涂膜,可以提高塑料保险杠装饰性能和配套性能。

❷ 增强保护性能

塑料虽然种类很多,但耐紫外线、氧、水分、溶剂和各种化学物品的腐蚀能力,耐磨性和力学性能等各不相同。外露件其耐候性能要求很高,但能满足要求的塑料材料不多。因此采用塑料保险杠上喷涂一层耐候性、耐化学品性能、抗石击性能良好的涂料来进行保护,可以很好地满足产品的要求,延长使用寿命。

❸ 提供特种功能

在塑料制品表面涂布特种功能的涂料,可以将特种涂料的功能移植到塑料表面,扩大塑料的应用范围。如在塑料上喷涂阻燃涂料可以提高塑料的防火性能;在塑料上喷涂发光涂料可以使塑料具有荧光功能;在塑料上喷涂防划伤涂料可以提高塑料的抗划伤性能等。

引导问题2 汽车上常用的塑料种类有哪些?如何鉴别?适用的涂料有哪些?

1 塑料的种类

塑料的种类很多,按其受热性能的不同,可分为热固性塑料和热塑性塑料2大类。

(1)热固性塑料是指经一次固化后,不再受热软化,只能塑制一次的塑料。这类塑料耐热性能好,受压不易变形,但力学性能较差。

(2)热塑性塑料是指受热时软化,冷却后变硬,再加热又软化,冷却又变硬,可反复多次加热重新制造的塑料。这类塑料加工成形方便、力学性能较好,但耐热性相对较差、容易变形。热塑性塑料数量很大,约占全部塑料的80%。

塑料的特性及分类

汽车上常用的塑料类型及用途见表9-1。

汽车用塑料类型及用途   表9-1

塑料代号	名称	适合烘烤温度(℃)	汽车上的用途	属性
EP	环氧树脂	80	玻璃钢车身板	热固性
UP	不饱和聚酯	120	玻璃钢车身板	热固性

塑料代号	名称	适合烘烤温度（℃）	汽车上的用途	属性
ABS	丙烯腈－丁二烯苯乙烯共聚物	60	车身板、仪表台、护栅、前照灯外罩	热塑性
PP	聚丙烯	100	内饰板、内衬板、内翼子板、面罩、散热器、挡风帘、仪表台、保险杠	热塑性
PVC	聚氯乙烯	80	内衬板、软质填板	热塑性
PC	聚碳酸酯	100	护栅、仪表台、灯罩	热塑性
PUR	聚氨酯	80	保险杠、前后车身板、填板	热塑性
EPDM	乙丙三元共聚物	—	保险杠冲击条、车身板	热塑性
PE	聚乙烯	80	内翼子板、内衬板、帷幔板、阻流板	热塑性
TPR	热塑橡胶	—	前轮罩板	热塑性
TPUR	热固聚氨酯	60	保险杠、防石板、填板	热固性
PA	聚酰胺	80	外装饰板	热塑性
PS	聚苯乙烯	—	内饰件	热塑性
ABS/MAT	含玻璃纤维的强化 ABS	80	车身护板	热塑性
PPO	聚苯醚	—	镀铬塑料保险杠、护栅板、前照灯罩、遮光板、饰品	热塑性

2 塑料的鉴别方法

塑料保险杠在维修涂装之前，必须弄清楚塑料保险杠的种类，以便确定其维修方法和选用什么涂料。常用的汽车车身塑料产品的鉴别方法有以下 6 种。

❶ 查看塑料保险杠上的 ISO 代号

一般正规厂家生产的塑料保险杠在工件背面都会印上 ISO 国际符号标识，也就是塑料代号，在零件拆下后就能看到，如图 9-3 所示。

❷ 查看维修手册

无 ISO 标识时，可通过查找车身维修手册，查看部件的塑料种类，如图 9-4 所示。

❸ 燃烧鉴别

切下一小片塑料,用镊子夹住在火中燃烧,查看其火焰颜色、燃烧情况及闻气味。如 PVC 塑料受热后易熔化,燃烧时火焰呈绿色或青色,有盐酸味;聚烯烃类塑料在燃烧时的火焰没有明显的烟雾,有蜡的气味;聚酯酸纤维素类塑料经点燃后有醋酸味;ABS 塑料燃烧时有明显的烟雾产生,ABS 塑料燃烧试验如图 9-5 所示。

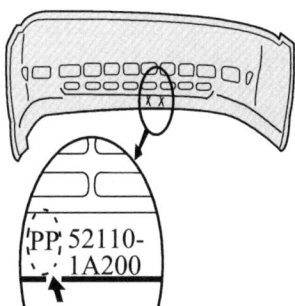

图9-3　塑料保险杠背面的类型代号　　　图9-4　维修手册　　　图9-5　ABS 塑料燃烧试验

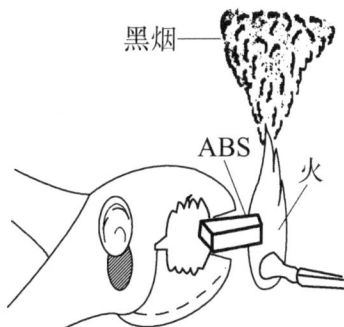

❹ 焊接法

用不同类型的塑料焊条与塑料进行试焊接,能与之焊合的即为此种焊条类型的塑料品种。

❺ 敲击法

用手敲击塑料制品内侧,PU 塑料声音较弱,PP 塑料声音较脆。

❻ 其他简易鉴别法

PU 塑料用砂纸打磨后没有粉末,而 PP 塑料有粉末。PU 塑料易被划伤,PP 塑料不易划伤等。

❸ 各类塑料适用的涂料品种

由于各类塑料的性质不同,其适用的涂料品种也有所不同,只有选择了合适的涂料品种,才能达到最佳的装饰保护目的,各类塑料的适用涂料品种见表 9-2。

各类塑料的适用涂料品种　　　　　　　　　　　　　表 9-2

序号	塑料类别	适用的涂料品种
1	环氧树脂	大部分涂料适用
2	聚氨酯	醇酸涂料、聚氨酯涂料

续上表

序号	塑料类别	适用的涂料品种
3	聚酯（玻璃钢）	聚氨酯涂料、环氧涂料、丙烯酸涂料
4	聚氯乙烯	聚氨酯涂料、丙烯酸涂料
5	聚碳酸酯	丙烯酸涂料、有机硅涂料、聚氨酯涂料、氨基涂料
6	聚乙烯	环氧涂料、丙烯酸涂料
7	聚丙烯	环氧涂料、丙烯酸涂料、聚氨酯涂料
8	聚苯乙烯	丙烯酸涂料、硝基涂料、环氧涂料
9	ABS	环氧涂料、硝基涂料、丙烯酸涂料、酸固化氨基涂料、聚氨酯涂料
10	聚丙烯酸酯（有机玻璃）	丙烯酸涂料、有机硅涂料、聚氨酯涂料
11	醋酸纤维素	丙烯酸涂料、聚氨酯涂料、醋酸纤维素涂料
12	尼龙	丙烯酸涂料、聚氨酯涂料、氨基涂料
13	酚醛树脂	聚氨酯涂料、环氧涂料、氨基涂料
14	醇酸树脂	醇酸涂料、硝基涂料
15	氨基树脂	聚氨酯涂料、丙烯酸氨基或醇酸氨基涂料
16	聚醋酸乙烯及其共聚树脂	乙烯涂料

引导问题3　塑料保险杠表面前处理的方法有哪些?

由于大多数塑料的极性小、表面光滑、润湿性差,对涂料的附着力不是很好,所以对于之前没有涂装过的塑料保险杠要通过表面前处理来提高涂层对塑料的附着力。

塑料保险杠常用的表面前处理方法有以下几种。

1　脱脂处理

塑料表面的油污及脱模剂(如蜡、硅油或硬脂酸等)会大大降低涂料的附着力和引起涂膜缩孔等弊病,因此在涂漆前应当彻底地除去,一般可采用溶剂清洗或采用与金属件类似的碱液清洗的方法。

1　溶剂清洗

采用溶剂清洗对塑料保险杠的脱模剂和油污的去除特别有效,一般可以采用人工擦拭或含氯溶剂蒸气清洗。人工擦拭可采用低级醇或脂肪族溶剂(如异丙醇、溶剂汽油等),加入少量的有机酸或碱(如甲酸、乙二胺等)能提高清洗的效果。溶剂清洗除了将油污、脱模剂溶解除去,使表面形成凹凸不平的状态外,还有溶胀的作用。溶胀作用使塑料表面聚合物发生松弛,涂料分子在扩散作用下,部分线型端部进入了塑料的聚合物内部。待溶剂挥发后,塑料表面收缩恢复为原态,而涂料的线型端部被紧束在塑料表面上,发生"锚固"作用,从而增加了涂料对塑料的附着力。

❷ 碱液清洗

用碱水溶液对塑料进行脱脂处理,也可提高塑料表面的涂膜附着力。对于有极性的塑料,处理时随着碱的浓度升高和温度升高,其附着力有升高的趋势。在有机胺类的水溶液中加入少量烷基苯磺酸用于处理聚碳酸酯塑料,能改善其润湿性,提高涂膜的附着力。

2 化学处理

塑料保险杠表面通过采用适当的化学物质(如酸、氧化剂、聚合物单体等)对其进行处理,使其发生化学变化,形成活性基团或选择性地除去表层低分子成分,使表面呈多孔状态,从而改善涂料在塑料表面上的附着力。如铬酸、硫酸混合液的氧化处理,是通过铬酸、硫酸混合液对塑料表面的氧化而导入极性基团,从而提高表面的润湿性。

3 退火处理

塑料成型时一般采用高温注塑,冷却过程中易形成内应力,在涂装时与溶剂接触,产生溶胀,在应力集中处产生开裂。因此,为了消除内应力,一般在脱脂清洗以后,将塑料保险杠加热到低于热变形的温度下并维持一定时间,这就是退火处理。塑料保险杠在经过物理或化学处理后要进行烘干,在烘干的过程中就完成了退火处理的过程。

4 静电除尘

塑料是绝缘体,容易产生静电,在干燥冷却的过程中易吸附灰尘,因此在涂装之前常用离子化的空气来除尘。用压缩空气通过装有高压电极的喷嘴,利用电晕放电使空气电离,离子化的空气喷到塑料表面,使塑料表面和灰尘的电性被中和并使之带有相同的电荷,由相吸变成相斥,因而容易被清除掉。

采用电晕放电或火焰处理也可改变塑料表面的状态,提高塑料表面的粗糙度值,从而提高了涂膜的附着力。

塑料保险杠表面处理的程度和均一性，是保证随后的涂装质量的关键。通常检查塑料表面处理质量的方法是将处理过的塑料保险杠浸入水中，取出后观察水膜的完整情况。水膜均匀润湿，则证明处理程度好。在处理过的塑料保险杠上滴上水滴，水滴的扩散程度越好，表明处理越好。

引导问题4 塑料保险杠的涂装工艺流程是怎样的？

汽车涂装维修工作中常见的塑料保险杠涂装可以分为两种类型：一种是更换的新塑料保险杠涂装；一种是表面有旧涂层，但是油漆涂层或塑料本身出现损坏的旧塑料保险杠维修涂装。这两种类型的涂装工艺流程如图9-6和图9-7所示。

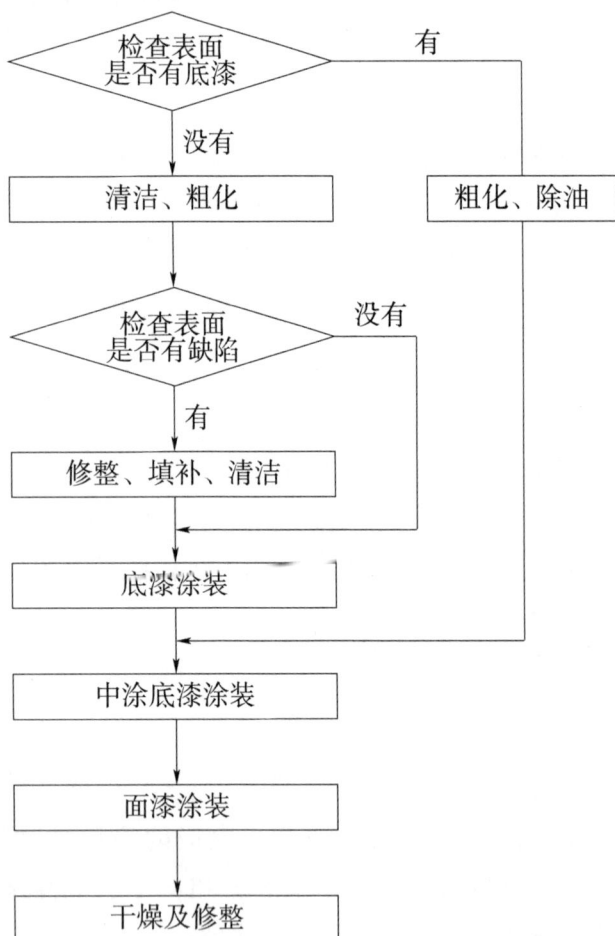

图9-6 新塑料保险杠的涂装工艺流程

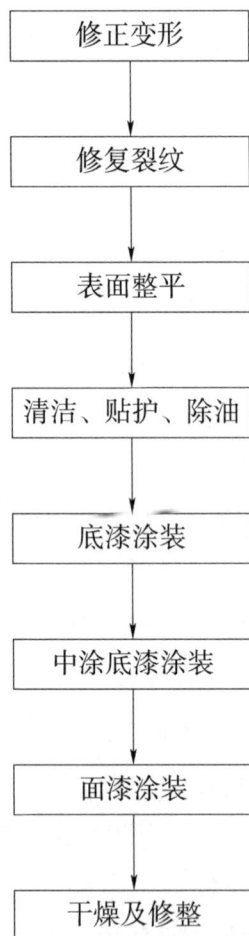

图9-7 旧塑料保险杠维修涂装工艺流程

二 任 务 实 施

引导问题5 作业前的准备工作有哪些?

1 工具、设备的准备

塑料保险杠的涂装主要用到的工具设备有:喷漆房、空气压缩机及空气分配管道、油水过滤器、喷枪、风枪、喷涂支架、刮刀、调漆比例尺、烤灯、砂轮机、干磨系统等。

2 主要材料的准备

(1)塑料清洁剂,主要是用来清除塑料脱膜剂或其他污染物的,其功能类似于塑料除油剂。

(2)塑料静电消除液,主要是防止塑料表面静电的聚集,确保表面无灰尘。

(3)塑料底漆,主要是用于塑料材质表面,增强塑料表面的附着力。一般塑料底漆有不同的品种,分别适用于不同的塑料表面,在选用时一定要根据塑料的材质选择相应的塑料底漆。

(4)塑料柔软剂,又称塑料增塑剂,主要是为了提高涂膜的柔韧性,使之能很好地附着于塑料表面。使用了塑料柔软剂的涂膜耐冲击强度、弯曲性能、伸长率、附着力等物理性能都有所提高,但涂膜抗张强度、硬度、耐热等性能则有所下降。塑料柔软剂的使用必须按照产品技术说明进行,添加过多会导致涂膜过软及失光,添加过少会导致涂膜龟裂。

(5)减光剂,又称哑光剂,主要是用于降低面漆的光泽以达到所需的低光泽效果。

(6)原子灰。

(7)其他材料,包括各种型号的砂纸、菜瓜布、擦拭布、粘尘布、遮蔽胶带、遮蔽纸等。

3 劳动保护措施

在本次作业中需要用到劳动保护用品,请根据前面学习的劳动保护用品知识,完成表9-3的内容,在相关的操作中需要用到的劳动保护用品在栏里打"√"。

塑料保险杠涂装作业中的劳动保护用品　　　　表 9-3

工序	推荐的涂装工劳动保护用品								
	护目镜	防护鞋	工作服	防护服	手套	手套	防毒面具	防护眼罩	防护头罩
清洁									
除油									
打磨									
喷涂									

引导问题 6　新塑料保险杠的涂装方法是怎样的?

新塑料保险杠一般外形较好,涂装时主要是各个涂层涂料的选择及喷涂,其一般的涂装工艺如下。

(1)穿戴好相关的劳动保护用品。

(2)检查新塑料保险杠表面是否有底漆。通过直接观察或是利用砂纸打磨的方法看表面是否喷涂过底漆,如果表面有底漆可以先用 P400 左右的菜瓜布粗化表面,再进行清洁与除油处理,然后进入步骤(7)中涂底漆涂装;如果没有涂料,说明之前没有处理过,需要进入下一步进行操作。

塑料保险杠清洁
与遮蔽保护工作

(3)清洁、粗化。

①根据塑料清洁剂的使用说明调配好清洁溶液。如某品牌的 P273-1333 塑料清洁剂使用时需要与水 1 : 1 进行混合稀释。

②用 P320 左右的菜瓜布蘸调配好的清洁溶液轻轻地仔细打磨塑料表面,让塑料表面产生一定的粗糙度,同时也除掉塑料表面的油污及脱模剂等。

③全部打磨到位后,用清水冲洗干净清洁溶液,再用风枪吹干工件。

(4)检查表面是否有缺陷。如果没有缺陷可以直接进入步骤(6)底漆的涂装。如果有缺陷进入下一步。

(5)修整、填补、清洁。

①如果塑料表面有毛刺,可以用砂纸或刀片修理平整。

②如果表面有划痕或轻微不平,可以用塑料原子灰进行填补,然后打磨平整,如图 9-8 所示(具体的操作方法可以参考学习任务

塑料保险杠表面
涂装的要点

四原子灰的刮涂与打磨相关内容）。

小提示

因为一般塑料保险杠的附着力比较差，如果在其上面刮涂原子灰，则很容易脱落，所以塑料保险杠上要采用专用的塑料原子灰进行填补。

③处理好所有缺陷之后再对塑料保险杠进行清洁，确保整个工件的干净，如图9-9所示。

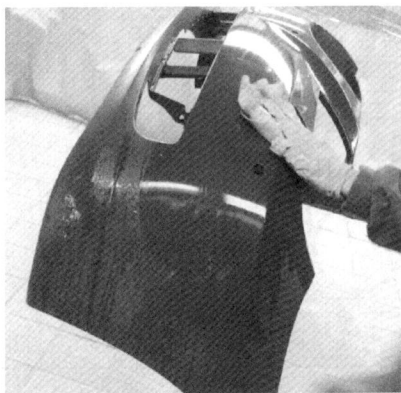

图9-8　打磨　　　　　　　　　图9-9　清洁除油

（6）底漆涂装。

①用遮蔽胶带和遮蔽纸将不需要喷涂的部位保护起来，只露出需要喷涂塑料底漆的表面。

②用防静电塑料除油剂对整个施工表面进行彻底的除油，并用粘尘布轻轻擦拭工件表面。

③根据工件的塑料材质选择合适的塑料底漆，并根据涂料产品说明进行调配。

④根据选择的塑料底漆产品说明进行施工。

如某品牌的 P572-2001 单组分塑料黏附底漆的使用说明见表9-4。

塑料底漆的使用说明　　　　　　　　表9-4

P572-2001 单组分塑料黏附底漆施工工艺	
适用范围	P572-2001 单组分塑料黏附底漆是一种透明、快干的单组分底漆，适用于除了对溶剂敏感的各种可喷涂塑料材质表面

续上表

P572-2001 单组分塑料黏附底漆施工工艺	
	不用稀释,直接使用
	喷嘴口径:1.3~1.5mm 喷涂压力: 传统型喷枪压力　270~330kPa HVLP 型喷枪压力　150~200kPa
	连续喷涂 2 个单层
	风干(20℃):10min
重涂	风干之后无须打磨,可直接喷涂中涂底漆或面漆

（7）中涂底漆涂装。

塑料保险杠涂装在规范要求中一般是需要在底漆上喷涂中涂底漆的,但是有的厂家在喷涂有纹路的塑料保险杠时,为了避免喷涂过厚影响纹理,也有建议在塑料底漆上直接喷涂面漆的。中涂底漆的涂装方法如下。

①选择合适的中涂底漆品种,按规定调配好涂料。喷涂好塑料底漆的工件,可以选择一般的双组分中涂底漆进行施工。值得注意的是,如果工件比较软容易变形则需要在双组分中涂底漆里面添加适量的塑料柔软剂以增强涂膜的柔韧性。不同品牌的柔软剂使用方法各有不同,如某品牌的 P100-2020 柔软添加剂的使用说明见表9-5。

塑料柔软剂的使用说明　　　　　　　　　　　　表 9-5

P100-2020 柔软添加剂使用指南		
工艺	软质塑料工艺	特软质塑料工艺
	双组分底漆　5 份 P100-2020　1 份	双组分底漆　2 份 P100-2020　1 份

工艺	软质塑料工艺	特软质塑料工艺
	按照常规比例添加固化剂和稀释剂	按照常规比例添加固化剂和稀释剂

注意:添加柔软剂会延长干燥时间。

②对整个工件正常喷涂 2~3 个涂层。

③采用自然干燥或烘烤干燥的方法进行干燥。由于塑料保险杠容易受热变形,所以在采用烘烤干燥时特别注意烘烤温度不要超过 70℃,烤灯离工件距离不要小于 50cm,烘烤时间不能过长。有些中涂底漆可以采用"湿碰湿"的工艺,不需要等表面完全干燥,不需要打磨就可直接喷涂面漆,如某品牌的 P565-777 超能免磨底漆。在选用时可根据情况合理选择。

④用 P400 或 P500 砂纸配合双作用打磨机打磨中涂底漆,对于边角或不好打磨部位建议采用较细型号的菜瓜布进行打磨。如果是采用水磨,砂纸建议使用 P600~P1000。

⑤仔细检查每一个部位,确保所有需要喷涂面漆的部位都打磨到位并打磨至平整光滑。

(8)面漆涂装。

①用风枪或抹布对整个工件表面进行彻底清洁,如图 9-10 所示。

②用遮蔽胶带和遮蔽纸将不需要喷涂的部位保护起来,露出施工表面。

③用除油剂对整个工件表面进行彻底的除油,并用粘尘布轻轻擦拭一遍表面。

④根据所喷涂料类型和使用方法调配好涂料。面漆可以选择在车身上使用的维修涂料类型,如某品牌的 P420 单工序纯色漆系列或其品牌的双工序、三工序系列产品(具体内容请参考学习任务七面漆的涂装中的相关知识)。对于较软塑料应该在调配涂料时加入适量的塑料柔软剂。对于双工序或三工序涂层,塑料柔软剂要添加在罩光清漆里面。色漆由于涂层较薄,有很好的柔韧性,所以不需要添加。

⑤按照一般工件上的喷涂方法进行面漆喷涂,如图 9-11 所示。

(9)干燥及修整。

①采用自然干燥或利用烤灯、烤房烘烤干燥面漆。注意烘烤时的温度不要超过 70℃,否则温度过高容易导致塑料变形。

②当涂膜完全干燥之后检查涂层表面存在哪些缺陷。如果缺陷较严重，需要重新喷涂的应该进行返工处理。如果可以通过抛光打蜡处理的，如尘点、流痕等，应该先用 P1500~P2000 砂纸将缺陷打磨掉，将涂层表面打磨平整，然后再用抛光机或手工进行抛光打蜡处理。

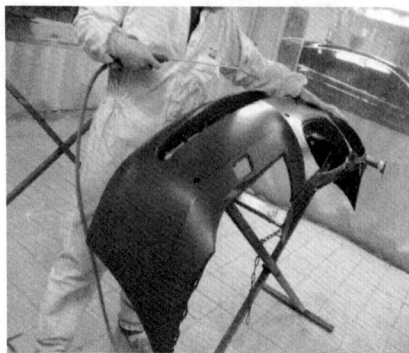 

图 9-10　清洁　　　　　　　　　　图 9-11　喷涂

注意

添加了塑料柔软剂的涂膜一般较软，在使用抛光机进行高速旋转打磨漆面时，容易因为温度过高损坏涂层，所以对于此类涂层尽量使用低速旋转或手工抛光打蜡的方式进行处理。

③对整个工件表面进行清洁，完成涂装工作。

引导问题7　旧塑料保险杠的维修涂装方法是怎样的？

这里的旧塑料特指之前有过涂料涂装的工件，只是部分涂层出现损伤的情况。它的一般维修工艺如下。

（1）穿戴好劳动保护用品。

（2）修正变形。塑料保险杠修正变形的方法如下。

①用红外线烤灯或其他加热装置加热塑料保险杠的变形部位和周围，如图 9-12 所示。一般周围需要加热到 40℃ 左右，变形部位需要加热到 60℃，保持大约 10min，大的变形部位将恢复到原来的状态。

②按照图 9-13 所示方法用手修正其余的小的变形，直至恢复整个塑料保险杠的表面形状。

（3）修正裂纹。修正裂纹的方法很多，汽车维修厂常用的方法有使用黏合剂黏合法、塑料焊接法等。保险杠裂纹一般采用双组分环氧树脂黏合剂进行黏合，其具体方法如下。

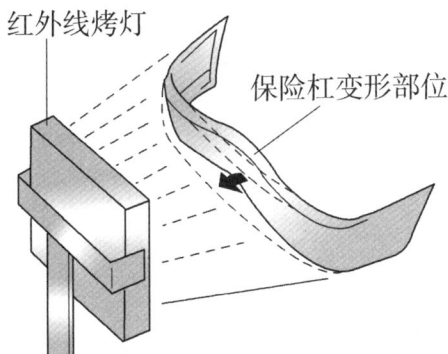

红外线烤灯

保险杠变形部位

图9-12　加热变形区域

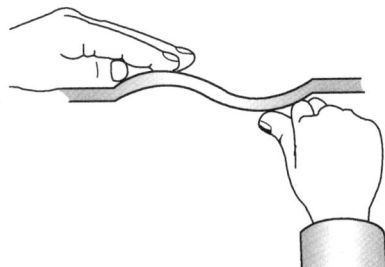

图9-13　修正变形

①清洁裂纹周围部位。

②用较小直径的钻头在裂纹末端钻一个小孔，防止裂纹进一步扩大，如图9-14所示。

③用单作用打磨机将裂纹打磨出V形沟槽，如图9-15所示，用P180砂纸配合双作用打磨机将裂纹周围的油漆涂层磨出羽状边。

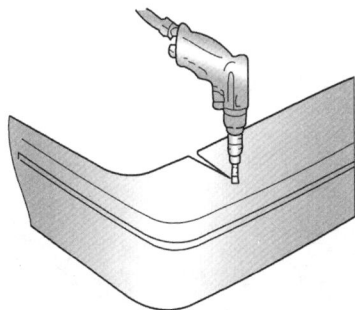

图9-14　钻孔

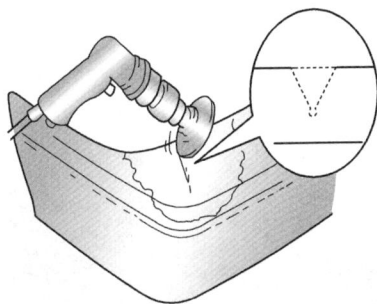

图9-15　磨槽

④用塑料保险杠除油剂清洁干净裂纹周围部位。

⑤在裂纹周围部位涂上合适的底漆。

⑥将黏合裂纹用的黏合剂按产品说明混合好，在规定时间里面涂布到V形沟槽中。

⑦为了保证裂纹高度一致，在裂纹背面前端部位固定一块辅助材料（如薄铁板），用夹子压好，如图9-16所示。

⑧在黏合剂的部位铺上一层玻璃纤维布，并压紧，同时用刮刀将溢出的黏合剂刮到玻璃纤维布上，形成较平的涂层，如图9-17所示。

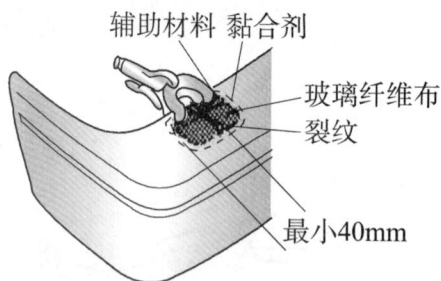

图 9-16　固定

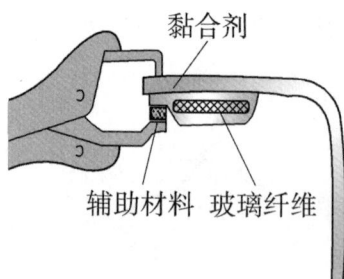

图 9-17　铺玻璃纤维布

⑨使用烤灯加速固化或按黏合剂使用说明中的方法固化后,取下夹子。

⑩用双作用打磨机配合 P120～P240 砂纸打磨涂过黏合剂的部位,使其大致恢复原来的表面形状。

(4)表面整平。表面整平主要是将涂过黏合剂的部位,通过刮涂原子灰来恢复表面的形状。其具体工艺如下。

①用塑料除油剂清洁需打磨部位。

②用 P180～P240 砂纸配合打磨机打磨缺陷,并磨出旧涂层的羽状边,如图 9-18 所示。

③用塑料除油剂清洁需填补部位。

④在裸露塑料部位上薄涂一层塑料底漆。

⑤在缺陷部位刮涂塑料保险杠上专用的塑料原子灰,如图 9-19 所示。

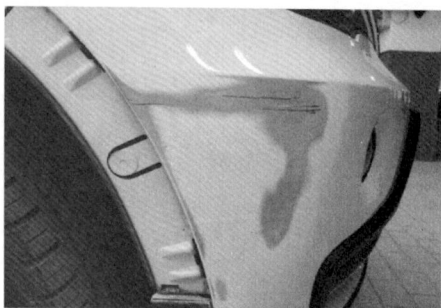

图 9-18　打磨羽状边

图 9-19　刮涂原子灰

⑥采用自然干燥或烘烤干燥的方法干燥原子灰。烘烤干燥时注意烘烤温度和烘烤距离,如图 9-20 所示。

⑦待原子灰完全干燥之后选用 P120～P240 砂纸配合双作用打磨机或手工磨板打磨原子灰,如图 9-21 所示,直至完全恢复表面形状。

(5)清洁、贴护、除油。

①用风枪吹干净工件上的灰尘,如图 9-22 所示。

图 9-20　烘烤

图 9-21　打磨原子灰

②对需要喷涂中涂底漆的部位周边区域进行贴护,如图9-23所示。

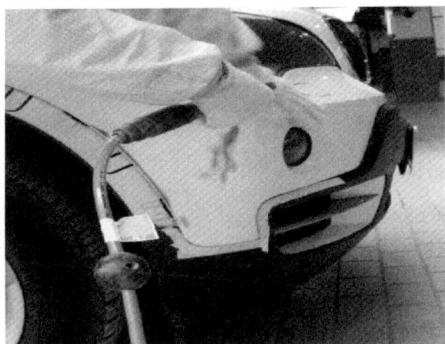

图 9-22　吹尘

图 9-23　贴护

③用除油剂对需要喷涂中涂底漆的部位进行清洁,并用粘尘布粘尘。

(6)底漆涂装。对于还有裸露塑料件的部位可以采用涂抹或喷涂的方法薄施一层塑料底漆。

(7)中涂底漆涂装。

①选择合适的中涂底漆品种,按规定调配好涂料。中涂底漆可以选择一般常用的双组分底漆,但是如果工件是柔性塑料需要在双组分中涂底漆里面添加适量的塑料柔软剂。

②对需要喷涂的部位薄喷2~3个涂层,如图9-24所示。

③采用自然干燥或烘烤干燥的方法进行干燥。烘烤干燥时注意烘烤温度和烘烤距离。

④用P400或P500砂纸配合双作用打磨机打磨中涂底漆,如图9-25所示,对于边角或不好打磨的部位建议采用较细型号的菜瓜布进行打磨。如果采用水磨,建议使用P600~P800砂纸打磨中涂底漆。在打磨需要喷涂部位与旧漆接口

时,应该采用相当于 P1500 砂纸粗细的菜瓜布与粗打磨膏打磨。

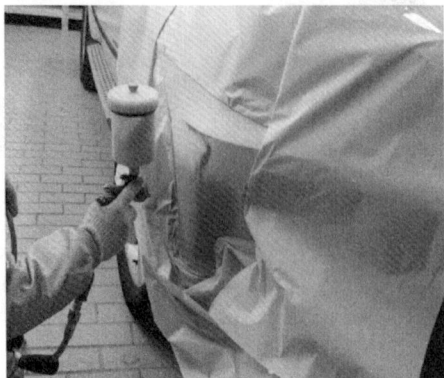

图 9-24　喷涂中涂底漆　　　　图 9-25　打磨中涂底漆

⑤仔细检查每一个部位,确保所有需要喷涂面漆的部位都打磨到位并打磨至平整光滑。

（8）面漆涂装。

①用风枪或抹布对整个施工表面进行彻底清洁。如有必要,应该进行全车清洗,防止车辆上的灰尘在喷涂操作时落在烤房或刚喷涂的油漆表面。

②用遮蔽胶带和遮蔽纸将不需要喷涂的相邻部位保护起来,露出施工表面,如图 9-26 所示。

③用除油剂对整个施工表面进行彻底的除油,最后用粘尘布轻轻擦拭一遍表面。

④根据所喷涂料类型和使用方法调配好面漆。对于较软塑料应该在涂料中加入适量的塑料柔软剂。

⑤按照一般工件上的喷涂方法进行面漆喷涂,如图 9-27 所示。

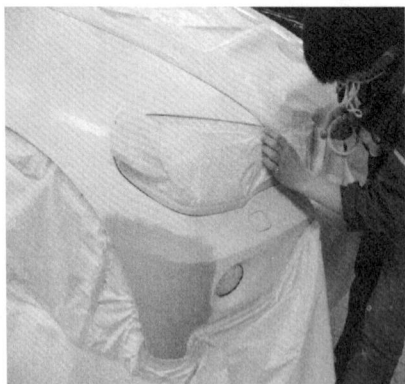

图 9-26　面漆喷涂前的贴护　　　　图 9-27　喷涂面漆

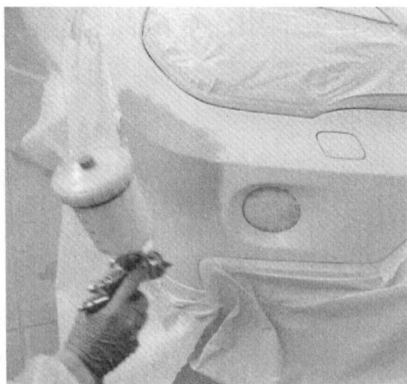

(9)干燥及修整。干燥及修整的方法参考本学习任务的引导问题 6 新塑料保险杠的涂装方法中的干燥及修整步骤。

（三） 学习记录与评价

1 理论知识记录

(1)塑料保险杠涂装的主要目的有：_____

_____。

(2)经一次固化后,不再受热软化,只能塑制一次的塑料为热塑性塑料。
（　　）

(3)塑料保险杠涂装前可以使用普通除油剂进行清洁除油。　（　　）

(4)在塑料保险杠上施涂双组份涂料时,需要添加（　　）。

  A.塑料底漆　　B.柔软剂　　C.哑光剂　　D.塑料原子灰

(5)塑料保险杠涂装与一般金属件涂装不同的地方有：_____

_____。

2 实操数据记录

请根据塑料保险杠的涂装实训操作情况,填写表 9-6 中的内容。

塑料保险杠的涂装实训记录表　　　　　　　　表 9-6

除油剂品牌及型号		底漆品牌及型号	
原子灰品牌及型号		中涂底漆品牌及型号	
底色漆品牌及型号		清漆品牌及型号	
中涂底漆调配方法		面漆调配方法	
底漆喷枪型号及调节方法		面漆喷枪型号及调节方法	
施工方法 (简要描述施工步骤及要点)			

3 评价

(1)自我评价。请根据自己对本节专业知识和技能掌握情况,完成表 9-7 中的相关内容。

自我评价表   表9-7

评价内容	完全掌握	部分掌握
理论知识		
新塑料保险杠的涂装		
旧塑料保险杠的涂装		

（2）小组评价。请组长根据组员实际表现，完成表9-8中的相关内容。

小组评价表   表9-8

序号	评价项目	评价情况 （优秀/合格/不合格）	备注 （不合格原因）
1	着装符合要求		
2	能合理规范的使用仪器和设备		
3	能按照安全和规范的流程操作		
4	遵守学习、实训场地的规章制度		
5	能保持学习、实训场地整洁		
6	团结协作情况		

参与评价的同学签名：_____   日期：_____

（3）教师评价与建议（针对学生学习记录完成情况、实训情况、学习态度等进行评价）：

_____

_____

教师签名：_____   日期：_____

四 技能考核标准

本考核项目需独立完成，主要检验学员对塑料保险杠前处理、底漆/中涂底漆/面漆喷涂等技能的掌握情况，塑料保险杠的涂装操作考核评价表见表9-9。

塑料保险杠的涂装操作考核评价表   表 9-9

序号	任务	配分	评分标准	得分
1	新塑料保险杠的涂装	10 分	未穿戴劳动保护用品禁止操作,未正确穿戴劳动保护用品扣 2 分/次	
		10 分	工具、设备选择不当扣 2 分/次,使用不规范扣 1 分/次;整理、维护不及时扣 1 分/次	
		10 分	材料选择不当扣 2 分/次,使用不当扣 1 分/次,整理、维护不及时扣 1 分/次	
		5 分	清洁、除油、粘尘不规范扣 2 分/次,底材有明显缺陷未做处理的扣 2 分/处	
		12 分	底漆产品选择、调配比例错误的扣 5 分/项,未调节、测试喷枪的扣 1 分/项,喷涂层数、每层厚度及喷涂方法有明显问题的扣 2 分/项	
		13 分	中涂底漆产品选择、调配比例错误的扣 5 分/项,未调节、测试喷枪的扣 2 分/项,喷涂层数、每层厚度及喷涂方法有明显问题的扣 2 分/项	
		15 分	面漆产品选择、调配比例错误的扣 5 分/项,未调节、测试喷枪的扣 2 分/项,喷涂层数、每层厚度及喷涂方法有明显问题的扣 2 分/项	
		25 分	面漆修整后还有明显缺陷的扣 2~10 分/处(视情况而定)	
2	旧塑料保险杠的维修涂装	6 分	未穿戴劳动保护用品禁止操作,未正确穿戴劳动保护用品扣 2 分/次	
		8 分	工具、设备选择不当扣 2 分/次,使用不规范扣 1 分/次;整理、维护不及时扣 1 分/次	
		8 分	材料选择不当扣 2 分/次,使用不当扣 1 分/次,整理、维护不及时扣 1 分/次	
		10 分	清洁、除油不规范扣 2 分/次,除旧漆不彻底扣 2 分,羽状边不规范扣 5 分	
		15 分	刮涂不平整扣 1~5 分(视情况而定),打磨不平整扣 1~10 分(视情况而定)	

续上表

序号	任务	配分	评分标准	得分
2	旧塑料保险杠的维修涂装	13 分	中涂底漆产品选择、调配比例错误的扣 5 分/项，未调节、测试喷枪的扣 2 分/项，喷涂层数、每层厚度及喷涂方法有明显问题的扣 2 分/项	
		15 分	面漆产品选择、调配比例错误的扣 5 分/项，未调节、测试喷枪的扣 2 分/项，喷涂层数、每层厚度及喷涂方法有明显问题的扣 2 分/项	
		25 分	面漆修整后还有明显缺陷的扣 2～10 分/处（视情况而定）	
总分		200 分	合计	

考评员签字：

🧑 **思政小故事**

勇于创新的"杂交水稻之父"——袁隆平院士

袁隆平院士一生致力于杂交水稻技术的研究、应用与推广。90 岁高龄仍坚持行走在田间地头，他发明了"三系法"籼型杂交水稻，研究出"两系法"杂交水稻，创建了超级杂交稻技术体系，提出并实施"种三产四丰产工程"，运用超级杂交稻的技术成果，在杂交水稻研究领域处于世界领先地位，为我国及世界粮食生产作出了重大贡献。他的成果被称为是解决新世纪世界性饥饿问题的法宝，被国际上誉为"第二次绿色革命"，他被国际同行誉为"杂交水稻之父"。

想一想

你知道袁隆平院士的生平事迹吗？袁老身上具有哪些优秀的精神品质？作为一名未来的汽车涂装技师，守正创新、追求卓越精神对于我们今后的学习和工作有什么意义？

学习任务十
车门的维修涂装

学习目标

1. 知识目标

（1）了解汽车维修涂料的发展趋势；

（2）了解和掌握汽车维修涂装中常用的喷涂方法；

（3）了解和掌握汽车喷涂过程中影响颜色的因素。

2. 技能目标

（1）能正确使用和维护板块维修涂装相关的工具和设备；

（2）能正确选择和使用板块维修涂装相关的材料；

（3）能正确选择和穿戴个人劳保用品；

（4）能规范进行车门喷涂及小损伤修补。

3. 素养目标

（1）通过大赛项目引入新材料、新工艺、新方法的学习，根植创新意识，弘扬勇于创新的劳模精神；

（2）通过大赛评价标准规范操作，强化质量意识，弘扬精益求精、一丝不苟的工匠精神。

建议完成本学习任务的时间为 **12** 课时。

学习任务描述

汽车在使用过程中，车门出现涂层损伤的情况较多，损伤部位、面积、程度不同，其维修工艺也有所差异。本学习任务以某届全国技能大赛汽车喷漆项目中的两个维修任务——车门喷涂和小损伤修补为例，介绍不同损伤情况下的涂层维修方法。

车门喷涂是指在只涂装有黑色电泳底漆的车门中心位置，有一个"十"字形横竖各10cm左右的不损伤金属的划伤，需要选手完成对车门的涂装，车门喷涂任务损伤及涂装后效果，如图10-1所示。小损伤修补是指在车门右侧边缘的垂直中点沿中线向内5cm、7cm位置分别有一个深度2mm左右的凹陷，需要选手完成对车门局部双色涂装修复，小损伤修补任务损伤及修复后效果，如图10-2所示。

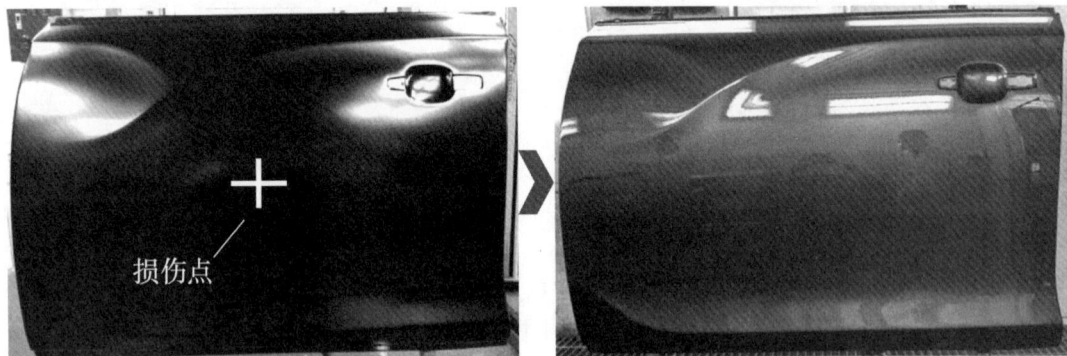

图10-1　车门喷涂任务损伤及涂装后效果

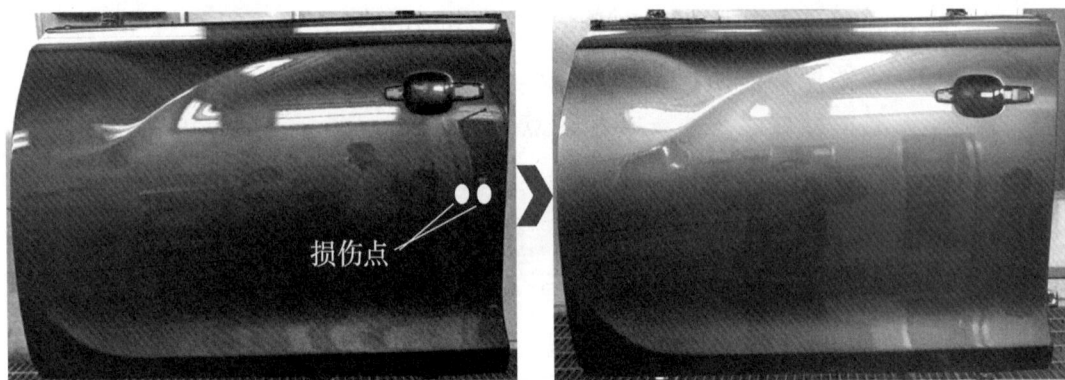

图10-2　小损伤修补任务损伤及修复后效果

一　资 料 收 集

引导问题1　汽车维修涂料的发展趋势是怎样的？

汽车涂装技术的发展与涂料的发展是息息相关的，目前汽车涂料的主要发展趋势是为了适应市场竞争的需要和追赶新潮流,努力提高汽车涂层的光泽、鲜艳性、色彩、立体感等外观装饰性能,以及耐摩擦、抗冲击、抗划伤和耐候性等保护性能。同时为适应环保要求,汽车维修涂料也正在向着高固体化、非异氰酸酯化和水性化方向发展。

1 涂料的高固体化

涂料的高固体化是指涂料中的固体含量越来越高,溶剂含量越来越低。传统溶剂型涂料中的溶剂主要成分属于挥发性有机化合物(VOCs),大多具有令人不适的特殊气味,并具有刺激性、毒性和致癌作用,对自然环境和人体健康危害很大。因此,全球的环境保护组织及各国政府对各类产品中的 VOCs 排放提出了严格的要求。涂料的高固体化有助于减少 VOCs 的排放。

2 涂料的非异氰酸酯化

双组分聚氨酯涂料具有很多突出的性能,多年来一直受到汽车维修涂装行业的广泛使用,但聚氨酯涂料中的异氰酸酯成分具有较大的毒性,防护不到位会严重危及操作人员的身体健康。为了减少这种有毒产品的危害,各个涂料公司都在开发新的涂料品种,如有机硅改性丙烯酸涂料是一种以非异氰酸酯衍生物作交联剂的涂料,它具有超耐候性、耐沸水性、耐溶剂性、抗污性以及涂膜平整、光滑、丰满、力学性能良好等特点,与双组分丙烯酸聚氨酯涂料的性能相比毫不逊色。

3 涂料的水性化

水性涂料是目前最环保的涂料品种,它对环境的污染和对人体的危害是最小的。早在 20 世纪 60 年代中期,汽车制造厂就已经开始采用水性化的电泳底漆,80 年代中后期又使底色漆完成了水性化,90 年代初期水性罩光清漆也开始应用。现在大部分的汽车制造厂已经大量使用水性涂料。在汽车维修涂料市场,由于技术、价格等原因,涂料的水性化速度相对较慢,目前应用最多的是水性底色漆,但随着国家环保要求的不断提高,人们健康、环保意识的不断提高,汽车维修涂料的全系水性化是必然趋势。

引导问题 2 汽车维修涂装中常用的喷涂手法有哪几种?

为了达到不同的颜色及涂层效果,可以通过不同的喷涂方法进行调整,汽车维修涂装中常见的喷涂手法有以下几种。

1 雾喷

雾喷,就是喷涂完后能形成一层薄薄的、均匀的、较干效果的涂层喷法。雾喷手法一般用于溶剂型涂料刚开始喷涂时防止咬底和金属漆、珍珠漆喷涂效果层时。在施工中可以通过增加喷涂距离和加快喷涂速度或调整喷枪参数等方法来进行操作。

2 湿喷

湿喷，就是喷涂完后能形成一层湿润的、均匀的、饱满的，但不会堆积流挂效果的涂层喷法。湿喷手法常用于双组分涂料，如双组分中涂底漆、双组分面漆、清漆层的喷涂。在施工时一般通过控制喷涂速度来达到湿喷效果。

3 半湿喷

半湿喷介于雾喷和湿喷之间，一般指涂膜厚度刚刚形成湿润、均匀效果的喷涂手法。半湿喷手法一般用于金属底色漆、珍珠底色漆、水性底色漆的喷涂。在施工时也可以通过控制喷涂速度来达到半湿喷效果，它的喷涂速度一般快于湿喷，慢于雾喷。

4 湿碰湿

湿碰湿工艺指的是在连续喷涂时不等上一层涂料完全干燥，只需闪干或表干后，就可以继续喷涂下一层涂料或涂层的方法。采用湿碰湿工艺能缩短涂层间的等待时间，简化涂装工序。对于涂层间或不同涂料之间能否采用湿碰湿工艺要根据涂料的说明进行，不可随意喷涂。

5 收边

收边是通过一定的喷涂技巧，在新喷涂层与旧涂层之间形成变薄的涂层，从而使颜色自然过渡的一种喷涂方法。收边喷涂时一般以肘部为轴，或靠摆动腕部，使喷枪对喷涂表面的距离发生圆弧形的变化，对需要色漆遮盖的区域距离近一些，喷涂厚一点，而对不需要色漆遮盖的区域距离逐渐变远，漆雾逐渐变淡，这样最终使涂层颜色形成一个逐渐变化的过渡区，最终与周围未维修区域颜色融合，如图10-3所示。

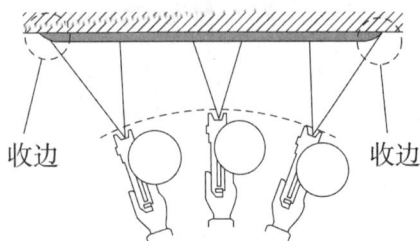

图10-3 收边的喷涂方法

引导问题3 汽车喷涂过程中影响颜色的因素有哪些？

汽车维修涂装时，由于多种因素的不确定性，往往会导致涂膜颜色出现色差。一般来说，纯色漆颜色受喷涂方法、条件等因素的影响较小，主要是涂膜厚度、纹理或光泽度的不同导致视觉上出现差异。而金属漆和珍珠漆则不同，个人喷涂习惯、施工条件、喷涂方法等多种因素都可能导致颜色效果出现差异，喷涂过程中影响颜色的因素见表 10-1。

喷涂过程中影响颜色的因素 表 10-1

影响因素		变浅变亮	变深变暗
喷枪调整	喷嘴口径大小	较小口径	较大口径
	喷涂气压大小	较大气压	较小气压
	出气量多少	较大出气量	较小出气量
	出漆量多少	较小出漆量	较大出漆量
	喷幅扇面大小	较宽喷幅	较窄喷幅
喷涂方法	喷涂距离远近	较远距离	较近距离
	走枪速度快慢	较快速度	较慢速度
	一次涂膜厚薄	较薄涂层	较厚涂层
	闪干效果	闪干充分	闪干不充分
涂料调整	稀释剂类型	快干稀料	慢干稀料
	涂料黏稠度	黏度小	黏度大
施工环境	环境温度	温度高	温度低
	空气湿度	湿度低	湿度高
	空气流速	风速快	风速慢

需要注意的是，喷涂过程中影响颜色的因素是一把双刃剑，有时我们可能把相同的颜色喷成不同的颜色而导致色差，但是通过适当的喷涂方法又能将有一定差异的颜色喷涂到几乎看不出色差。

引导问题 4 车门维修涂装的工艺流程是怎样的？

不同的损伤状况、不同的涂装要求，其维修涂装工艺流程会有所不同。本次课以任务描述中的全国技能大赛汽车喷漆项目中的车门喷涂和小损伤修补两个任务为例，根据赛项技术文件制定其工艺流程如图 10-4、图 10-5 所示。

检查		检查
↓		↓
准备相关的工具设备材料		准备相关的工具设备材料
↓		↓
划伤表面前处理		凹陷表面前处理
↓		↓
自流平底漆涂装		水性中涂底漆局部涂装
↓		↓
水性底色漆、高固清漆涂装		双色水性面漆的涂装
↓		↓
作业结束		作业结束

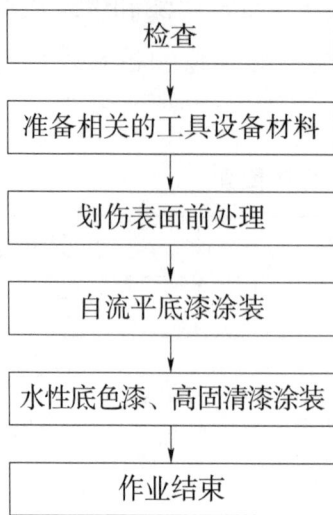

图 10-4　车门喷涂工艺流程　　　图 10-5　小损伤修补工艺流程

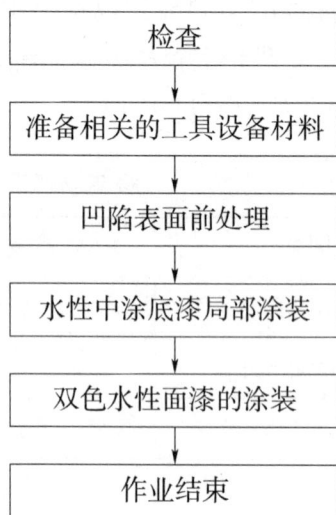

二　任 务 实 施

引导问题5　车门维修涂装前需要做好哪些准备工作?

1 工具设备的准备

车门喷涂和小损伤修补需要用到的工具设备有:干打磨系统、压缩空气及分配系统、油水过滤系统、烤灯、喷烤漆房、喷枪、吹尘枪、手工打磨块、刮刀及调灰盘、调漆系统等。

2 主要材料的准备

1 驳口树脂

驳口树脂是一种挥发慢、透明的树脂,喷涂后能保持较长时间内的湿润状态,能让银粉漆有规则地排列,从而避免"黑圈"的产生,有利于颜色的过渡。某品牌的驳口树脂产品如图 10-6 所示。

2 驳口磨砂膏

驳口磨砂膏是一种专门用于打磨驳口过渡区域的粗粒型抛光剂,其一般为水性产品,不含油脂、蜡及硅酮物。研磨后的残留物很容易清洗干净,不影响后续涂层的附着力。某品牌的驳口磨砂膏产品如图 10-7 所示。

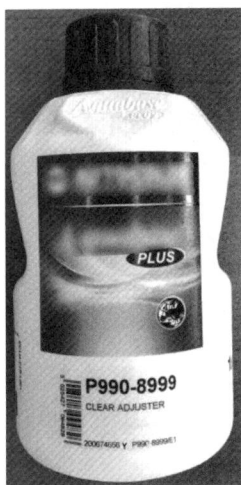

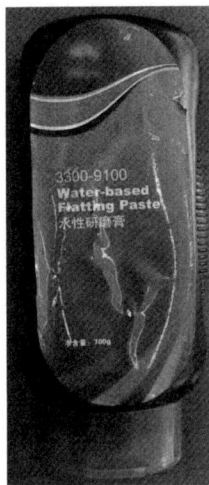

图 10-6　驳口树脂　　　图 10-7　驳口磨砂膏

③ 水性清漆

水性清漆是以水作为主要溶剂的低 VOCs 清漆产品，具有高光泽及高丰满度特点，搭配水性系列产品，可大幅降低汽车涂装过程的挥发性有机化合物排放。某品牌水性清漆产品如图 10-8 所示。

④ 其他涂料

还需要用到的涂料产品有除油剂、侵蚀底漆（图 10-9）、水性环氧底漆、自流平底漆、水性中涂底漆、水性底色漆、高固清漆等。

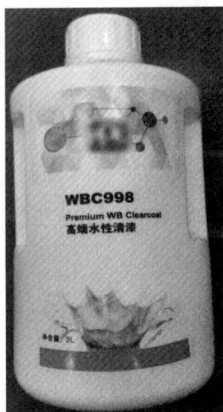

图 10-8　水性清漆　　　图 10-9　侵蚀底漆

⑤ 其他辅料

还需要用到其他的辅料有：各种型号的砂纸、菜瓜布、擦拭布、粘尘布、胶带、遮蔽纸等。

3 劳保防护措施

在本次工作中需要用到的劳保用品，请根据前面学习的劳保用品知识，完成表 10-2 的内容，在相关的操作中需要用到的防护用品栏里打"√"。

车门维修涂装工作中的劳动保护 表 10-2

工序	推荐的涂装工防护用品								
除油									
打磨									
刮涂									
调漆									
喷涂									

引导问题6 车门的喷涂方法是怎样的？

根据赛项文件要求，车门喷涂可采用以下施工方法。

1 检查车门

检查车门，评估损伤点的损伤范围和损伤程度，记录其他区域的划痕、鱼眼、起泡、高点、垂流等瑕疵，如图 10-10 所示。

2 清洁、除油

穿戴好合适的劳保防护用品，用除油剂将整个工件表面清洁干净，如图 10-11 所示。

3 打磨羽状边及整板磨毛

本案例中的损伤未导致板件变形，只是底漆涂层出现划伤，如图 10-12 所示，其操作步骤如下。

（1）更换好合适的劳保防护用品。

（2）打磨羽状边。首先选用 P120～P180 号砂纸配合 6mm 双作用打磨机将划伤处电泳底漆清除干净，然后选用 P180～P240 号砂纸配合 6mm 双作用打磨机磨出底漆层的羽状边,最后用 P240~P320 号砂纸配合 6mm 双作用打磨机将整个划伤区及羽状边边缘再打磨一遍。打磨后检查划伤是否消除,羽状边边缘是否平滑,如图 10-13 所示。

图 10-10　检查瑕疵

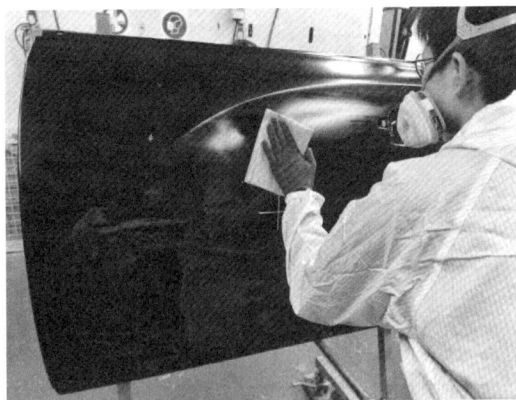

图 10-11　清洁、除油

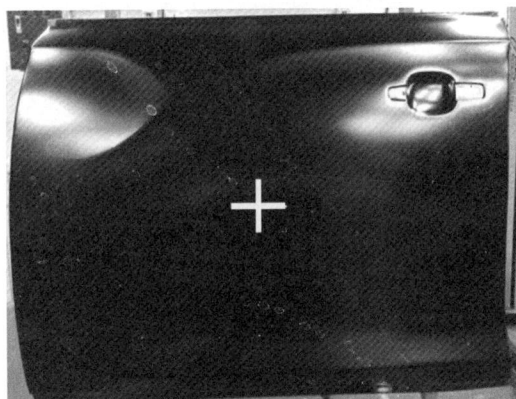

图 10-12　损伤部位

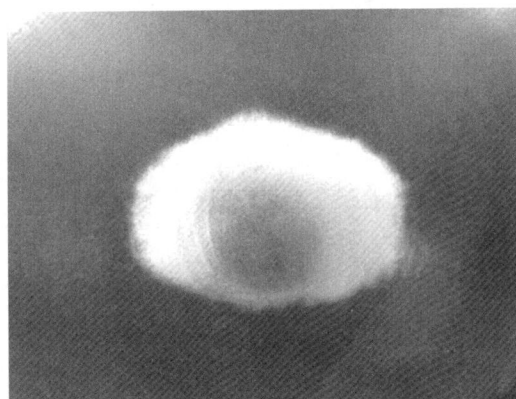

图 10-13　打磨羽状边

（3）整板磨毛。选用 P400~P500 号砂纸或红色菜瓜布加装软垫配合 6mm 双作用打磨机将整个车门表面磨毛,如图 10-14 所示。车门外侧、第一折边、筋线、边角处等,为避免磨穿,可以选用 P400~P600 的海绵砂纸或红色菜瓜布进行打磨。打磨后,检查是否有未打磨且发亮区域、连续状的橘皮及显现金属的磨穿等问题。

（4）清洁。用擦拭布将车门表面的粉尘擦拭干净。

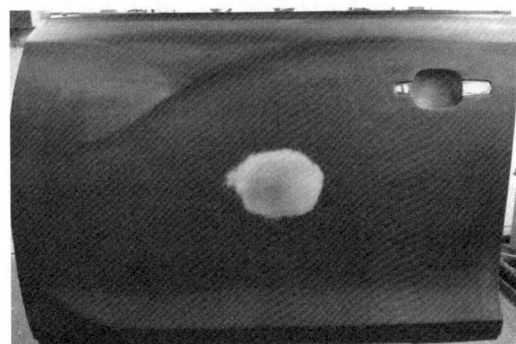

图 10-14　车门磨毛

4 除油

更换合适的劳保防护用品后,再次对车门表面进行清洁除油。因后续工序喷涂水性涂料,为避免出现走珠现象,除油时需要分别使用水性除油剂和油性除油剂进行除油。

5 调配自流平底漆

(1)根据面漆颜色选择对应灰度值的自流平底漆。本案例中的面漆颜色灰度值为 SG05,故应选用灰度值也为 SG05 的自流平底漆。

(2)根据喷涂面积预估用量并进行调配。某品牌自流平底漆的灰度值配比及使用说明见表 10-3。

自流平底漆灰度值配比及使用说明　　　　　　　　表 10-3

P565-5601/5/7 自流平底漆施工工艺	
	体积比 P565-5601/5/7　　2 份 P210-8430/844　　1 份 P850-2K 稀释剂　0.5～1 份 低于 20℃时推荐使用 P852-1689
	DIN4 杯 16～18s 混合后有效喷涂时间:1h 用 P850-2K 稀释剂 　　　　　　　　　20min 用 P852-1689
	喷枪口径:1.3～1.4mm 喷涂压力:300～370kPa 喷涂一全湿单层,或薄喷一层后加一全湿层,漆膜厚度约 25～35μm 均匀喷涂以达到最佳效果,不要喷涂过厚
	如果喷涂一单层,涂层间无需闪干 漆膜厚度达 25～35μm 后,20℃时,闪干约 15min 即可喷涂面漆
	喷涂面漆前闪干 15min,或静置 5day 而无需额外打磨工序 如施工面沾有灰尘,可在喷涂第一道面漆后进行除尘点局部打磨,可使用 P800 砂棉

底漆代码	灰度值配比				
2K	SG01	SG03	SG05	SG06	SG07
P565-5601	100%	75%	--	--	--
P565-5605	--	25%	100%	48%	--
P565-5607	--	--	--	52%	100%

(3)将混合并搅拌均匀的自流平底漆过滤到喷枪当中。

6 **喷涂自流平底漆**

喷涂自流平底漆前,应先使用粘尘布将整个车门表面进行粘尘,如图 10-15 所示,然后使用侵蚀底漆对裸露金属部位进行防锈处理,如图 10-16 所示。

图 10-15　粘尘

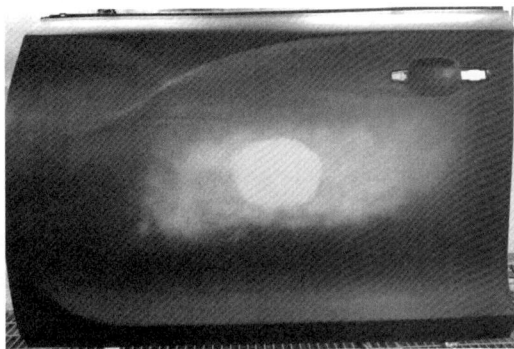

图 10-16　喷涂侵蚀底漆

待侵蚀底漆闪干后,喷涂一层均匀的全湿效果的自流平底漆即可,如图 10-17 所示,切勿喷涂过厚。

7 **调配水性底色漆、高固清漆**

自流平底漆喷涂后,在等待闪干过程中(20℃闪干约需 15min),可进行水性底色漆、高固清漆的调配。某品牌水性底色漆的使用说明见表 10-4,高固清

图 10-17　喷涂自流平底漆

漆的使用说明见表 10-5。调配的量根据施工面积进行预估,调配好后分别过滤到色漆喷枪和清漆喷枪当中。

水性底色漆使用说明　　　　　　　　　表 10-4

水性底色漆施工工艺			
	类型	色漆	稀释剂 P989-5000(质量比)
	双工序纯色漆	1	10%
	双工序银粉漆	1	15%
	三工序珍珠漆	1	30%

水性底色漆施工工艺	
	色漆的黏度会因添加的稀释剂的不同而变化，理想喷涂黏度为20℃时DIN4杯18~22s 推荐125μm网银尼龙过滤器 稀释后使用寿命：色漆调配后保存期　12month 　　　　　　　　　色漆稀释后保存期　3~6month
	喷漆口径：1.25~1.3mm 标准工艺：喷涂单层直到达到足够的遮盖力。层间充分闪干。喷涂闪烁效果颜色时，在干膜上喷涂一薄单层，控制银粉排列
	闪干直到得到均匀干燥的漆膜。 如必要，使用空气流通设备来加速漆膜干燥，如气流促进机、地轴架和专用手持吹风枪

高固清漆使用说明　　　　　　　　　　　　　　表10-5

P190-7020超高固清漆施工工艺	
	体积比： P190-7020超高固清漆　3份 P210-8815配套固化剂　1份 P850-2K稀释剂　0.6~0.8份
	20℃时： DIN4杯17~22s
	喷枪口径：1.2~1.3mm 薄喷一层，再喷一个全湿单层，干膜厚度约50μm。 喷涂不能过厚或过湿
	烘干前：0~5min

P190-7020 超高固清漆施工工艺	
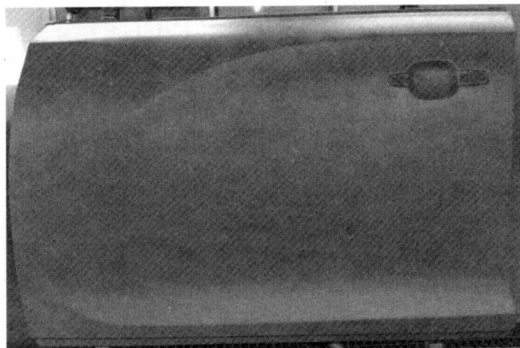	不沾尘(20℃)　　10min 指触干(20℃)　　3~5h 实干(20℃)　　　20h 烘烤(60℃)　　　25min IR 红外　　　　　15~20min

8 喷涂水性底色漆、高固清漆

检查自流平底漆闪干情况,待涂层充分闪干后,才可喷涂水性底色漆。水性底色漆为银粉漆,根据技术说明采取喷涂两遍双层、一遍单层的方法。所谓双层是指一次喷涂一个半干层和一个半湿层;单层是指喷涂一个雾喷层。双层用于提高遮盖力,单层用于调节银粉效果。水性底色漆具体喷涂方法如下(喷枪调整以 SATAjet X 5500 HVLP DIGITAL 1.3 I 型号为例)。

(1)第一遍双层喷涂:将喷枪调整至出漆量 2 圈,扇面全开,气压 130 ~ 150kPa,喷涂双层的第一个半干层,如图 10-18 所示,无须闪干,接着喷涂半湿层,如图 10-19 所示。喷涂完成后用吹风筒以 45°角度将水性底色漆吹干至完全哑光状态,如图 10-20 所示。

图 10-18　第一遍半干层　　　　　图 10-19　第一遍半湿层

(2)第二遍双层喷涂:以同样的方法喷涂第二遍双层,如图 10-21 所示,再用吹风筒吹干。

(3)第三遍单层喷涂:待第二遍涂层完全闪干后,如图 10-22 所示,将喷枪调整至出漆量 1 圈、扇面全开、气压 100kPa 左右,然后用雾喷的方式喷涂最后一遍,也就是效果层，如图 10-23 所示。

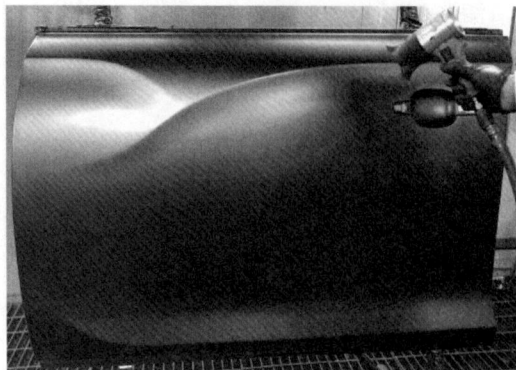

图 10-20　吹干

图 10-21　第二遍半湿层

图 10-22　第二遍完全闪干效果

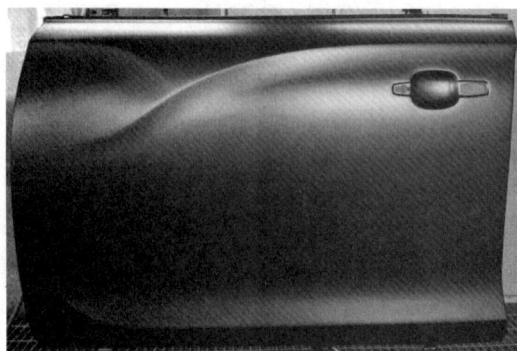

图 10-23　第三遍单层效果

水性底色漆完全闪干后喷涂高固清漆，喷枪以 SATAjet X 5500 RP DIGITAL 1.3 O 型号为例，将喷枪的出漆量旋开 2 圈、扇面全开、气压调至 200kPa，先喷涂一遍中湿层，如图 10-24 所示，闪干后再喷涂一遍全湿层，如图 10-25 所示。

图 10-24　第一遍中湿层效果

图 10-25　第二遍全湿层效果

引导问题7 小损伤修补的方法是怎样的?

根据赛项文件要求,小损伤修补可采用以下施工方法。

1 检查车门

检查并评估损伤点的范围和程度,记录其他区域的凹坑(待做原子灰、底漆的范围内)、划痕、鱼眼、起泡、起痱子、垂流等瑕疵。

2 打磨羽状边

穿戴好合适的劳保防护用品后,先选用 P80 号砂纸配合 6mm 双作用打磨机将损伤处的涂层清除干净,后选用 P120 号砂纸配合 6mm 双作用打磨机磨出损伤区涂层边缘的羽状边,同时磨除裸金属上的粗砂纸痕和划痕,最后用 P180 号砂纸配合 6mm 双作用打磨机粗化羽状边周围区域(粗化范围要尽量控制在能刮涂原子灰情况下的最小范围内)。打磨羽状边的最终效果如图 10-26 所示。

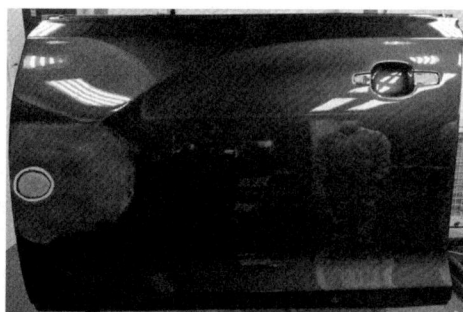

图 10-26 打磨羽状边效果

3 施涂水性环氧底漆

(1)清洁除油。更换好合适的劳保防护用品后,对裸金属区域进行清洁除油。除油时需要使用水性除油剂和油性除油剂分别进行除油。

(2)调配水性环氧底漆。某品牌水性环氧底漆的使用说明见表 10-6,调配的量以车门裸露金属的面积需求为主。

水性环氧底漆使用说明 表 10-6

WBP833 水性环氧底漆施工工艺	
	体积比 WBP833 水性环氧底漆 4 份 WBH233 配套固化剂 1 份 WBT101 水性稀释剂 1~1.2 份 混合均匀后应静置活化 5min 左右,然后再用水性漆专用漏斗(125μm)过滤后使用

WBP833 水性环氧底漆施工工艺	
	混合后请立即使用,20℃,2h
	20℃,25～45s(DIN4 杯)
	喷枪口径:1.6～1.8mm 喷涂压力:220～220kPa 薄喷一层,再喷一个中湿层,依漆膜厚度及漆膜外观而定。 (干膜厚度:30～60μm)
	层间闪干及烘烤前干燥: 静置　5～10min 吹干　2～3min
	60℃(金属表面温度)　50min 红外(短波)　20min 冷却后可投入使用

（3）施涂水性环氧底漆。将除油布折叠后蘸取适量调配好的水性环氧底漆,沿裸金属边缘区域开始施涂,然后再施涂中间区域。施涂的水性环氧底漆要均匀,以刚遮盖住金属为准,不宜过厚,其效果如图 10-27 所示。

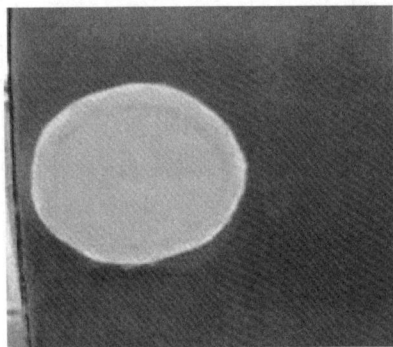

图 10-27　施涂环氧底漆效果

4　刮涂原子灰

待水性环氧底漆充分闪干后,根据损伤程度,预估好原子灰的用量,调配均匀后再对损伤区进行刮涂。刮涂时将每层压实,避免原子灰里面产生气孔,其刮涂好的效果如图 10-28 所示。最后用红外线烤灯进行烤干。

5 **打磨原子灰**

更换好合适的劳保用品后,用打磨机或手刨配合 P80~P320 号砂纸将原子灰打磨平整。打磨后进行质检,如果原子灰不平、气孔较大等,则需要重新填补、打磨,要避免因为质量问题而返工。然后将原子灰周围 100~150mm 范围内的旧涂层用 P320 号砂纸配合 6mm 双作用打磨机磨毛,最后用擦拭布、吹尘枪等进行清洁。打磨原子灰最终效果如图 10-29 所示。

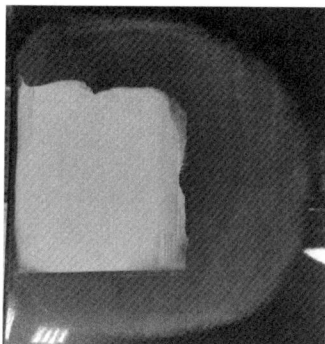

图 10-28 刮涂原子灰效果　　图 10-29 打磨原子灰效果

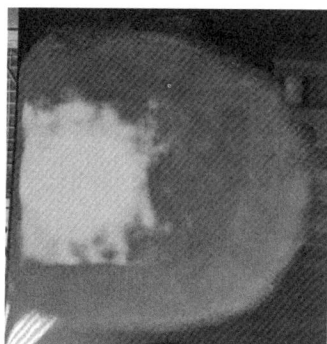

6 **调配水性中涂底漆**

(1)更换好合适的劳保防护用品后,对上述打磨区域使用水性除油剂和油性除油剂进行除油。

(2)调配水性中涂底漆。表 10-7 所示为某品牌水性中涂底漆的使用说明,调配的量以能遮盖原子灰打磨区域的面积为准,调配好后过滤到底漆喷枪当中。

水性中涂底漆使用说明　　　　　　　　　　表 10-7

WBP866 水性中涂底漆施工工艺	
	体积比: WBP866 水性中涂底漆　3.5 份 WBH266 配套固化剂　1 份 WBT101 水性稀释剂　0.5~1 份
	20℃时: DIN4 杯 19~26s

续上表

WBP866 水性中涂底漆施工工艺	
	喷枪口径:1.6 ~ 1.8mm 喷涂压力:200 ~ 220kPa 施涂 2 ~ 3 层,漆膜厚度达到 80 ~ 120μm
	闪干:5min
	风干(20℃):2h 烘烤(60℃):20min IR 红外:15min
	P500 砂纸干磨

7 局部喷涂水性中涂底漆

调整好喷枪后,对原子灰及其周边磨毛区域喷涂 2 ~ 3 层水性中涂底漆。喷涂时注意每道涂层的整体厚度、施工范围、闪干时间以及边缘厚度。如果有裸露金属的部位,应先用侵蚀底漆(自喷罐)进行防锈处理。局部喷涂水性中涂底漆效果如图 10-30 所示。

8 打磨水性中涂底漆及旧漆

(1)中涂底漆烤干后,先用 P320 号砂纸配合打磨手刨将原子灰区域的水性中涂底漆进一步打磨平整,然后用 P400 ~ P500 号砂纸配合 3mm 双作用打磨机将整个水性中涂底漆涂层打磨平整,其效果如图 10-31 所示。

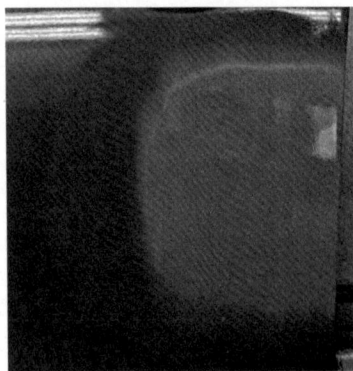

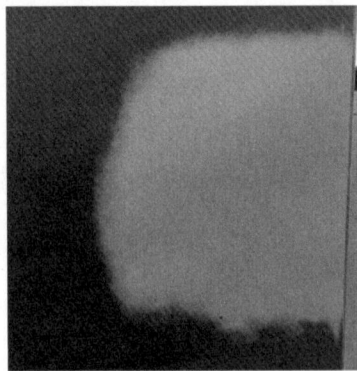

图 10-30　局部喷涂水性中涂底漆效果　　图 10-31　打磨水性中涂底漆效果

（2）选用 P800 号砂纸配合 3mm 双作用打磨机将车门旧漆层整板磨毛，效果如图 10-32 所示。然后选用 P1000 ～ P2000 号海绵砂纸加入水性驳口磨砂膏配合 3mm 双作用打磨机将不喷涂水性底色漆、只喷涂水性清漆的区域进一步磨毛，效果如图 10-33 所示。

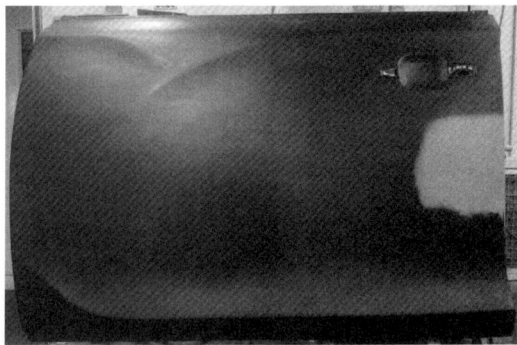

图 10-32　整板磨毛效果

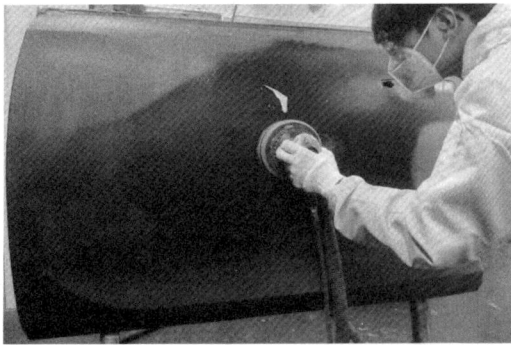

图 10-33　使用驳口磨砂膏效果

（3）除油。整板打磨完后，再次使用水性除油剂和油性除油剂进行彻底除油。

9 **局部喷涂水性底色漆**

（1）局部喷涂水性驳口树脂。

①调配水性驳口树脂。按水性驳口树脂使用说明进行调配，其使用量根据喷涂底色漆的面积决定。

②喷涂水性驳口树脂。按图 10-34 所示范围正常湿喷涂一遍，其闪干后的效果如图 10-35 所示。

图 10-34　喷涂驳口树脂范围

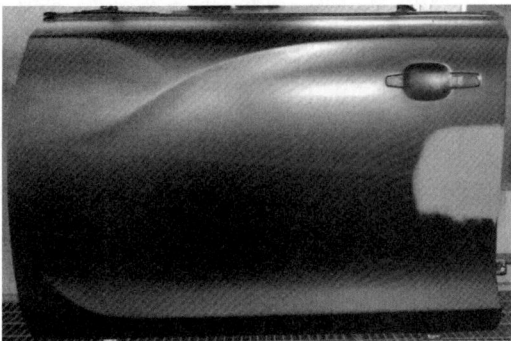

图 10-35　驳口树脂闪干后效果

（2）局部喷涂水性底色漆。

按所用产品说明调配好水性底色漆，然后进行喷涂，其具体方法如下。

①局部喷涂第一遍双层水性底色漆。

第一遍双层水性底色漆喷涂面积要比中涂底漆范围稍宽,涂层边缘采用弧形喷涂手法,薄薄地喷涂一层半干层,增强涂层间的亲和力,防止出现走珠等缺陷,然后喷涂一层半湿层,其效果如图 10-36 所示。

②局部喷涂第二遍双层水性底色漆。

第二遍双层水性底色漆比第一遍双层水性底色漆范围稍宽,以盖住底层颜色,同时在涂层边缘要采用弧形喷涂手法,让边缘颜色形成过渡效果。如果此遍喷涂完后还没有完全盖住底材,可以等涂层干燥之后再用相同方法喷涂 1~2 遍中湿层,以保证盖住底层颜色且不发花为标准,其效果如图 10-37 所示。

图 10-36　第一遍双层水性底色漆效果　　　　图 10-37　第二遍双层水性底色漆效果

③局部喷涂效果层。

采用弧形喷涂手法,薄薄地雾喷 1~2 层,以消除银粉斑纹并调整银粉颗粒感,让颜色形成自然过渡,其效果如图 10-38 所示。

进行水性底色漆(主要是金属银粉漆)局部修补涂装时应注意以下几点。

①底色漆的喷涂范围及方向,如图 10-39 所示。底色漆的喷涂范围应尽量地小,但必须同时保证底色漆的有效过渡,没有明显的断接面和色差。控制底色漆的喷涂方向有利于控制修补面积,使银粉不超过驳口区域,达到缩小局部修补范围的目的。

②喷涂各层涂料时,涂层边缘一定要形成一个由厚及薄的过渡。这样才能最终与周围未修补的区域相融合。

③水性底色漆的颜色效果与涂层干燥程度有关,水性底色漆在喷涂时一定要确保每层充分闪干。

④喷涂水性金属(银粉)漆时应避免形成"黑圈"。产生"黑圈"是由于涂层边缘与其他部位干湿程度不一样,导致银粉排列不一样所致。局部喷涂前喷涂

驳口树脂,可以大大减轻银粉驳口边缘产生"黑圈"的现象。

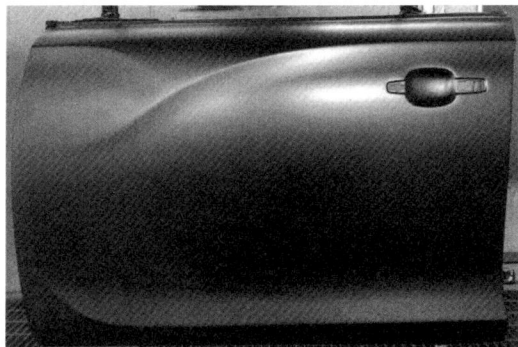

图 10-38　第三遍水性色漆

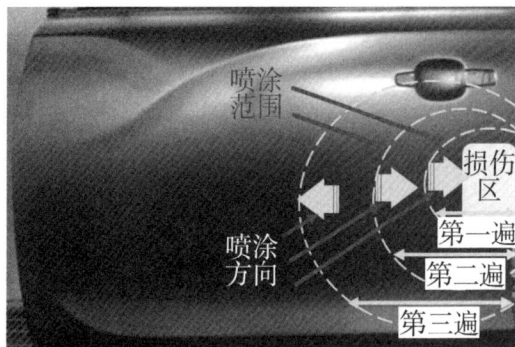

图 10-39　底色漆喷涂范围及方向

10　遮蔽

待底色漆完全闪干后,用分色胶带将门拉手周围、门皮下部区域的边缘粘贴好,然后用遮蔽纸或遮蔽膜覆盖住不需要喷涂的区域,其效果如图 10-40 所示。

11　喷涂第二种颜色

对需要喷涂第二种颜色的部位进行水性底色漆喷涂。第二种水性底色漆的调配和喷涂方法可以参考前面所讲的水性底色漆施工方法,其施工后的效果如图 10-41 所示。

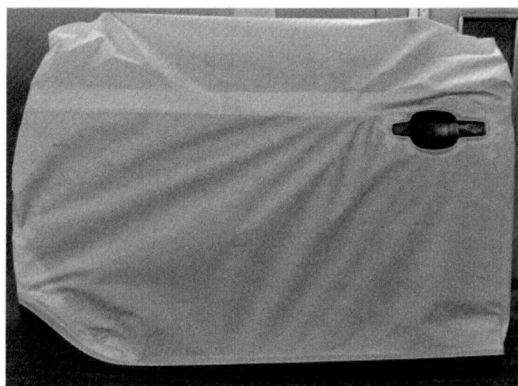

图 10-40　遮蔽范围及效果

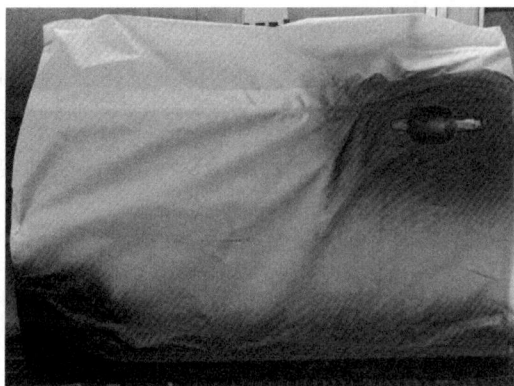

图 10-41　第二种颜色水性底色漆效果

12　调配水性清漆

(1)将车门上的遮蔽纸、分色胶带等清除干净,然后用吹风筒吹干。

(2)调配水性清漆。某品牌水性清漆使用说明见表 10-8,其调配量以车门表面整喷需要的量为准。

水性清漆使用说明　　　　　　　　　　表 10-8

WBC998 水性清漆施工工艺	
	体积比 WBC998 水性清漆　2 份 WBH210 配套固化剂　1 份 WBT101 水性稀释剂　0.5~1 份 因实际施工条件、喷涂习惯等因素影响,如有需要可适量微调稀释剂用量
	混合后请立即使用,20℃,2h
	20℃,18~22s(DIN4 杯)
	喷枪口径:1.2~1.3mm 气压:200~220kPa 先整体薄喷一遍再喷涂一个全湿层,层间闪干2min。 干膜厚度达到 45~55μm
	烘烤前静置约 10~15min,至漆膜清澈(视施工时温度及空气流通性而定)。 烘烤 60℃(金属表面温度)　50min 冷却后可投入使用
	进行手工或机械抛光

13 喷涂水性清漆

水性清漆一般喷涂两遍即可,其具体喷涂方法如下。

(1)喷涂第一遍水性清漆。以中湿的方法喷涂第一遍水性清漆,涂层以刚有光泽为准,不宜太厚,否则会影响颜色效果。刚喷涂后的水性清漆颜色会略带白色,其效果如图 10-42 所示。闪干后,白色消失,恢复清漆的清澈透明效果。

（2）喷涂第二遍水性清漆。以全湿的方法喷涂第二遍水性清漆，涂层可稍厚一些，以形成最终的光泽、纹理、丰满度。注意避免流挂或其他涂膜缺陷，其最终效果如图 10-43 所示。

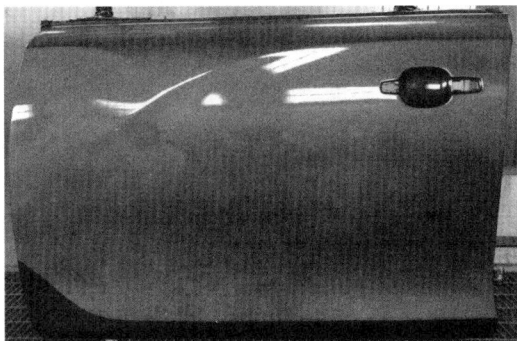

图 10-42　第一遍水性清漆效果　　　　　图 10-43　第二遍水性清漆效果

（三）学习记录与评价

1 理论知识记录

（1）水性汽车修补漆里面使用的水性稀释剂可以用自来水代替。　　（　　）

（2）要达到雾喷效果可以采用的方法有（　　）。

　　A. 选用慢干稀料　　　　　　　　B. 增加出漆量

　　C. 加快喷涂速度　　　　　　　　D. 调整喷涂距离

（3）喷涂的涂膜厚薄会影响颜色效果，下列（　　）因素会导致涂膜颜色变浅。

　　A. 雾喷　　　　　B. 湿喷　　　　　C. 喷涂距离远　　　　D. 喷涂距离近

（4）车门维修涂装后的最终质量检验标准主要包括哪些方面：＿＿＿＿＿＿＿

＿＿＿＿＿＿＿＿＿＿＿＿＿＿＿＿＿＿＿＿＿＿＿＿＿＿＿＿＿＿＿＿＿＿＿＿

＿＿＿＿＿＿＿＿＿＿＿＿＿＿＿＿＿＿＿＿＿＿＿＿＿＿＿＿＿＿＿＿＿＿＿。

（5）车门表面喷涂完水性底色漆、清漆后发现颜色发花，产生此种现象的原因可能有：

＿＿＿＿＿＿＿＿＿＿＿＿＿＿＿＿＿＿＿＿＿＿＿＿＿＿＿＿＿＿＿＿＿＿＿＿

＿＿＿＿＿＿＿＿＿＿＿＿＿＿＿＿＿＿＿＿＿＿＿＿＿＿＿＿＿＿＿＿＿＿＿。

2 实操数据记录

请根据车门的维修涂装实训操作情况，填写表 10-9 中的内容。

车门维修涂装实训记录表　　　　　　　　　　表 10-9

主要施工工序	选用的主要工具及规格	选用的主要材料及规格	备注
除油			
打磨羽状边			
施涂水性环氧底漆			
刮涂原子灰			
打磨原子灰			
喷涂自流平底漆			
喷涂水性中涂底漆			
打磨水性中涂底漆			
喷涂水性底色漆			
喷涂高固清漆			
喷涂水性清漆			

3 评价

（1）自我评价。请根据自己对本节专业知识和技能掌握情况，完成表 10-10 中的相关内容。

自我评价表　　　　　　　　　　表 10-10

评价内容	完全掌握	部分掌握
理论知识		
车门喷涂		
小损伤修补		

（2）小组评价。请组长根据组员表现，完成表 10-11 中的相关内容。

小组评价表　　　　　　　　　　表 10-11

序号	评价项目	评价情况 （优秀/合格/不合格）	备注 （不合格原因）
1	着装符合要求		
2	能合理规范的使用仪器和设备		
3	能按照安全和规范的流程操作		
4	遵守学习、实训场地的规章制度		
5	能保持学习、实训场地整洁		
6	团结协作情况		

参与评价的同学签名：_____　　　日期：_____

(3)教师评价与建议(针对学生学习记录完成情况、实训情况、学习态度等进行评价):

_____

_____

教师签名:_____ 日期:_____

（四）技能考核标准

本考核项目需独立完成,主要检验学员对车门喷涂和小损伤修补两个任务的技能掌握情况。车门喷涂操作技能考核标准见表 10-12,小损伤修补技能考核标准见表 10-13。

车门喷涂操作考核评价表 表 10-12

序号	任务名称	配分	评分标准	得分
1	除油	5 分	未正确穿戴防护用品扣 1 分/次	
			未擦干或自干扣 1 分/处	
2	打磨羽状边及整板磨毛	15 分	未正确穿戴防护用品扣 1 分/次	
			旧漆未完全清除根据程度扣 1~10 分	
			羽状边范围不合理、边缘不平顺扣 1~5 分	
			打磨完成后,未除油或未正确除油扣 2 分	
			清洁完成后,工件表面有残留灰尘扣 1 分/处	
			磨毛区磨穿至金属扣 1 分/cm^2,有明显橘皮未磨除扣 1 分/cm^2	
3	调配自流平底漆	5 分	未正确穿戴防护用品扣 1 分/次	
			固化剂和稀释剂添加量加多或加少扣 1 分/0.1g	
			未正确选择喷枪扣 3 分,油漆有溢出或滴落扣 1 分/处	
4	喷涂自流平底漆	10 分	未正确穿戴防护用品扣 1 分/次	
			未正确粘尘扣 1 分,未调整测试喷枪扣 1 分	
			裸露金属部位未使用侵蚀底漆扣 1 分/处	
			漏喷、未完全遮盖、流挂等缺陷扣 5 分/处	

续上表

序号	任务名称	配分	评分标准	得分
5	调配水性底色漆、高固清漆	5分	未正确穿戴防护用品扣1分/次	
			固化剂和稀释剂添加量加多或加少扣1分/0.1g	
			未正确选择喷枪扣3分,油漆有溢出或滴落1分/处	
6	喷涂水性底色漆、高固清漆	50分	未正确穿戴防护用品扣1分/次	
			未调整测试喷枪扣1分/次,未使用吹风筒扣1分	
			底色漆露底、流挂、发花扣1~10分/处(根据程度)	
			清漆漏喷、流挂扣1~10分/处(根据程度)	
			按清漆均匀度、流平性、饱满度、光泽效果进行等级评分(根据程度)	
7	7S规范	10分	应回收的材料未回收扣2分/种	
			废弃物未正确处置扣2分/种	
			工位未恢复原状扣2分/处	
总分		100分	合计	
			考评员签字:	

小损伤修补操作考核评价表　　　　表10-13

序号	任务名称	配分	评分标准	得分
1	打磨羽状边	5分	未正确穿戴防护用品扣1分/次	
			旧漆未完全清除扣1~2分,羽状边范围不合理、边缘不平顺扣1~2分,羽状边周围区域未粗化或粗化范围不合理扣1分	
2	施涂水性环氧底漆	4分	未正确穿戴防护用品扣1分/次	
			未除油或未正确除油扣1分	
			固化剂和稀释剂添加量加多或加少扣1分/0.1g,未正确搅拌水性环氧底漆扣1分	
			油漆有溢出或滴落1分/处	
			施涂后,有未遮盖裸金属现象扣1分/cm	

续上表

序号	任务名称	配分	评分标准	得分
3	刮涂原子灰	5分	未正确穿戴防护用品扣1分/次	
			刮涂的范围超出粗化区扣1分/处	
			刮涂四周未收光扣1分/处	
4	打磨原子灰	15分	未正确穿戴防护用品扣1分/次	
			原子灰未彻底干燥粘砂纸扣1分/张	
			换砂纸时未使用打磨指示层扣1分/次	
			打磨完后,未恢复底材形状,边缘有台阶,表面有大的气孔、粗砂痕等扣1~15分(视情况而定)	
5	调配水性中涂底漆	2分	未正确穿戴防护用品扣1分/次	
			固化剂和稀释剂添加量加多或加少扣1分/0.1g	
			未正确调配水性中涂底漆扣1分/次	
			未正确选择喷枪扣3分,油漆有溢出或滴落1分/处	
6	局部喷涂水性中涂底漆	5分	未正确穿戴防护用品扣1分/次	
			喷涂前未正确粘尘扣1分,未调整测试喷枪扣1分/次	
			未正确闪干扣1分	
			喷涂后,中涂底漆出现流挂、未遮盖扣2分/处	
			喷涂后,水性中涂底漆超出磨毛区扣1分/处	
7	打磨水性中涂底漆及旧漆	10分	未正确穿戴防护用品扣1分/次	
			未正确涂抹碳粉扣1分/次	
			打磨完成后,未除油或未正确除油扣1分	
			清洁完成后,工件表面有残留灰尘扣1分/处	
			磨穿至金属扣5分/处,有明显橘皮未磨除扣1分/cm²	
8	局部喷涂水性底色漆	15分	未正确穿戴防护用品扣1分/次	
			未正确调配水性底色漆扣1分,未正确选择喷枪扣3分	
			喷涂前未粘尘扣1分,未正确调整测试喷枪扣1分/次	
			未正确使用吹风筒扣1分	
			超出喷涂区域扣5分/处	
			色漆发花、"黑圈"等缺陷扣2~10分/处(根据程度)	

序号	任务名称	配分	评分标准	得分
9	遮蔽	5分	有未遮盖区域扣2分/处、有遗留开口缝隙2分/cm	
			远端无固定胶带扣1分/处，近端有翘起、口袋扣1分/处	
10	喷涂双色	10分	未正确穿戴防护用品扣1分/次	
			未正确调配水性底色漆扣1分，未正确选择喷枪扣2分	
			喷涂前未粘尘扣1分，未正确调整测试喷枪扣1分/次	
			未正确使用吹风筒扣1分	
			喷涂完成后，底色漆露底、流挂、发花扣1~5分/处（根据程度）	
			双色交接边缘有锯齿扣1分/cm	
11	调配水性清漆	2分	未正确穿戴防护用品扣1分/次	
			固化剂和稀释剂添加量加多或加少扣1分/0.1g	
			未正确搅拌水性清漆扣1分	
			未正确选择喷枪扣1分，油漆有溢出或滴落1分/处	
12	喷涂水性清漆	20分	未正确穿戴防护用品扣1分/次	
			未正确闪干扣1分	
			清漆漏喷、流挂扣1~10分/处（根据程度）	
			按清漆均匀度、流平性、饱满度、光泽效果进行等级评分（根据程度）	
13	7S规范	2分	应回收的材料未回收扣1分/种	
			废弃物未正确处置扣1分/种	
			工位未恢复原状扣1分/处	
总分		100分	合计	
			考评员签字：	

想一想

作为一名未来的汽车涂装技师，如何培养自己的国际化视野？如何做到师夷长技为我所用？